입학사정관제

멘토를 만나다

자기소개서 작성, 포트폴리오 준비, 학교생활기록부 관리, 입사제 합격수기

입학사정관제, 멘토를 만나다

초판1쇄 인쇄_ 2013년 3월 18일
초판1쇄 발행_ 2013년 3월 21일
지은이_ 전용준 · 박민호 · 임정현
펴낸이_ 김영선
기획 · 교정 · 교열_ 이교숙
펴낸곳_ (주)다빈치하우스

주소_ 서울시 마포구 합정동 독막로8길 10 (우 121-884)
대표전화_ 02)323-7234
팩시밀리_ 02)323-0253
홈페이지_ www.mfbook.co.kr
이메일_ urimodus@naver.com
출판등록번호_ 제 2-2767호

값 16,000원
ISBN 978-89-91907-48-5 (13370)

「이 도서의 국립중앙도서관 출판시도서목록(CIP)은 서지정보유통지원시스템 홈페이지(http://seoji.nl.go.kr)와
국가자료공동목록시스템(http://www.nl.go.kr/kolisnet)에서
이용하실 수 있습니다.(CIP제어번호: CIP2013001206)」

입학사정관제
멘토를 만나다

자기소개서 작성, 포트폴리오 준비, 학교생활기록부 관리, 입사제 합격수기

전용준, 박민호, 임정현 공저

미디어숲

짧은 역사, 거대한 영향력, 입학사정관제

입학사정관제도는 2008학년도부터 시범대학 10개교를 선정하여 운영되기 시작한 대입제도입니다. 수치화된 성적만으로 선발하던 대입제도에서, 학생·학교, 심지어 학생을 선발하는 대학까지 다양한 면을 반영할 수 있는 제도로서 도입된 입학사정관제는 그 타당성에 대해서 아직까지 많은 논의들이 이루어지고 있습니다. 하지만 10년도 채 되지 않는 시간 속에서 대한민국 대입제도의 최대 화두로 확실한 자리매김을 하고 있습니다. 대입뿐만 아니라 중고등학교 입학에서도 이제 입학사정관제도는 먼 나라 일이 아니게 되었습니다. 입학사정관제도는 더 이상 해외의 일도, 일부에게만 기회가 주어지는 소수의 대입 전형도, 특정 대학에서만 이루어지는 특별한 제도도 아닙니다.

대한민국 대입제도의 정도(正道)를 찾기 위한 과정

학생과 학교, 대학의 특성보다는 사회에서 통용되는 순위 중, 높은 순위의 대학에 입학하는 것이 핵심이었던 기존의 대입제도는 분명 장점이 있었습니다. 시간적, 경제적으로 효율적인 제도였으며 확률적으로 나쁘지 않은 방식이었습니다. 그러나 무엇보다 대한민국의 실정에 부합하는 성격 중 하나는 바로 신뢰성이라고 할 수 있을 것 같습니다. 흔히 하는 말로 옆집에 밥숟가락이 몇 개인지도 알 수 있을 정도로 좁고 가까운 사회인 대한민국에서 누구나 납득할 수 있는 확실한 결과, 누구나 인정할 수밖에 없는 수치화된 순위를 줄 수 있었기에 성적으로 선발하는 입학제도는 위력을 발휘할 수 있었습니다. 입학사정관제도가 일반화된 지금도 이는 마찬가지라고 보입니다. 이미 주어진 결과에 대해 지원자들만의 잣대로 보아 성적도 낮고 활동도 특별할 것 없는 학생은 합격하고, 나는 불합격 통지를 받았을 때… 대학에서는 매년 항의 전화로 진통을 겪습니다. 대학이 원하는 인재를 나름의 평가 기준으로 선발했다는 것보다는 누가 봐도 인정할 수 있는 기준을 한국 사회에서는 요구합니다. 적어도 대학 입학에 대해서는 그런 것 같습니다.

대한민국 입학사정관제도가 가야 할 길

이러한 상황에서 입학사정관제도는 많은 어려움을 안고 있을 수밖에 없습니다. 대학은 어떻게 하면 원하는 인재를 올바른 방법으로 평가할 것이며, 다른 이들을 납득시킬 수 있는가의 어려움을 안고 있고, 고등학교에서는 어떻게 대학이 원하는 인재라고 판단할 수 있게 교육하고 준비시킬 것인가의 어려움을 안고 있습니다. 학생 역시 마찬가지이겠지요. 하나의 대학만을 목표로 할 수도 없는 노릇이고, 누가 봐도 우수하다고 판단할 수 있는 성적과 활동들이 무엇인지 판단함은 물론, 그것을 상대방에게 납득시켜야 하기 때문입니다. 기숙사 룸메이트와의 관계가 좋지 않다고 해서 뛰어난 성적과 실적을 가진 학생을 불합격시키기도 하는 해외의 사례가 대한민국에서는 상상하기 어려운 일입니다. 그렇다면 대한민국의 입학사정관제는 어떤 모습을 갖춰야 할까요. 다양한 활동을 하는 것도 중요하지만 일반적으로 우수하다고 보일 수 있는 면들을 평가하고 교육하며 준비해야 할 것 같습니다.

입학사정관제를 위해 멘토가 줄 수 있는 것은?

앞으로도 많은 시간을 거쳐 바른 방향으로 정착되어 갈 입학사정관제이지만 예전보다 학생들의 다양한 면을 확인하고 평가한다는 사실, 그리고 선발을 하는 이들, 교육을 하는 이들, 공부를 하는 이들 모두에게 다양한 면을 고려하고 익혀가도록 한다는 점은 분명한 것 같습니다. 그렇지만 아직은 막막하기만 한 입학사정관제도, 멘토가 필요하다고 생각합니다.

그렇다면 입학사정관제를 준비하는 이들을 위해서는 무엇이 필요할까요? 학생들의 활동을 정확하게 분석하고 부족한 부분을 도와줄 수 있는 길잡이의 역할이 중요합니다.

그런 면에서『입학사정관제, 멘토를 만나다』라는 이 책은 내용을 떠나 현재 시점에서 참으로 적절한 제목인 것 같습니다. 게다가 구성과 내용 또한 많은 고민과 노력의 흔적이 엿보입니다. 짧지만 대학 입학과 관련된 일을 하고, 중고등학교에서 학생들을 가르치면서 절실하지만 막막한 학생과 학부모, 선생님들을 만나보았습니다. 이 책은 멘토로서의 역할을 충분히 수행하여 어둠 속에서 눈마저 감고 길을 걷지 않도록 빛을 비춰 줄 수 있다고 생각합니다.

멘토! 너 할 줄 아는 게 뭐야?

– 활동, 기록, 표현에 이르기까지 모든 정보가 담긴 올인원 멘토!

『입학사정관제, 멘토를 만나다』의 가장 큰 장점 중 하나는 바로 풍부한 정보를 담고 있다는 것입니다. 각 영역에서 많은 노하우와 경험을 가진 분들이 핵심적인 정보를 간결하게 서술했습니다. 이러한 정보는 무엇을 어떻게 해야 할지 모르는 사람들에게 많은 도움이 될 것입니다. 공모전에 관한 내용은 단순히 이런저런 공모전이 있다는 사실 전달이 아니라, 자신의 목표를 달성하기 위한 과정인 로드맵을 보여주고 있습니다. 그리고 성실성을 바탕으로 교내활동을 어떻게 확장시켜가야 하는지에 대한 정보를 제시하였습니다. 또한 학교생활기록부를 옮겨다 놓은 것처럼 모든 항목에 대한 포인트와 정보를 충분한 예시를 통해 서술하였습니다. 많은 평가 자료 중 가장 신뢰성이 높고, 학생의 성실성과 다양한 면을 평가할 수 있는 최고의 자료인 학교생활기록부에 대해 이만큼이나 풍부하게 제시하고 있으니 멘토로서 자격이 충분하다고 생각됩니다. 더불어 활동과 기록을 토대로 자기를 표현해야 하는 자기소개서의 항목별 의미와 합격, 불합격 사례 및 작성법에 이르기까지 이전에는 보기 힘든 풍부한 자료를 갖추고 있습니다.

– 경험과 정보를 토대로 한, 정확하고 깊이 있는 분석을 갖춘 명료함!

각 영역에서의 실력과 풍부한 경험을 토대로 갖춘 분석은 학생뿐 아니라 교사에게도 명료함을 선사할 것이라고 생각합니다. 공모전, 학교생활기록부, 자기소개서의 각 단계별, 항목별 분석은 왜 해야 하는지에 대한 분명한 목표를 주고, 어떻게 도움을 주어야 할지 명료하게 제시합니다.

– 활자로 제공될 수 있는 최대한의 멘토링을 제공하는 친절함

무엇보다 이 책의 가장 큰 장점은 친절함입니다. 정보 – 분석 – 예시로 이어지는 구성과 풍부한 내용으로 인해 책으로 만날 수 있는 가장 친절한 참고서입니다. 큰 틀과 이론이 아무리 풍부하게 제시되어도 정작 학생들은 자기가 무슨 활동을 하는지 의미를 제대로 찾기 어렵습니다. 정보 – 분석 – 예시 모두 충실하게 제시되고 있기 때문에 학생들은 무엇을 어떻게 하고, 기록해야 하며, 이를 토대로 어떻게 나를 표현해야 하는지 친절하게 안내받을 수 있을 것입니다. 『입학사정관제 멘토를 만나다』는 책을 읽는 것으로 끝나는 것이 아니라, 학생들에게 실질적으로 도움을 줄 수 있는 역할을 톡톡히 할 것으로 기대됩니다.

김상태

前 서울대 입학사정관

한 권으로 끝내는 입학사정관제의 정석!

새로운 입학사정관제도가 시행되고 정착이 되어가는 즈음, 입학사정관제와 관련된 정보와 책들은 수없이 쏟아지고 있다. 그런데 넘쳐나는 정보의 홍수 속에서 정작 가장 필요로 하는 '입학사정관제 전형을 체계적으로 대비할 수 있는 책'은 찾기가 힘들다. 특정 영역의 전문가가 쓴 내용이거나 합격생수기 정도의 글로 채워진 책들이 대부분이다. 이에 모든 내용을 아우르는 입학사정관제 종합서가 필요하다는 생각에 뜻을 같이 한, 각 분야 전문가들이 힘을 모았다.

해마다 많은 학생들이 입학사정관 전형으로 대학에 입학하고 있다. 그런데 주변에서 상담을 하다 보면 입사제를 준비하는 이들 중, 입사제 합격 사례들을 살펴보고 특정 사안에 주목하여 자신의 특성과 무관한 것들까지 준비해야 된다고 인식하는 경우를 종종 볼 수 있다. 그래서 이 책에서는 본래 입학사정관제의 취지와 실제 평가요소를 바탕으로 학생 개개인의 상황에 맞는 준비를 할 수 있는 데 도움이 되는 조언을 담고자 했다.

이 책은 1장 자기소개서 작성법, 2장 포트폴리오 준비법(독서활동, 특기적성활동, 봉사활동, 공모전활동) 3장 학교생활기록부 관리요령 4장 입학사정관제 전형 합격수기로 이루어져 있으며 입사제 준비에 필요한 모든 관련 내용들을 각 분야 전문가들이 상세하게 기술했다.

1장 자기소개서 작성법에서는 문항별로 문항해석을 하고 학생들이 쓴 자기소개서를 제시하고 평가까지 해놓아, 실질적인 도움을 받을 수 있게 했다. 특히 서울대 자기소개서 작성 비법과 멘토의 해설을 통해 완벽한 자기소개서 쓰기가 가능해지도록 했다. 또한 고등학교 1,2학년들이 자기소개서 연습을 할 수 있도록 예시를 들어가면서 설명한 내용과 서울대 합격생들의 자기소개서 샘플이 담겨져 있다. 그리고 자기소개서 내용 중간 중간마다 자기소개서를 기술하는 노하우를 요약 정리해 놓았다.

2장 포트폴리오 준비법에서는 독서활동 · 특기적성활동 · 봉사활동 · 공모전활동을 항목별로 나누어 꼼꼼하게 짚었다. 나만의 독서활동과 봉사활동으로 차별화할 수 있게 독서활동의 중요한 원칙과 봉사의 중요성을 세밀하게 실었다. 또한 특기적성활동의 다양한 영역으로 동아리활동뿐만 아니라 교내외대회, 공모전 등 다양한 활동들이 있음을 알려주고, 각 사례가 어떻게 자기소개서 등에 녹아나는지 예시를 통해 확인해 볼 수 있게 했다. 대표적인 교외활동으로 공모전에 대해 자세하게 실었다. 공모전은 시중에서는 공모전을 다루고 있는 책이 없을 정도로 전문적인 분야이다. 특목고에서는 선생님들의 지도 아래, 많은 학생들이 다양한 공모전에 응시하고 있으며, 이를 통해 창의적 역량을 키워나가고 있다. 그리고 일부 대학에서는 공모전 수상 경력을 입시평가에 긍정적으로 활용하는 사례가 있기에 이에 대한 정보도 실었다. '2012 연간 공모전 리스트(계열별 구분)'를 읽으면 많은 도움을 받을 수 있을 것이다.

3장 학교생활기록부 부분에서는 학교생활기록부 관리가 학교 선생님들만의 몫이 아니라 학생 스스로 자발적, 주체적으로 참여해야 함을 강조하였다. 또한 입학사정관제를 위한 학교생활기록부로 거듭나기 위한 노하우로써 입학사정관의 평가 지표를 분석해, 사정관의 마음을 훔칠 수 있는, 생활기록부 관리요령을 알려준다. 이제 생활기록부는 단순히 학생들의 인적사항 및 활동사항을 기록하는 기능을 넘어서 대학에서 학생들을 평가하는 중요한 잣대로 활용되고 있다. 따라서 고교생활을 충실히 하기 위해서는 학교생활기록부에 대한 이해가 반드시 필요하다. 특히, 생활기록부 실제 사례를 제시하고 있는 부분을 찾아서 읽어 보고 자신의 생활기록부와 비교해 보아야 한다. 이 과정에서 학생 자신에게 요구되는 활동이나 부족한 부분을 수정하여 성공적인 고교생활을 해나갈 수 있도록 준비해야 할 것이다.

4장 입학사정관제 전형 합격수기에서는 합격생들이 겪었던 수험생활을 생생하게 현실감 있게 들려준다. 의미 있었던 학교생활, 자기소개서 작성 팁 그리고 자신만의 학습 노하우들이 자세하게 실려 있다. 합격생 선배들의 글을 읽다 보면 자신에게 맞는 교내외활동이나 공부법 등을 찾을 수 있을 것이다.

'아는 것이 힘이다'란 베이컨의 말처럼, 무엇을 알고 난 뒤부터는 그것을 어떻게 활용해야 하는지 알게 된다. 이처럼 입학사정관제가 무엇인지 제대로 알고 나면 입학사정관제 전형이 매력적으로 생각되고, 준비하기 까다로운 전형이 아니라 자신도 지원할 수 있는 전형이라는 것을 알게 될 것이다. 입학사정관제 전형은 새롭게 입시를 준비하기보다는 지금까지 열심히 해온 학교생활을 객관적인 기준에 맞춰서 정리해 나가는 작업만 추가적으로 하면 지원할 수 있다. 즉, 입학사정관제 전형으로 대입을 생각하고 있다면 1학년 때부터 장기적인 계획을 세워 충실하게 학교생활을 하는 것이 중요하다. 학교생활을 열심히 하고 있는 학생이라면 누구나 쓸 수 있는 것이 입학사정관제 전형이다.

전용준 · 박민호 · 임정현
'입학사정관 Mentors' 연구소에서
2013년 3월

CHAPTER 3

입학사정관제를 위한 학교생활기록부 관리

CHAPTER 4 입학사정관제 전형 합격수기

부록

자기소개서

공모전

학교생활기록부

입학사정관제를 위한 자기소개서 작성

1 입학사정관제도와 자기소개서

 ## 아하! 입학사정관제란?

입학사정관제는 기존의 성적 평가 중심에서 인적성까지 평가에 반영하는 선발제도이다. 즉, 내신성적 중심의 정량적 평가뿐만 아니라 다양한 교내외 활동 및 주변 환경까지 평가 요소에 넣음으로써 정성적 평가를 하는 제도이다. 예를 들어, 동일한 내신2등급이라도 역경을 딛고 성취를 이룬 학생에게 더 좋은 평가를 내리는 것이 입학사정관제의 특징이다.

 ## 자기소개서의 역할

기본적으로 자기소개서는 정성적 평가를 위한 자료로 쓰인다. 학생들 중에는 〈자료 1〉에서 볼 수 있듯이 학업능력은 뛰어나지만 학교 적응에 어려움을 겪는 학생들이 있다. 얼마 전까지 대학에서는 단순히 학업성취가 우수한 학생들 위주로 선발했다. 그 결과, 여러 가지 문제점들이 나타났다. 대학은 이에 대한 해결책으로 입학사정관제를 도입하게 되었고 그 결과 학생들의 인적성 부분까지 평가할 필요를 느끼게 된 것이다.

입학사정관제 자기소개서는 학생의 인적성과 학교생활 충실도를 증명하기 위한 가장 중요한 자료가 된다. 그러므로 자기소개서 내용에는 학생의 역량중심 서술보다는 학교 커리큘럼을 성실히 수행하고, 그 과정에서 성장한 부분을 중점으로 서술해야 한다. 즉, 학교에서 실시하는 다양한 교내 프로그램에 참여하면서 학업능력을 높이고 인성을 기르며 적성을 찾아나간 모습을 보여주어야 한다.

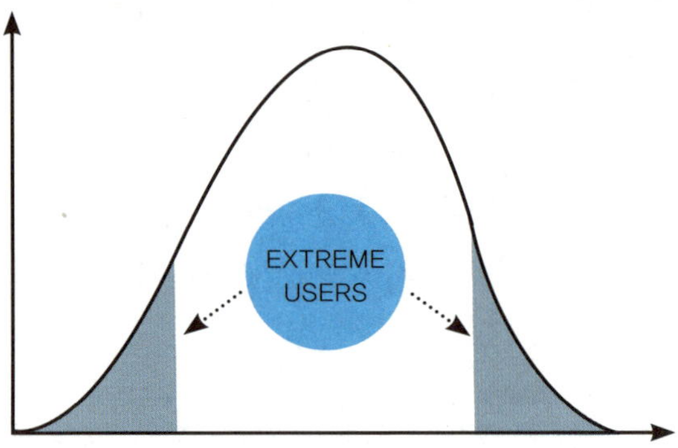

* 자료1 _ 정량적 지표에 따른 학생들의 특성

시험 성적이나 IQ 테스트 결과, 정규 분포의 양극단에 속해 있는 학생들 중 일부가 정서적 불안을 겪고 있다는 연구결과가 발표됨

(Individuals at the highest and lowest ends of the bell-shaped distribution of school grades are at increased risk of severe mental dis-orders, compared with those with intermediate scores - by Hernstein and Murray, 1994)

자기소개서 문항, 콕콕 짚어주는 멘토의 분석

문항번호	물음
1	자신의 성장 과정과 이러한 환경이 자신의 삶에 미친 영향에 대해 기술하세요.
문항해석	'성장과정과 이러한 환경'에 해당하는 것은 가정환경뿐만 아니라 학급의 구성, 학교의 특성 및 지역사회의 특성까지 모두 포괄한다. '자신의 삶에 미친 영향'을 기술할 때는 자신의 변화과정을 반드시 드러내야 한다.
2	학교생활 중 배려, 나눔, 협력, 갈등 관리 등을 실천한 사례를 들고 그 과정을 통해 배우고 느낀 점을 구체적으로 기술하세요.
문항해석	'학교생활 중'에 해당하는 영역은 교내활동뿐만 아니라, 교내활동의 연장선상에 있는 교외활동까지 포함한다. '배려, 나눔, 협력, 갈등 관리'에 해당하는 사례를 각각 적기보다는 하나의 사례 안에 여러 항목이 자연스럽게 드러나거나, 특정한 한두 개의 항목을 중심으로 서술하는 것도 가능하다. '배우고 느낀 점'이란 일반적으로 의사소통 방법을 배우고, 자신이 상대방을 대하는 방식이 어떤 느낌이나 인상을 줄 수 있는지 인식하는 것을 의미한다.
3	지원동기와 지원한 분야를 위해 어떤 노력과 준비를 해왔는지 교내외 활동 중 본인에게 가장 의미 있다고 생각되는 활동을 기술하세요.
문항해석	'지원동기'는 주로 자신이 지원한 분야에서 공부하고 싶은 주제나 쟁점이 되는 사항을 적는다. '노력과 준비' 부분에서는 내신성적 및 자격증뿐만 아니라 지원 분야와 연관된 동아리활동, 봉사활동 등을 기술하면 된다. 그리고 '가장 의미 있다'는 말의 뜻은 하나의 활동을 적으라는 것이다. 활동범위가 넓을 때는 하위 항목으로 2~3가지 활동을 연속해서 기술할 수 있다.

문항번호	물음
4	입학 후 학업계획과 향후 진로계획에 대해 기술하세요.
문항해석	'입학 후 학업계획'은 지원동기와 연관성이 있어야 한다. 지원동기에서 자신이 공부하고 싶은 이유를 밝혔다면, 입학 후에는 그 이유와 관련하여 어떻게 대학 생활을 꾸려나갈 것인지 기술하면 된다. '진로계획'은 대학 졸업 후의 계획을 의미한다.

 자기소개서 문항별 예시와 멘토의 평가

문항1	**1. 자신의 성정과정과 이러한 환경이 자신의 삶에 미친 영향에 대해 기술하세요.** 부모님께서는 제가 잘못한 일이 있을 때마다 체벌보다는 진지한 대화와 관심으로 저를 바로잡아 주셨습니다. 2~3시간 동안 서로의 입장을 이해하고 보듬어주는 긴 대화와 포옹과 눈물로 마무리되는 상황이 저에게는 쑥스럽지 않고 늘 당연한 것이었습니다. 이런 가정환경에서 자란 저는 아이들에게 무엇이 필요한지 또 제가 아이들에게 무엇을 전달해 줘야 하는지를 본능적으로 알게 되었습니다. 한편, 제가 교사가 되었을 때는 초등학생들에게 잘못된 행동에 대해서 책임을 져야 하는 것을 엄격히 알려줄 필요가 있다고 생각합니다. 그러나 여기서 말하는 '엄격히'라는 것은 절대 체벌로써 아이들을 다스리고 교사의 권위를 앞세워 아이들을 통제하는 것을 뜻하는 것은 아닙니다. 교사의 권위를 과감하게 떨쳐버리고 아이들과의 개인적이고 잦은 만남을 통해서 아이들의 내면과 상황을 이해할 것입니다. 〈경인교대 합격생〉
평가	가정환경을 통해 교사로서 가져야 할 자질을 길렀다는 점이 잘 기술되어 있다. 그런데 이런 자질을 통해 어떤 교사가 되고 싶다는 점을 나타낸 것은 좋은데, 좀 더 완성도 높은 소개서가 되려면 교육봉사를 통해 가정환경에서 배운 자질이 어떤 방식으로 발휘되었는지 추가적으로 기술하는 것이 좋다.

2. 학교생활 중 배려, 나눔, 협력, 갈등 관리 등을 실천한 사례를 들고 그 과정을 통해 배우고 느낀 점을 구체적으로 기술하세요.

문항2

교육봉사 동아리에서 한 다양한 활동 중 시각장애아동 봉사가 가장 기억에 남습니다. 시각장애아동 유리(가명)를 만나고 나서 저는 많은 것을 배웠습니다. 수요일마다 유리네 집에 가면 항상 저를 환하게 반겨주었습니다. 유리가 뉴스 아나운서라는 꿈을 이루기 위해 뉴스보도를 따라 외우고, 불편한 장애를 가지고 있으면서도 한강도보에 도전해 성공하고 기뻐하는 모습을 보면서 시각장애와 ADHD를 함께 앓고 있다는 것이 저는 믿기지 않았습니다. 1년간 유리에게 공부를 가르쳐 주고 시각장애인들에게 도움을 주면서 장애라는 어려움 때문에 좌절과 원망을 하는 것이 아니라, 주어진 것에 감사하며 꿈과 희망을 가지고 살아가는 아름다운 모습을 볼 수 있었습니다.

그들이 이처럼 밝게 빛날 수 있었던 이유는 가족들이 그들을 불쌍히 여기며 동정하기보다는 그들도 일반 아이와 다를 것이 없다는 것을 인식시켜 주었기 때문이라고 생각했습니다. 그래서 저는 'Blind Children Are Not Different from Us'라는 영어 연설을 통해 학급 친구들에게 이러한 사실을 알려주려 노력하였습니다. 그리고 '차이가 차별이 되지 않는 사회를 위해'라는 제목으로 봉사활동체험 수기를 작성하여 수상하기도 하였습니다. 저는 이런 봉사활동들을 통해 작은 것에도 감사하는 마음을 가지게 되었습니다.

〈서울교대 합격생〉

평가

나눔활동을 통해서 자신이 겪은 체험과 느낀 점을 적절하게 기술하였다. 특히 개인봉사활동으로 그친 것이 아니라, 학급 구성원들을 위해 봉사체험문을 작성하여 발표하고 공감을 이끌어 낸 것은 탁월하다. 게다가 활동과정을 기록으로 남겨 교내 봉사활동체험 수기 공모전에 수상했다는 점이 돋보인다.

3. 지원동기와 지원한 분야를 위해 어떤 노력과 준비를 해왔는지 교내외활동 중 본인에게 가장 의미 있다고 생각되는 활동을 기술하세요.

문항3

학생들에게 우리말 국어를 올바르게 사용하는 법을 가르쳐 주고 싶어 국어교육과에 지원하게 되었습니다. 입학을 하면 '어학과 소설'을 전공하려 합니다. 어학을 배워 우리말을 바르게 쓰고, 말하는 법을 배우기 위해서입니다. 그리고 소설을 통해서 학생들이 다른 사람들의 감정을 이해하는 데 도움을 주고 싶습니다.

이런 목표를 가지게 된 계기는 고등학교 2학년 때 비속어를 타파하는 청소년 '민주시민(비타민) 활동'을 하게 되면서부터입니다. 비타민활동을 하면서 저는 청소년 비속어에 대해 깊이 생각해 볼 수 있었습니다. 설문조사를 하고, 동영상이나 자료를 찾기도 하고, 또래 친구들을 관찰해 보기도 하면서 학생들의 언어습관이 대인관계에 영향을 끼친다는 것을 알게 되었습니다. 그리고 이러한 관점으로 아이들을 바라보자, 사소한 문제인데도 감정적으로 행동해서 일이 커질 수 있다는 것을 알게 되었습니다.

문항3	만일 학생들이 자신의 생각을 바른 언어로 표현할 수 있다면 상황이 개선될 수 있을 것입니다. 그래서 저는 국어교사가 되어 학생들에게 올바른 언어습관을 길러주는 일을 하고 싶습니다. 〈서울대 사범대 국어교육과 합격생〉
평가	전공적합성에 부합하는 활동을 하였다. 자신의 진로와 직접적으로 관련된 활동을 동아리를 통해 해왔고, 그 과정에서 다양한 세부 활동을 함으로써 전공에 대한 열정을 드러낼 수 있었다. 특히 대인관계 과정에서 언어습관이 미치는 영향력을 기술한 부분은 자신이 깨달은 의미를 드러내는 데 적합했다.
문항4	**4. 입학 후 학업 계획과 향후 진로계획에 대해 기술하세요.** 저는 교육이란 한 사람의 삶을 바꿀 수 있는 것이라고 생각합니다. 그래서 저는 제가 가르친 학생이 "00 선생님 덕분에 정말 큰 도움을 받았습니다."라는 말을 들을 만한 교사가 되고 싶습니다. 그리고 국문학을 통해 학생들에게 독서의 의미를 알려주려 합니다. 책 읽기를 무척 좋아하는 저는 책을 읽으며 상상도 하고, 작가의 생각을 비판해 보기도 하면서 재미를 느꼈습니다. 게다가 이런 책 읽는 습관은 낯선 글도 거부감 없이 빠르게 읽을 수 있도록 해 공부에도 도움이 되었습니다. 저는 이런 것들을 학생들에게 전하고자, 가능하면 다양한 분야의 여러 책들을 접하고 수준별로 맞는 책을 찾아 앞으로 현장에서 활용하고자 합니다. 교직에 나가서도 자기 발전을 위해 대학원에 진학할 것이며, 교육학에 대해 깊게 다뤄 보려 합니다. 다양한 교수법을 배워 활용하고 싶기도 하고, 교육철학을 연구하며 올바른 교사의 자세도 모색하고 싶습니다. 이렇듯 스스로 끊임없이 배운다면 학생들에게 도움이 되는 교사가 될 수 있을 것입니다. 〈고려대 국어교육과 합격생〉
평가	국어교사가 되어 하고 싶은 일을 바탕으로 학업 계획을 세웠다. 그러나 자신의 경험을 제시하면서 독서지도 방향을 제시한 것에는 무리가 있다. 개인적 경험뿐만 아니라 학급에서 이뤄진 또래 봉사 등 나눔의 사례를 첨가하여 기술했다면 자연스러웠을 것이다. 대학원 진학 후에 교수법과 교육철학에 대한 연구를 동시에 제시한 것은 나열식으로 비춰질 수 있다. 교수법에 주목하여, 전자교과서 시대에 맞는 독서법 연구와 같이 교육학적 흐름을 반영한 주제를 잡아서 연구하겠다고 기술했다면 완성도 높은 자기소개서가 되었을 것이다.

고등학교 1학년 때에는 중학교 생활기록부를 가지고 연습을 해볼 수 있다. 그리고 고교 생활기록부가 완성되는 시점마다 자기소개서 쓰기 연습을 해본다. 아래의 사례는 고등학교 2학년 학생이 작성한 것이며 활용한 생활기록부의 내용과 함께 소개한다.

사례 | 지원동기와 지원한 분야를 위해 어떤 노력과 준비를 해왔는지 교내외 활동 중 본인에게 가장 의미 있다고 생각되는 활동을 기술하세요.

기술경영 분야의 전문가가 되기 위해서 자유전공학부에 지원하게 되었습니다. IT 분야 벤처를 세울 계획을 가지고 있으며, 이를 위해 자유전공학부에서 다양한 학문을 접하고 CEO가 되는 데 필요한 경영학과 인문학을 배우고 싶습니다.

재학 기간 동안 교지반에서 경제 사상가들의 업적을 정리한 책을 만든 것이 가장 기억에 남습니다. 『맨큐의 경제학』으로 경제학에 대한 개념을 잡았고 『죽은 경제학자의 살아 있는 아이디어』를 읽으면서 통시적인 시각에서 경제학을 살펴보았습니다. 이 과정에서 경제학이 자원의 효율적 분배 문제를 해결하려는 것에 주목하게 되었고, 책을 집필할 때 사회경제적 배경을 먼저 밝히고 거기에서 나타난 문제 그리고 이를 해결하는 과정의 순으로 서술하게 되었습니다.

또한 책을 쓰는 과정에서 배운 내용을 점검하기 위해 교내 경제경시대회에 응시하여 최우수상을 받을 수 있었습니다. 이후, 문과 친구들에게 경제 과목을 알려주는 또래 봉사를 할 수 있었고 '경제멘토'라는 별명도 얻게 되었습니다.

〈서울대 자연계 자유전공학부 합격생〉

[사례의 생활기록부 근거자료]

4번 항목인 수상경력

구분	수상명	등급(위)	수상연월일	수여기관	참가대상
교내상	교내 경제경시대회	최우수상(1위)	2012. 11. 05.	한국고등학교장	1,2학년

자연계열 학생임에도 불구하고 교내 경제경시대회에서 최우수상을 받았다. 이를 보면, 인문, 자연 모든 분야에서 우수한 능력을 지닌 인재로 평가받을 것이다.

6번 항목인 진로 희망사항

학년	특기 또는 흥미	진로 희망	
		학생	학부모
1	독서, 수학	프로그래머	프로그래머
2	독서, 수학 · 과학, 경제	CEO	CEO

1학년 때의 진로 희망은 프로그래머였고, 2학년 때에는 CEO로 바뀌었다. 2학년 때 진로 희망을 'IT분야의 CEO'로 표기했더라면 진로 설정이 심화된 것으로 평가받았을 것이다.

7번 항목인 창의적 체험활동상황

학년	창의적 체험활동		
	영역	시간	특기사항
2	계발활동	20	(교지반) 1인 1책 쓰기 정책연구학교의 시행으로 1년 동안 계발활동에 열심히 참가하였음. 수업에 창의적인 아이디어를 계획하고 열성적인 자세로 활동에 참여한 결과 '경제사상가들의 일대기'란 책을 발간하게 됨.

학년	창의적 체험활동		
	영역	시간	특기사항
2	자치활동	9	평소 인문, 사회, 자연과학 분야에 관한 광범위한 독서를 행함. 매일 일간 신문을 읽고 다양한 지식을 접하고 노트에 요약 작성을 해 둠. 인문영역이나 과학 등의 독서량도 많고 수학적 재능 및 예능적 감각이 뛰어나서 최근 학문의 보편적 추세인 인문, 자연의 경계를 넘나드는 통섭적 학문의 성격을 갖춘 자유전공학부가 학생의 적성과 자질에 비추어 합리적 선택이라 생각되며 꿈을 이루도록 격려하고 지도 조언함.

계발활동에서 1인 1책 쓰기 정책연구학교로 시행된 점이 밝혀져 있고 이러한 학교 환경에 적응하여 성취를 이루어낸 점이 기술되어 있으며, 자치활동에서는 자유전공학부에 적합한 인재라고 적혀 있다.

9번 항목인 독서활동

학년	과목 또는 영역	독서활동
2	사회	『맨큐의 경제학(N.G.맨큐)』은 경제학 원론으로 특히 미시경제학에 대해 섬세한 설명과 풍부한 사례 그리고 그래프를 동원한 자료 등을 통해 경제학에 대한 이해를 높이고 체계를 잡는 데 도움을 줌. 『사다리 걷어차기(장하준)』를 읽고 상식적 통념으로 받아들여지던 수많은 경제학적 관념들의 모순을 알게 되었고, 균형 잡힌 경제정책의 중요성을 느끼게 됨.

사회 분야의 독서활동에 경제 관련 도서들이 실려 있다. 실제로 인문사회 분야의 독서활동이 이루어졌음을 증명하고 있다.

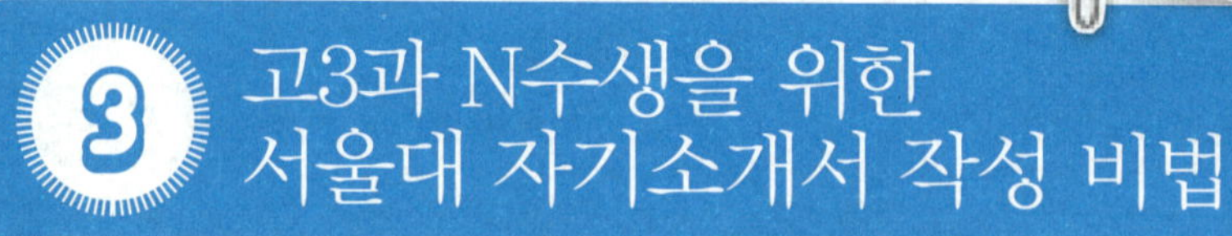

③ 고3과 N수생을 위한 서울대 자기소개서 작성 비법

 **서울대 자기소개서 문항과 특징**

1. 지원동기와 진로계획을 중심으로 서울대학교가 지원자를 선발해야 하는 이유에 대하여 기술하여 주십시오.(1,000자)

2. 고등학교 재학 기간 또는 최근 3년간(단, 초등학교, 중학교 재학 기간 제외) 지적 호기심을 가지고 학업능력을 향상시키기 위해 노력한 내용을 기술하여 주십시오.(1,000자)

3. 고등학교 재학 기간 또는 최근 3년간(단, 초등학교, 중학교 재학 기간 제외) 학내외 활동 중 가장 의미가 있다고 생각하는 활동을 3개 이내로 기술하여 주십시오.(700자씩)

4. 다음 주제 중 자신에게 해당하는 주제를 선택하여 구체적으로 기술하여 주십시오. (1,000자)
   - 자신의 장단점이나 특성
   - 특별한 성장과정이나 가정환경(생활 여건 등)
   - 고등학교 시절 겪었던 어려움과 그것을 극복하기 위한 노력

5. 고등학교 재학 기간 또는 최근 3년간(단, 초등학교, 중학교 재학 기간 제외) 읽었던 책 중 자신에게 가장 큰 영향을 준 책을 3권 이내로 기술하여 주십시오.(500자)

서울대 자기소개서는 총6,600자 쓰기의 형태로 되어 있다. 다른 대학에 비해 특징적인 항목은 2번 항목으로 '지적호기심'이란 표현을 어떻게 해

석하느냐가 중요하다. 단순히 특정 과목에 흥미를 느껴서 내신이 높아지고 교내외 수상 실적을 이루었다는 정도의 기술은 항목의 취지를 제대로 이해하지 못하고 쓰는 자기소개서이다.

2번 항목에서는 단순한 지식의 양을 측정하는 것이 아니다. 지식을 자기 것으로 만드는 과정에서 얻게 된 물음을 바탕으로 자신의 발전 가능성을 보여주어야 한다.

즉, 급우들과 동일한 내용을 배우는 과정에서도 스스로 창의적인 물음을 던지고 그것을 통해 자신이 배우고 있는 지식을 심화해서 이해하는 모습을 보여주어야 한다.

3번 항목에서는 해당하는 활동으로 임원활동, 봉사활동, 동아리활동, 수상실적 과정, 연구논문활동이 대표적이다. 가장 안정적인 내용 구성은 '임원활동, 봉사활동, 동아리활동'으로 서술하는 것이다. 임원활동의 경우 개인적 능력뿐만 아니라, 타인의 공감을 얻을 수 있어야만 학급임원에 당선될 수 있기 때문에 학생의 리더십, 인성 등을 평가하는 데 매우 유용하다.

기회균형선발전형의 응시자는 4번 항목에서 '특별한 성장과정이나 가정환경'을 선택하여 자신이 처한 상황을 상세히 기술하는 것이 중요하다. 그리고 5번 항목에서 자신에게 영향을 준 책의 선정기준으로는 '①전공 적성, ②롤모델, ③가치관 변화, ④덕성 함양, ⑤교직 적성' 등이 있다. 이런 기준을 가지고 감명 깊게 읽은 책을 지원 모집단위를 고려하여 3권을 선정하는 것을 추천한다.

> 1. 지원동기와 진로계획을 중심으로 서울대학교가 지원자를 선발해야 하는 이유에 대하여
> 기술하여 주십시오.(1,000자)

고등학교 1학년 때 친구의 부탁으로 치킨집에서 아르바이트를 한 후 충격을 받은 적이 있습니다. 왜냐하면 기름이 시커멓게 변했는데도 계속 치킨을 튀기는 치킨집의 실태를 목격했기 때문입니다. 그날 이후 소비자 피해 문제의 근본적 해결방안에 대해 고민하기 시작했고 그 과정에서 (1) '2010 소비자 피해구제 연보 및 사례집'을 통해 소비자 피해 문제를 해결하기 위해서는 법률·제도 등 거시적 해결책뿐만 아니라 소비자 행태연구 등의 미시적 접근도 필요하다는 사실을 깨달았습니다.(지원계기)

또한 소비자 권익과 관련된 사례 중심의 관심에서 확대되어 소비자학에 대한 학문적 관심을 갖기 시작했고 다양한 소비자 관련 도서를 읽기 시작했습니다.

(2) 특히 '트렌드 코리아'시리즈를 매년 읽으면서 현대의 소비자가 경제·정치를 비롯한 다양한 분야에서 기업, 정부와 대등한 주체로 부상하고 있음을 알았고 이를 통해 소비자를 무능한 존재로 여겼던 제 기존 생각이 철저히 잘못되었음을 깨달았습니다.(지원계기) 나아가 고등학교 2학년 때는 '트렌드 코리아 2010'에서 전망한 소비트렌드를 스스로 검증해 보았고 (3) 3학년 때는 '트렌더스날 2012'에 직접 참여하여 2012년 소비트렌드를 전망해 보면서 소비자학을 체계적으로 공부하고 싶은 강한 열망을 더해 왔습니다.

(지원계기)

(4) 이런 경험들을 바탕으로 서울대학교 소비자학과에 입학해 소비자행태론과 소비자정책론을 중점적으로 공부하여 한국에서 소비자학의 계보를 잇는 인재가 되고 싶습니다.

(지원이유)

특히 소비자행태는 한 나라의 경제·사회·문화와 밀접한 관련을 맺고 있을 뿐만 아

니라, 국제관계의 동향에 의해서도 영향을 크게 받는 분야라고 생각합니다. 따라서 (5) 한국과 긴밀한 국제관계를 맺고 있는 일본·중국의 소비자행태도 함께 고려하여 동북아시아 전체에 흐르고 있는 커다란 움직임을 읽어낼 수 있는 눈을 기르고 싶습니다.(진로계획) 그리고 (6) 전 세계 소비자를 위해 다양한 활동을 전개하는 'Consumers international'에서 각 나라에 맞는 소비자정책을 연구하고 전문성을 키워 한국의 소비자정책 분야에 일조하고 싶습니다.(진로계획)

〈서울대 생활대 소비자아동학과 합격생〉

해설 | 지원동기를 쓸 때는 지원이유와 지원계기로 구분해서 서술해야 한다. 지원이유는 주로 관심 분야나 연구방향에 대해서 서술하는 것이 바람직하다. 왜냐하면 진로계획과 자연스럽게 연계해서 서술할 수 있기 때문이다. 그리고 지원계기는 사건을 의미한다. 일반적으로 진로활동, 자치활동, 봉사활동 등에서 찾을 수 있다. 즉, 고교 과정에서 자신이 실천했던 활동들을 지원계기로 사용할 수 있다. 위의 사례를 정리하면 다음과 같다.

지원동기 = 지원이유 : (4) + 지원계기 : (1), (2), (3)

진로계획은 지원동기와 연관성이 있어야 한다. 위 학생의 사례에서 볼 수 있듯이, 소비자학과의 지원이유와 직접적으로 관련된 진로계획을 제시하고 있다.

즉, 지원이유와 진로계획이 자연스럽게 연결될 수 있도록 기술해야 자기소개서의 흐름이 자연스러워진다. 그러면 전문적인 내용을 적지 않더라도 구체적인 느낌까지 줄 수 있다.

지원동기 : ⑷, ⑴, ⑵, ⑶

⇩

진로계획 : ⑸, ⑹

특히 자유전공학부 지원자는 지원동기에서 '자신이 연구하고 싶은 학문 분야나 연구주제'를 밝히는 것이 좋다. 자유전공학부 설립 취지에 맞는 통섭적 연구주제를 제시하면 보다 좋은 평가를 받을 수 있다.

예를 들어, '탄소배출권 문제의 정치경제 및 심리학적 접근'이라는 주제가 가능하다. 탄소배출권 문제를 정치경제 영역에서 많이 다루었는데, 이것을 심리학의 영역까지 확장하여 다루는 것은 통섭적 연구로 볼 수 있다.

필리핀에 처음 도착했을 때 저는 한 도시 안에 극심한 빈부격차가 존재하는 것을 보고 큰 충격을 받았습니다. 도시 중심부에서는 초고층 빌딩이 숲을 이룰 정도로 가득 차 있어 점점 국제 사회로 뻗어나가는 필리핀의 모습을 볼 수 있었지만, 같은 도시 안 한편에서는 지나가는 차들이 멈출 때마다 아기를 등에 업고 구걸하는 도시 빈민들과 그들의 허름한 삶의 터전을 보았기 때문입니다. 필리핀에서 더 오랜 시간 생활을 하면서 처음 저의 충격은 왜 그럴까 하는 의문으로 바뀌었습니다. 그리고 그러한 도시화의 양면성을 직접 보면서 얼핏 좋은 점만 부각되는 것들에도 부정적인 측면이 있을 수 있다는 것을 알게 되었습니다.

제가 3학년 때 수강했던 지리시간에 마침 지리와 관련된 주제로 리서치 페이퍼를 작성하는 과제를 줬었습니다. 저는 제가 평소에 관심 있던 개발도상국과 그 나라들이 발전 과정상 이용한 수단의 양면성을 드러낼 수 있는 주제에 대해 생각해 보았습니다. 그 결과 (1)필리핀과 같은 개발도상국과 과거의 한국이 식량문제를 해결하기 위해 이용했던 녹색혁명에 과연 부각되지 않았던 문제점은 없을까(지적호기심)하는 생각을 갖게 되었고 'How can the Green Revolution be launched in the future with fewer side-effects?'(어떻게 녹색혁명이 미래에는 더 적은 문제점을 가지고 실현될 수 있을까)라는 주제로 글을 쓰게 되었습니다.

리서치 페이퍼를 작성하면서 저는 제가 관심을 가졌던 주제였던 만큼 다양한 자료와 통계를 찾아보았습니다. 녹색혁명의 대부라고도 불리는 노먼 볼로그의 Nobel Lecture (노벨 수상자들이 하는 수상 강연)을 읽으며 녹색혁명의 좋은 취지에 감명받기도 하였지만 동시에 '녹색혁명의 폭력성'이라는 책의 일부를 읽으며 녹색혁명이 실현되었을 때는 정작 많은 농민을 소외시키고 품종의 다양성을 훼손하게 되었다는 것을 알고는 비판적인 시각을 기를 수 있었습니다.

(2) 저는 그 결과 제 관심 분야에 대한 지식도 늘리고 비판적 시각도 기르게 되었습니다. 또한 녹색혁명에 대한 상충되는 견해를 보여주는 것과 동시에 미래에는 어떤 식으로 녹색 혁명이 이루어져야 하는지에 대해서 제 생각도 덧붙여 좋은 성적까지 얻게 되었습니다. 그리고 제가 기른 비판적, 분석적 시각은 다른 교과 시간에도 적용하여 활용할 수 있었습니다. 영어 수업시간에 에세이를 더 설득력 있게 쓸 때, 통계 수업 시간에 통계 자료에 대한 편견은 없는가에 대해 판단할 때, 물리 시간에 실험 보고서에서 '실험 방식에 대한 평가와 개선 방법'이라는 카테고리를 작성할 때 모두 유용하게 쓸 수 있었습니다. (학업능력이 향상된 사례)

〈서울대 사회대 지리학과 합격생〉

해설 | 위 사례의 학생은 리서치 페이퍼를 작성하는 과정에서 지적호기심(1)을 발견하게 되었다. 그리고 그것을 한 문장으로 잘 요약해서 표현했다. 이렇듯 지적호기심은 한 문장으로 명료하게 나타내는 것이 좋다. 한편, 학업능력이 향상된 사례를 내신성적이나 수상실적으로 나타낸 것과는 달리 이 학생은 교과활동에서 다양한 방식으로 학업능력이 향상된 사례(2)를 제시한 점이 돋보인다. 단, 지적호기심의 내용이 지원하는 전공 분야와 관련이 있을수록 좋은 평가를 받게 된다.

> **지적호기심** : 지원 분야와 연관된 내용을 한 문장으로 나타낸 것
> **학 업 능 력** : 수치화할 수 있는 성적, 수상실적뿐만 아니라 공부법, 공부습관까지 포함

3. 고등학교 재학 기간 또는 최근 3년간(단, 초등학교, 중학교 재학 기간 제외) 학내외 활동 중 가장 의미가 있다고 생각하는 활동을 3개 이내로 기술하여 주십시오.(700자)

학내외 활동		의미 있는 이유
활동명	학생회 활동	경기도 학생인권조례가 시행되어 교칙 재개정위원회가 열렸을 때 학생 대표로 회의에 참석하였습니다. 그런데 학생들이 학생인권조례에 관련된 학내 인권문제와 관련하여 학생들 스스로가 인권에 대해 깊이 있는 논리적인 생각을 못 하며, 의식이 없고 막무가내로 교칙 완화에만 치중하는 것을 보며 저는 답답함을 느끼게 되었습니다.
활동 영역	교내 활동	저는 학생들을 대표하여 교칙완화를 중시하는 아이들의 의견을 대변했는데, 한편에서는 저희 학교가 신설학교로 용의복장이 단정한 학교로 이미지메이킹을 하고자 하는 주장도 강하였기에 의견충돌이 일었습니다. 회장단도 학생을 대표하는 학생위원으로서 학생들의 간절한 외침을 대변해 주어야 할 책임이 있었기 때문에 어려움이 있었습니다.
활동 기간	2010년 3월 ~ 2012년 8월	하지만 결과적으로는 선생님, 학부모 그리고 학생들의 의견 합치를 보아 규정을 완화하게 되었습니다. 그러면서 이 문제는 학생인권이 갖고 있는 사회 구조적인 측면과 연관될 수 있다고 생각하게 되었습니다.
활동 횟수	수시	그런 과정에서 학생부장 선생님의 학생인권조례에 대한 강의를 듣게 되었는데 그러한 교육이 사회 교육에 대해 피상적이고 아이들의 삶에 와 닿지 않음을 느낄 수 있었습니다. 그래서 실질적으로 아이들의 시민교육이 될 수 있는 사회 교육의 문제에 대한 필요성을 느끼게 되었습니다.

〈서울대 사범대 사회교육과 합격생〉

해설 | 학생회 활동을 통해 자신의 갈등 관리 능력과 학교 경영에 대한 열성적인 참여 모습을 보여주고 있다. 활동기간을 보면 1학년부터 2학년까지 학생회활동을 했던 것을 알 수 있다. 교복착용에 대한 학생들 간의

의견 충돌을 간결하게 잘 나타냈고, 그 과정에서 학생인권에 대해 생각해 보는 계기를 가졌다는 점이 인상 깊다. 마지막에 자신이 지원하려는 모집 단위와의 관련성을 언급하면서 자기소개서의 완성도를 높인 부분이 돋보인다.

학내외 활동		의미 있는 이유
활동명	토론동아리 'DFT(Debating For the Truth)' 창설 및 활동	1학년 말, 토론동아리를 창설한다는 소식을 들은 저는 대인관계를 다루는 데 필수적인 논리적 말하기능력을 기르고, 친목도 다질 수 있다는 점에서 동아리 입부 결정을 했습니다. 이후, 저는 임원 면접을 치러 차장으로 선발되었으며, DFT 1기를 구성하게 되었습니다.
활동영역	교내활동	가장 기억에 남는 점은 학교 대표로 '제4회 서울 고등학생 토론대회'에 출전했던 경험입니다. 동아리 내에서 예선을 치러 저와 부장, 그리고 1학년 후배가 함께 출전하기로 결정되었고 저희는 대회 한 달 전부터 준비를 시작했습니다. 저희는 거의 매일 만나면서 개요서와 입론서를 쓰고 찬성과 반대 측 입장을 돌아가면서 맡아 반론과 재반론을 연습했습니다. 대회 약 2주 전부터는 발표 때 필요한 긍정과 반대 측 입론을 모두 외웠고 일주일 전부터는 서로를 격려하며 잠을 줄여 24시간 패스트푸드점에서 연습을 이어갔습니다.
활동기간	2010년 10월 ~2011년 12월	대회를 준비하면서 양에 벅차 힘이 든 것도 사실이었지만, 때로는 먹을 것을 사주고 이야기도 하면서 서로 분위기를 긍정적으로 이끌었습니다. 이 대회에서 결국 3위를 했지만, 협력과 긍정적 마인드에 있어서는 1위였다는 생각이 들 정도로 의미 있는 경험이었습니다.
활동횟수	수시	이 외에도 저는 DFT에서 축제 준비와 온라인카페 개설, 문집 발간 등을 통해 '단합'을 느낄 수 있었습니다. 이처럼 제게 DFT는 다양한 토론 경험과 함께 단합을 느끼게 해주었다는 점에서 큰 의미가 있다고 생각합니다.

〈서울대 공과대학 산업공학과 합격생〉

해설 | 동아리활동을 통해 학생의 리더십을 보여주고 있다. 자연계 학생임에도 불구하고 토론 동아리를 만들고 중추적인 활동을 하는 동시에 학교 대표로 교외 대회에 참여하여 수상한 점이 돋보인다. 특히 산업공학과는 자연계의 경영학과로 의사소통 능력이 중시되는 학과이다. 이런 학과에 맞는 자질과 능력을 겸비했다는 것을 동아리활동 사례를 통해 잘 나타냈다고 평가된다.

학내외 활동		의미 있는 이유
활동명	인권위 교과서 모니터링 학생 추진단 활동	고등학교 2학년 때, 저희 학교가 학생인권시범학교로 지정되면서 많은 변화가 있었습니다. 가장 큰 변화는 두발규정 폐지, 체벌 금지 등이었지만 이러한 소극적인 형태보다 학생인권을 보장하는 데에는 이보다 더 많은 것들이 있을 것이라 생각되었습니다. 그래서 3학년 때, 국가인권위원회에서 주관하는 교과서 모니터링 학생추진단 활동에 참여하였습니다. 교과서 안에서 반인권적 요소들을 찾아내어 개선될 수 있도록 대안을 제시하는 활동이었습니다. 처음에는 검정심사를 받은 교과서에 반인권적 사례가 있을지 의문이 들었는데, 인권적 관점과 모니터링의 기준에 대한 강의를 듣고 나니 별 생각 없이 받아들였던 교과서 내용들이 인권침해가 될 수 있다는 사실을 알게 되었고 저는 큰 충격을 받았습니다. 이를 통해 차별적인 요소가 많은 교과서를 학생들이 보면서, 사회적 소수자들에 대한 차별적 인식이 무의식중에 강화될 수 있다는 점이 가장 큰 문제라고 생각하게 되었습니다. 실제로 교과서를 보며 발견한 반인권적 사례에 대해 친구들과 의견을 나눈 후 보고서를 제출하였고, '새롭게 쓰는 학교 이야기'라는 조별 활동에서 인권 친화적인 교육환경에 대한 발표로 1등을 수상하였습니다.
활동영역	교외활동	
활동기간	2012년 5월 ~2012년 9월	
활동횟수	2회	

활동횟수	2회	이후 워크숍과 정기모임에 참여하면서 인권 침해적 요소가 있는지 생각하며 교과서를 읽는 습관을 가지게 되었고, 찾아낸 사례를 실제로 교과서 개정안에 반영시켜 다른 친구들에게도 도움이 될 수 있다는 생각에 뿌듯함을 느꼈습니다.

〈서울대 사범대 교육학과 합격생〉

해설 | 학교의 교육적 특성에 맞게 활동한 점을 볼 때, 학교생활 충실도가 높은 학생이다. 인권시범학교의 프로그램을 수동적으로 수행하는 데 그친 것이 아니라, 문제점을 찾아보고 인권위 활동에 적극적으로 참여한 점이 높이 평가된다. 게다가 인권위 활동을 통해 얻은 지식과 경험을 바탕으로 교내 프로젝트 발표대회에 참여하여 수상한 점은 객관적으로 좋은 평가를 받을 수 있는 요소이다.

- 교내 활동 2개 + 교외 활동 1개의 구성을 추천 : 교내 활동은 학교생활 충실도 확보
- 활동을 선정할 때 고려할 사항으로는 지속성, 파급성, 전공 관련성, 연계성이 있음
- 임원(리더십), 봉사, 동아리활동, 수상실적, 연구논문 등의 활동 일반적임
- 활동 항목은 700자 쓰기이므로 에피소드는 반드시 들어가야 하며 자신의 변화된 모습, 수상실적, 다른 활동으로 연계성 등을 강조해야 좋은 평가를 받을 수 있음

■ 자신의 장단점이나 특성 사례

제 장점은 우선 친화력을 가졌다는 것입니다. 특별히 친화력을 갖게 된 이유는 친척들이 많아서 어릴 적부터 언니, 오빠, 동생들과 함께 어울리며 서로에게 배려하는 법, 지켜야 할 예의 등을 일찍부터 습득할 수 있었던 환경 덕택인 것 같습니다. 초등학교 5학년 때, 캐나다로 어학연수를 갔을 때에도 가족들과 떨어져 많이 힘들었지만 홈스테이 가정의 아이들, 학교의 캐나다인 친구들 모두와 스스럼없이 자연스럽게 친해졌으며 지금까지도 연락을 주고받고 있습니다.

저희 고등학교에는 여러 지역의 다른 환경에서 살아온 친구들이 많이 다닙니다. 그래서 학기 초에는 다소 서먹서먹한 분위기가 되지만, 저는 특유의 친화력으로 다양한 친구들을 두루두루 사귈 수 있었습니다. 그러한 친화력을 바탕으로 1학년 1학기 반장 선거부터 시작하여 2학년 때 학생회장 선거에 이르기까지 제 주위 친구들의 도움을 받을 수 있었고, 출마한 선거에서 모두 당선될 수 있었습니다.

저의 단점은 너무 욕심이 많아 주체할 수 없을 정도로 일을 많이 벌여 나중에 수습하지 못할 지경이 된다는 것입니다. 이러한 일 욕심이 정점을 찍었던 것은 고2, 1학기 때였습니다. 방송반 아나운서, 부학생회장, 교지편집부 활동 그리고 CHIEF 동아리활동에 이르기까지 너무나 많은 일을 벌여 놓고도 또 학생회장 선거에 나가겠다고 하여 부모님과 선생님을 걱정시켜 드렸습니다.

결국 학생회장에 당선이 되었고 모교 제1회 축제기획을 시작으로 임원이라는 중대한 역할을 맡으며 줄곧 향상되어 왔던 학과성적도 주춤하게 되었습니다. 그리고 저는 당장 눈앞에 있는 일을 제 기준에 맞출 때까지 완벽하게 일을 끝내지 않으면 다음 일로 넘어가지 않으려는 고집으로 인해 밤에는 편안하게 잠들지도 못했고 제 스스로 몸을 혹사시키곤 했습니다. 그러면서 저는 고등학교 3학년이 되면서부터 앞으로는 눈앞에 당장 해결해야 하는 일들을 만들지 말고, 장기적인 계획을 세워 일의 우선순위를 정해 가며 나의 인생을 설계해야 한다는 교훈을 얻었습니다.

〈서울대 사회대 사회학과 합격생〉

해설 | 자신의 장단점을 서술할 때는 장점과 단점 사이에 상호 관련성이 있어야 한다. 사례를 보면 친화력이 높다는 장점이 있지만, 한편으로 욕심이 많다는 단점이 있다. 즉, 사람을 만나고 친해지고 싶은 욕구가 많은 사람이라면 반대로 자신의 욕망도 클 것이라는 상식에 부합하는 내용이다. 그리고 단점을 해소하기 위해 자신만의 해결책을 제시한 점이 높이 평가할 만하다. 특히 자신의 단점을 여러 사람과의 협력 과정 안에서 서술함으로써, 역설적으로 자신의 장점을 간접적으로 드러내는 효과를 만들어 냈다.

■ 특별한 성장과정이나 가정환경(생활 여건 등) 사례

우리 가족은 토론하기를 좋아합니다. 교수이신 아버지, 역사 강사이신 어머니와 함께 다양한 주제를 놓고 이야기를 나누는 것은 우리 집에서 자주 볼 수 있는 풍경입니다. 남녀관계에 대한 솔직한 이야기도 거리낌 없는 대화의 주제가 됩니다. 부모님께서는 어린 저희의 의견이라도 항상 귀 기울여 주시고 인정해 주십니다. 이런 가족문화 속에서 저는 다양한 주제의 대화를 통해 폭넓은 시각을 기를 수 있었고, 인문사회적 소양을 갖출 수 있었습니다. 또한 어떤 의견도 진지하게 받아들여지는 분위기 속에서 제 의견을 당당하게 말할 수 있는 자신감도 자랐습니다. 그리고 서로의 의견을 들으며 비판력도 키우게 되었습니다.

우리 가족은 서로의 차이를 존중합니다. 아버지는 무신론자이신 데 반해 어머니는 독실한 기독교 신자이시고, 아버지는 진보적이고 감성적이신 데 반해 어머니는 보수적이며 이성적이십니다. 그럼에도 불구하고 두 분의 모습은 제게 그다지 편협해 보이지 않습니다. 그 이유는 두 분이 의견의 대립은 있지만 자신의 의견을 강요하기보다는 서로 존중하시기 때문입니다. 이런 모습에서 저는 수용적인 자세를 자연스럽게 배우게 되었습니다. 그래서 저는 친구들 사이에서 마음이 넓고 이해심이 많은 편안한 친구로 통합니다.

저는 다양한 사람들과 접할 기회도 많았습니다. 교환 교수로 가게 된 아버지를 따라 미국에서 학교를 1년 다니면서 다양한 국적과 인종의 아이들을 만났습니다. 폭넓은 국제 관계를 가지고 계신 아버지 덕분에 많은 외국 사람들을 만날 수 있었고, 다문화 여성들에게 강의를 하시는 어머니를 통해 여러 나라에서 온 이주 여성들도 만났습니다. 이런 기회들은 여러 문화의 다양한 모습을 들여다볼 수 있게 해주었습니다. 그리고 지구촌 시대를 살아가는 제게 글로벌 마인드도 심어 주었습니다.

저를 표현할 수 있는 단어는 '자신감과 수용적인 자세'입니다. 그리고 이런 제 모습을 만들어 준 것은 가족입니다. 저는 우리 가족을 사랑합니다.

해설 | . 지원 모집단위와 관련하여 가정환경을 통해 길러진 자질을 드러낸 점이 돋보인다. 부모님의 상반된 성향을 드러내는 동시에 학생 자신은 이런 환경에서 수용적 자세를 배웠다는 것이 자유전공학부에 어울리는 자질로 볼 수 있다. 한편, 부모님의 직업 등을 통해 학문에 대한 관심과 소양을 어릴 때부터 키워왔다는 점을 드러낸 점도 긍정적으로 평가된다. 다만 가족사를 지나치게 드러낼 경우에는 자신의 역량이 낮게 평가될 수 있으므로 수위조절이 필요하다. 끝으로 위의 사례처럼 두괄식으로 문단을 구성하는 것이 좋다.

■ **고등학교 시절 겪었던 어려움과 그것을 극복하기 위한 노력 사례**

좋아하는 외국어 공부에 많은 시간을 보내다 보니 단어를 암기하고 주어진 문장을 해석하는 식의 공부가 편했습니다. 그런데 어휘를 익히고 문법을 배울 때에는 암기가 어느 정도 필요하지만, 언어가 아닌 다른 과목을 공부할 때에도 이해보다 암기를 선호하는 제 자신을 발견했습니다. 심지어 수학을 공부할 때에도 풀이과정이 잘 이해되지 않는 부분이 있으면 풀이과정을 통째로 암기해 버리기도 했습니다. 그런 저의 잘못된 공부방식은 고등학교 1학년 첫 시험에서 그 허점이 여실히 드러났습니다. 수학시험 문제는 교재에 있는 문제를 변형한 것이 대다수였는데, 저는 어려운 문제를 풀이방법 그대로 외워버렸던 터라 변형된 문제를 풀어내지 못해 시험에서 좋지 못한 성적을 받고 말았습니다.

저는 '왜'라는 질문에 익숙지 않았습니다. 제가 풀지 못하는 문제를 선생님이 풀어주시면 선생님의 풀이방법을 외울 뿐, 왜 다른 방법으로 접근하면 문제가 풀리지 않는지에 대해 궁금해하지 않았습니다. 그저 저의 틀린 풀이방법을 머릿속에서 지우기 바빴습니다. 생각하는 과정을 소홀히 하고 정답으로 가는 풀이방법만 익히고, 시험에 나올 만한 핵심 골자만을 공부하는 경우가 많았습니다. 저는 제 자신에 대한 반성을 통해 모든 공부에서 가장 중요한 것은 원리를 이해하는 것이라는 기본적인 사실을 새삼 깨달았습니다.

이후 이러한 태도를 경계하기 위해 수업 시간에 배운 내용에 대해 조금이라도 그 원리가 이해되지 않는 부분이 있으면 곧바로 선생님께 질문하거나, 수업 후에 선생님을 찾아가 의문점을 해결하고야 마는 적극적인 태도를 가지게 되었습니다. 처음 한두 문제에서 시작했던 궁금증은 갈수록 점점 늘어났고, 저만의 자기주도학습 노트를 만들기에 이르렀습니다. 자기주도학습 노트에 '생각하는' 공부를 하면서 생긴 궁금증을 풀기 위해 선생님께 질문했고, 선생님의 열정적인 말씀을 듣고 노트에 적어 3년간 저만의 소중한 지식 창고를 만들었습니다. 이러한 적극성은 제 자신의 수업 집중도와 문제해결 능력에 크게 영향을 미쳤고, 저는 단순 암기에서 벗어나 이해를 바탕으로 하는 공부를 할 수 있었습니다.

〈서울대 인문대 영어영문학과 합격생〉

해설 ｜ 수학과목을 학습하면서 어려운 점을 솔직하게 표현하고 이를 극복해 가는 과정을 기술한 점이 돋보인다. 위 사례의 학생은 역경극복 항목에 자신의 역량을 높이게 된 계기를 적은 것으로 볼 수 있다. 이처럼 역경극복 항목을 통해 자신의 장점을 드러낼 수 있는 기회로 활용하는 것도 좋은 방법이다.

- 자신의 장단점을 적을 때는 장단점 사이에 연관성이 있어야 함.
- 가정환경 등을 적을 때는 지원 모집단위에서 요구하는 자질을 드러내는 것이 좋음.
- 역경극복을 적을 때는 단체활동에서 사례를 찾고 극복과정이 반드시 드러나는 사례가 좋음.

	선정 도서	선정 이유
도서명	처음 읽는 진화심리학	이 책은 심리학에 관심이 많은 제게 아버지께서 권유해 주신 책입니다. 이 책을 읽고 과학의 일부인 진화론을 사회학에 접목시킨 '진화심리학'이라는 분야를 처음 알게 되었습니다. 또한 지금까지 알고 있던 심리학에 대한 제 고정관념을 깨는 기회가 되었고, 사람의 심리 속에는 인정하기 싫지만 인정할 수밖에 없는 불편한 사실들이 참 많다는 것도 알게 되었습니다. 책에서는 인간의 심리를 종족번식과 생존을 위한 진화의 산물로 보고 논리적으로 설명해 놓았는데, 그 내용을 인정할 수밖에 없는 획기적인 것으로 느껴졌습니다.
저자/역자	앨런 S. 밀러, 가나자와 사토시	
출판사	웅진 지식하우스	책을 읽고 난 후 진화심리학에 대해 더 알고 싶은 욕심이 생겨 사회과학자이신 아버지와 토론도 해보고, 진화심리학의 역사적인 배경과 지금 다시 그 가치를 인정받게 되는 이유에 대해서도 알아보았습니다. 그리고 학교에서 열린 자유탐구발표대회 때, '진화심리학'을 연구 발표의 주제로 삼아 프레젠테이션도 하였습니다. 하지만 이 책에서 주장하는 내용들 중에는 반박하고 싶은 부분이나 석연치 않은 부분도 있었습니다. 그리고 이런 부분들을 좀 더 연구해 보고 싶다는 생각도 하게 되었습니다. 이 책은 심리학을 전공하려는 제게 심리학에 대한 넓은 안목과 지적 욕구를 불러 일으켜준 아주 고마운 책입니다.

〈서울대 사회대 심리학과 합격생〉

해설 | 전공 분야와 관련된 책을 기술하였다. 단순히 책을 읽고 느낀 점을 적은 것이 아니라 교내활동과 연계하여 읽은 책을 활용한 방안까지 나타냈다. 아쉬운 점은 이해되지 않았던 부분이 무엇인지 밝혀주었

다면 더욱 완성도가 높은 자기소개서 되었을 것이다.

선정 도서		선정 이유
도서명	한 번의 비상을 위한 천 번의 점프 : 최고에 도전하는 김연아를 위한 오서 코치의 아름다운 동행	저는 가끔씩 김연아 선수의 경기 영상을 찾아보기도 하고, 방학 때는 그녀를 따라 피겨 스케이팅을 배울 정도로 김연아 선수의 열렬한 팬입니다. 제가 고등학교 1학년 때 그녀에게는 벤쿠버 올림픽이라는 목표가 있었기에, 그녀를 응원하며 이 책을 접하게 되었습니다. 이 책을 통해 저는 고등학교 생활 전반의 어려움들을 대하는 데 의연해질 수 있었다고 생각합니다. 시험을 준비할 때는 스스로를 믿고 실전에 더욱 강해질 수 있었던 김연아 선수를 떠올리면서 일기를 쓰며 불안한 제 자신을 다독였습니다. 또한 그녀는 관중들의 기대를 한 몸에 받으면서도 자만하지 않고 끝까지 경기에 집중했는데, 저는 그러한 그녀의 겸손함과 집중력, 때로는 대범함을 본받으려 노력하였습니다. 그러면서 선생님들께서 저에게 거는 기대와 친구들의 시선을 모두 감사히 받아들여 침착하게 학업에 집중했고 그 결과 여러 대회에 참가하면서 좋은 성적을 거둘 수 있었습니다. 이렇듯 이 책은 제게 힘들 때마다 등불이 되어 주는 존재였습니다.
저자/역자	브라이언 오서 지음, 권도희 옮김	
출판사	웅진지식하우스	

〈서울대 자연대 의예과 합격생〉

해설 | 고교생활 기간 중에 롤모델이 된 인물에 대한 책을 기술하였다. 주인공의 삶의 태도를 통해 자신의 삶의 자세를 가다듬게 되었고 학업에 열중하게 된 점을 담담하게 서술하였다. 이렇듯 자신의 가치관을 형성하고 삶의 모습을 배우는 데 도움이 된 책을 선택하는 것도 좋다.

	선정 도서	선정 이유
도서명	핀란드 교육의 성공 : 경쟁에서 벗어나 세계 최고의 학력으로	이 책은 선진교육을 실천하고 있는 핀란드 교육의 성공을 소개하고 있습니다. 저는 이 책에서 타인의 눈을 그다지 의식하지 않고 선생님이나 부모님이 억지로 시켜서가 아닌, 자신을 위해 열심히 배우려고 하는 핀란드 아이들의 모습과, 한 사람, 한 사람을 소중히 하는 평등한 교육을 보고 선진문화가 무엇인지 알 수 있었습니다. 또한 사회적 배경이 학업에 미치는 영향이 훨씬 적은 핀란드의 교육환경을 보며 대한민국 교육과의 차이점은 무엇일까에 대해서도 생각해 보았습니다. 특히 억지로 공부하는 아이들을 볼 수 없을 정도로 자신의 인생에 필요한 지식을 스스로 구하고 지식을 구성하며, 학생의 주도적인 활동을 강조하는 '사회 구성주의적 학습'을 국가적으로 추진하는 것이 인상 깊었습니다. 그러면서 '사회 구성주의적 학습'에서 교사의 역할은 무엇일까에 대해 진지하게 고민해 보았습니다.
저자/ 역자	후쿠타 세이지	
출판사	북스힐	

〈서울대 사범대 사회교육과 합격생〉

해설 | 교직과 관련된 책을 기술하였다. 사범대, 간호대 등 특수목적 대학을 지원하는 학생의 경우, 해당 분야와 직접적으로 관련된 책을 선택하여야 한다. 단순히 보여주기 식이 아니라 교직에 대한 시사적인 내용과 가치관을 형성하는 동시에 면접에 대비할 수 있는 책을 선정하는 것이 중요하다.

- 독서항목에 들어갈 책 선정 기준으로 '전공적성', '롤모델', '교직적성', '인성', '교내외 활동 관련 서적 – 연구논문 등'이 있음.
- 3권 중 최소 1권은 생활기록부 독서활동에 적힌 책을 넣는 것이 좋음.
- 독서항목에 기재된 책들은 면접 시 면접관들의 질문으로 이어지기 때문에 충분히 내용을 소화하는 것이 중요함.

 서울대 자기소개서 전형별 작성 비법

1) 지역균형 지원자

지역균형 전형은 지역발전과 연계된 지원동기나 활동내역이 담겨 있어야 한다. 사례를 보면 지원동기와 활동내역 부분에서 자신이 살고 있는 지역과 연관성을 드러내고 있다.

사례1 | 지원동기

중학교 때부터 늘 초고층 건물이나 새롭게 지어지는 건물의 조감도와 관련된 기사를 관심 있게 읽었습니다. 이렇게 건축에 관심이 많았던 저는 2학년 '진로 탐색의 날'에 삼우종합건축사사무소를 찾아갔습니다. 그곳에서 회사가 지금까지 했던 프로젝트들을 보았는데 그 중 도시의 마스터플랜이 저의 흥미를 끌었습니다.

인사 팀장께서 도시를 설계하기 위해 무엇을 전공해야 하고, 어떤 능력이 필요한지 등을 자세히 설명해 주셨습니다.

이후 도시설계에 대해 더 많은 관심을 갖게 되다 보니 건물 하나를 짓는 것보다 도시 전체를 설계하는 것이 더 매력적이라는 것을 느끼게 되었습니다. 이에 수원시 화성의 복원 사업과 수원시의 도시경관을 고려한 도시계획이 조화를 이룰 수 있는 도시계획과 정책에 대해 관심을 가지게 되었으며, 이를 해결해 보고 싶다는 꿈을 가지게 되었습니다.

〈서울대 공과대학 건축학과 합격생〉

📖 사례2 ｜ 활동내역

저의 외숙모는 베트남인입니다. 같은 지역의 농촌에 살고 있는 외숙모는 한국어가 매우 서툴렀으나 한국어 교육을 받을 교육시설이 주변에 없었습니다. 사촌동생이 태어나자 문제의 심각성이 대두되었습니다. 저는 사촌동생이 외숙모에게서 한국어를 잘 배우지 못하는 사실이 안타까웠습니다.

그래서 **다문화가정의 자녀들에게 특별한 교육이 필요하다고 생각했습니다. 이런 고민 끝에 위례청소년지킴이를 통해 다문화가정 봉사활동을 시작했습니다.** 열악한 환경에서 공부하는 다문화가정 자녀들의 집에 직접 방문하여 아이들을 가르쳤습니다. 먼저 친해지기 위해 먹을 것이나 책을 사주었습니다. 동시에 영어에 대한 위화감을 없애기 위해 게임이나 일상생활에서 접하기 쉬운 영단어를 가지고 영어수업을 하였습니다. 노력의 결과로 제가 가르친 학생들이 흥미를 가지고 영어를 공부할 수 있게 되었습니다.

저의 작은 봉사는 우리 사회에서 약자의 위치에 있는 다문화가정의 자녀들이 보다 많은 교육기회를 얻을 수 있도록 하기 위한 노력의 일환이었습니다.

〈서울대 사회과학대학 정치외교학과 합격생〉

2) 광역 모집과 학과별 모집지원자

광역 모집지원자와 학과별 모집지원자는 '지원동기와 진로계획'을 기술할 때, 모집단위의 특성을 드러내야 한다. 먼저 광역 모집지원자는 지원한 단과대에서 종합적으로 연구할 수 있는 주제에 관심을 가지고 있음을 밝혀야 한다. 그리고 학과별 모집 지원자는 학과에 대한 전공적합성이나 뚜렷한 진로의식을 드러내야 한다.

사례1 | 사회과학대학의 종합적 연구 주제

걸음마를 뗀 꼬마의 별명은 '시멘트 바닥에 눕는 아이'였습니다. 넓은 시멘트 바닥만 보면 누워서 놀 정도로 활동적인 저는 노는 것을 좋아하고 친화력이 좋아 주위에는 항상 친구들이 많았습니다.

저는 초등학교 6학년 때쯤 친구들과 놀다가 머리를 심하게 다치면서 가졌던 죽음에 대한 두려움은 처음으로 저의 장래희망을 생각하는 계기가 되었습니다. 그때의 경험으로 신체적 장애 때문에 고통을 받는 사람들을 돌아보게 되었으며, 그들과 '나눔'을 함께 하는 사람이 되고 싶다는 꿈을 갖게 되었습니다. 이에 인간의 이타심은 어떻게 생겨나는가에 대해 고민을 하게 되었습니다.

그리고 **인간의 본성 연구를 바탕으로 삶의 질을 향상시킬 수 있는 국가제도를 만드는 일을 해야겠다는 목표를 정할 수 있었습니다.** 이런 목표를 이루기 위해 심리학과 경제학 및 사회복지학을 두루 연구해 보고 싶습니다.

〈서울대 사회과학대 합격생〉

서울대학교에 진학하여 영문학에 대해 깊이 있게 공부하고 싶습니다. 고등학교생활 동안 저는 원서를 읽고 **궁금한 부분들은 번역서를 들춰보는 방법으로 영어를 공부했습니다. 그런데 번역의 한계점을 느낀 적이 많았습니다.** 예를 들어, 『Harry potter and the deathly hallows』에서 론 위즐리의 형제 중 한 명이 귀에 구멍이 뚫리는 마법 공격을 당하는 장면이 있습니다. 절망적인 상황에서 그의 한마디는 바로 "I'm a holy man."이었습니다. holey 와 holy의 발음이 유사한 것을 이용하여 분위기를 반전시키는 작가의 재치에 감탄했습니다. 하지만 번역서로는 그대로 번역한 뒤에 주석을 달아 독자들을 이해시키려고 한 탓에 작가가 의도한 효과가 나지 않았습니다.

그리고 시나리오인 『good will hunting』에서는 하버드 교수의 권위적인 대사와 망나니 고아의 속어가 극명하게 대조되던 것이 번역된 자막에서는 희미해져서 아쉬웠습니다. 고민해 보았지만 구체적으로 어떻게 번역하면 좋을지 찾지 못했습니다.

그래서 저는 서울대학교에서 영어영문학을 전공하고, 국어국문학을 부전공하여 이러한 한계를 극복할 수 있는 방법을 연구하고, 나아가 한국 번역 분야에 공헌하고 싶습니다.

〈서울대 인문대 영어영문학과 합격생〉

📖 **사례3** | **뚜렷한 진로의식**

입학 후에는 분자생물학 분야를 중점적으로 공부할 예정입니다. 저학년 때에는 암치료와 관련한 현재 연구성과를 정리하는 시간을 가져보고 싶습니다. 고학년부터는 세포주기 연구실에서 인턴십을 하며 학자로서의 연구역량을 키워나가고 싶습니다. 졸업 후에는 세포주기 분야에 지원하여 학업을 이어나가고 싶습니다. 특히 다트머스대학의 연구진이 발견한 miRNA에 대한 연구를 심화시켜 진행해 보고 싶습니다. 학위를 마친 후에는 서울대 암연구소와 같은 국책연구소에서 근무해 보고 싶습니다. 최종적으로는 국가연구기관의 최고 수장이 되어 보고 싶습니다. 질병 연구에 대한 과학계의 성과를 종합하여 DB화하는 동시에 이런 자료를 공유하고 교육자료로 활용할 수 있도록 조직을 새롭게 구성할 것입니다.

또한 오랜 기간 동안 안정적 연구를 위해서 과학자들을 위한 지원사업을 확대하도록 하여 생명과학 분야의 연구가 안정적으로 진행될 수 있도록 만들어 보고 싶습니다. 그리고 산학연구 활성화뿐만 아니라 해외 대학과의 공동연구를 활성화할 수 있는 방안을 마련하여 인류의 삶을 질을 높이는 데 기여하고 싶습니다.

〈서울대 자연대 화학과 합격생〉

입학사정관제를 위한
포트폴리오 준비

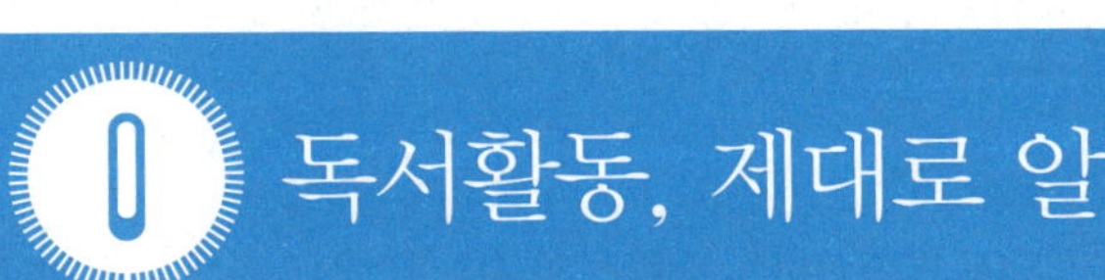

독서활동, 제대로 알기

독서가 입학사정관제에서 차지하는 비중은 상당히 높다. 이유는 대학에서 하는 공부 대부분이 책을 읽고 평가하는 작업으로 이루어지기 때문이다. 거기다 대학이 요구하는 종합적인 교양인이 되기 위한 자격으로 폭넓은 독서만한 것도 없다. 교과 능력 외 도덕성이나 사회성을 평가하는 간접적인 지침이기도 하다. 따라서 문이과 구별 없이 최고 수준의 대학에서는 수준 높은 독서활동을 평가함으로써 학생들에게 고교 생활에서 깊은 사고력과 사회적 안목을 키웠는지를 확인한다.

학생의 능력을 돋보이게 한다

수시 입학 전형에서 수능 성적을 최소한만 요구하는 이유는 학생의 다른 장점을 보려 하기 때문이다. 여기서 말하는 다른 장점은 사회성이나 도덕성, 감수성, 리더십, 그리고 교과 능력으로 판단하기 어려운 지적 능력이나 특기이다. 독서는 이러한 능력을 직간접적으로 지원하는 역할을 폭넓게 수행한다. 가령 봉사활동 시간이 긴 학생이 봉사활동에 계기가 된 위인전이나 지구촌의 기아와 빈부 격차 문제를 다룬 책을 진지하게 읽었다면 봉사활동은 지적인 부분까지 채워진다. 반장이나 회장을 여러 번 맡은 학생이 공동체의 질서나 경제적 분배를 고민한 책을 읽었다면 활동의 일관성을 강화시키는 셈이다. 특히 학생의 인지능력을 드러내는 가장 좋은 근거는 독서이다. 책을 꼼꼼하게 읽은 학생은 교과서 수준을 넘어 깊은 통찰력을 발휘할 수 있기 때문이다.

아래의 자기소개서에서도 독서의 위력은 드러난다.

사회학이라는 학문을 공부하기 전에 사회과학의 전반적인 지식을 쌓기 위해서 교과 과정 내의 사회 관련 교과에 대해서는 다른 과목보다 더 관심을 두고 공부하여 항상 좋은 성적을 받을 수 있었습니다. 저의 장래희망과 직결되는 교과인 사회문화와 경제학은 다양한 독서활동을 통해 지적 호기심을 채워 나간다는 것에 기쁨을 느꼈습니다. 특히 해석학적 연구의 전형을 보여주는 막스 베버의 『프로테스탄트 윤리와 자본주의 정신』은 사회학의 매력을 한껏 느끼게 해주었습니다. 또한 학교 논술 시간에 뒤르켐의 『자살론』을 발췌해 읽고, 자살이 사회적 환경과 인과성을 지닌다는 사실이 놀라웠습니다. 특히 통계를 통해 자살이 구체적으로 나타나는 것을 보며 사회학이 객관적이면서도 인간의 삶을 담을 수 있다는 점이 매력으로 다가왔습니다.
이러한 학업적 노력을 바탕으로, 사회학이라는 학문이 우리 사회에서는 어떻게 적용되고 있는지 실태를 조사하기 위해서 동아리 '출발'을 조직하였습니다. 석탄 합리화 정책으로 인해 폐광촌이 된 보령 탄광촌 답사에서 만난 주민들의 힘든 삶, 남해 독일 마을에서 살고 계신 독일 광부 출신 할아버지와의 인터뷰, 4대강 사업의 장단점을 알아보기 위한 굴포 운하 및 여주 이포보 방문, 한탄강 댐 건설로 수몰 위기에 처한 재인폭포답사와 같은 답사활동을 통해서 정부정책으로 인해 변해 버린 다양한 사회의 모습을 연구하였습니다. 그래서 전 사회학을 직접 눈과 귀로 경험하고 사회가 변해 가는 과정에서 발생하는 혼란과 마찰을 중재하는 것이 사회학을 배우는 사람들의 할 일 중 하나라는 것을 깨달았습니다.

〈경희대 / 외대 사회학과 합격생〉

독서가 사회학이라는 학문을 유도했다는 부분이 매우 강렬하다. 이를 바탕으로 동아리와 봉사활동 등으로 확대해 나가면서 자신의 지원동기와 학과 지원을 위한 자질을 향상해 간 점이 눈에 띈다.

동양의 관점을 통해 금융을 파악하면 어떨까? 저는 자료를 가지고 기업의 가치를 판단하여 향후의 동향을 예측한다는 점이 매력적이어서 금융수학자가 되기로 마음을 먹었습니다. 고등학교 입학 후 경제경영연구 동아리(KEYNES)에 참여하여 친구들과 모의 투자를 하면서 금융시장에 대해 흥미를 가지게 되었습니다.

그러던 중 2008년에 발생한 미국발 금융위기의 원인에 대해 조사하고 토론하는 시간을 갖게 되었습니다. 이 과정에서 금융수학이 주식, 파생금융상품 등의 변동을 그래프와 함수로 표현함으로써 위험을 예측가능하게 하여 금융경제를 활성화시켰다는 것을 알 수 있었습니다. 하지만 기존의 금융수학은 '인간이 합리적이고 이성적이라는 전제'에 집착한 나머지 사람들이 판단 과정에서 보이는 비합리적이고 감성적 측면에 대한 연구가 부족하다는 것을 느꼈습니다. 사람들이 실생활에서 어떻게 판단을 내리는지 알아보는 과정에서 『넛지』라는 행동경제학 서적과 '카네만'의 『불확실한 상황에서의 판단』이란 책을 읽었습니다. 이를 통해 인간의 감성적인 측면에 대한 연구가 활성화되어 있고 실제 시장에서 큰 변수로 작용할 수 있다는 것을 느꼈습니다.

(중간 생략)

이러한 연구를 통해 금융시장 참여자 개인의 수익 창출과 시장 전체의 균형적인 성장의 토대를 제공해 주는 금융 수학자가 되고 싶습니다.

자유전공학부의 경우 학문 간 융합형 자기소개서를 요구한다. 이때 독서야말로 문이과 경계를 허무는 가장 완벽한 방향을 제시한다.

저는 고등학교 3학년 여름 방학 때 이 책을 읽었습니다. 제가 공대에 진학하고자 한다는 소식을 들으신 주변 어르신이 저에게 주신 책이었습니다. 이 책은 공과대학의 각 학과를 졸업한 사람들의 사회적 성공에 대한 이야기를 나눈 인터뷰 내용과, 그 사람들이 전공한 학과에 대하여 교수님들이 직접 그 학과에 대해 상세한 소개를 해주시는 내용으로 이루어져 있었기 때문에, 한창 전공학과 탐색에 열을 올리고 있던 저에게 그 어떤 진로 참고서보다도 유익한 진로 길잡이가 될 수 있었습니다. 저는 어릴 때부터 화학을 좋아하여 화학생물공학부에 마음을 두고 있었지만, 화학공학은 석유에 국한된 것들을 배운다는 기존의 인식 때문에 지원을 망설이고 있었습니다. 하지만 이 책을 읽고, 화학생물공학부야말로 그 어떤 학과보다도 폭넓은 활용이 가능한 학과라는 사실을 알게 되었고 그동안의 화학공학에 대한 오해를 버리고, 저의 꿈을 이루게 해줄 '화학생물공학부'에 망설임 없이 지원하게 되었습니다.

공과대학 지원동기가 언급된 독서활동 기록으로, 서울대학교 공대에서 출간한 책을 선택해 효율성을 높였다.

연구활동이나 특기적성 등과 활발하게 결합된다

다른 활동과도 상호연관성이 높지만, 무엇보다 독서가 힘을 발휘하는 영역은 특기적성과 관련한 부분이다. 학생의 지적 노력을 간접적으로 측정하는 방식으로 요즘 연구 논문을 작성하는 분위기가 확산되었다. 고등학생에게 대학원 이상 연구자나 사용하는 논문이라는 방식을 쓰도록 하는 것이 교육적으로 바람직한지 의문이긴 하지만, 연구 과제를 설정하고 결론 도출을 위해 참고 문헌을 찾는 과정에서 지식을 구조화시키는 능력은 많이 향상될 것이다. 학생이 작성하는 연구 논문의 방향에 따라 어떤 자료를 인용할 것인지는 큰 차이가 나지만, 전문 서적이나 논문으로 자기 논거를 정당화하는 과정은 불가피하다. 다음 예를 보면 연구 주제 설정에서 책이 갖는 힘이 드러난다. 연구자의 연구 과제 선정에서 이론적 배경을 검토하면서 나심 니콜라스 탈레브의 『블랙스완』에서 개념을 취한다.

금융시장에서의 블랙스완에 대한 연구
-미국 금융위기 사례 중심으로

한영외국어고등학교 김00

인류에게 발견된 백조는 모두 흰색이었기 때문에 사람들은 1697년 오스트레일리아 대륙에서 검은색 백조(흑고니)를 처음 발견하기까지는 모든 백조는 흰색이라고 인식했다. 하지만 이때의 발견으로 인하여 '검은 백조'는 '진귀한 것' 또는 존재하지 않을 것이라고 생각하는 것이나 불가능하다고 인식된 상황이 '실제 발생하는 것'을 가리키는 은유적 표현으로 사용되었다.

미국 뉴욕대 폴리테크닉 연구소 교수인 나심 니콜라스 탈레브(Nassim Nichloas Taleb)가 2007년 『블랙스완 The Black Swan』이라는 책을 출간하면서 '블랙스완'이라는 말이 경제 영역에서 널리 사용되기 시작하였다. 이 책에서 그는 블랙스완을 통해 관찰과 경험에 근거한 학습과 지식이 얼마나 제한적이며 허약한 것인지를 지적한다.

그는 '블랙스완'을 다음 세 가지 속성을 지니는 사건이라고 정의한다. 첫째는 블랙스완은 극단값으로 이는 과거의 경험으로는 그 존재 가능성을 확인할 수 없기 때문에 일반적인 기대 영역 바깥에 놓여 관측값을 가리키는 통계학 용어다. 극단값이라 부르는 이유는 이것이 존재할 가능성을 과거의 경험으로는 확신할 수 없기 때문이다. 둘째는 블랙스완은 극심한 충격을 안겨준다. 셋째는 블랙스완이 극단값의 위치에 있다고 해도 그 존재가 사실로 드러나면, 인간은 적절한 설명을 시도하여 이 검은 백조를 설명과 예견이 가능한 것으로 만든다. 즉, 희귀성, 극도의 충격(선견지명은 아니지만) 예견의 소급 적용, 이

세 가지가 블랙 스완의 속성이다.

금융시장에서도 블랙스완은 존재해 왔다. 1930년대의 대공황, 1987년의 블랙먼데이, 2008년의 글로벌 금융위기 등이다. 경제가 장기간 호황을 지속하다가 갑자기 불황에 빠지거나 주식시장이 갑자기 폭락하는 것이다. 금융시장의 블랙스완은 파급력이 크고 가장 느닷없고 충격적으로 다가온다.

본 연구에서는 금융시장에서의 블랙스완에 초점을 맞춰 시장을 뒤흔들 수 있는 예상치 못한 큰 사건을 가리키기로 한다.

연구보고서에서 블랙스완이라는 개념을 설명하기 위해 책을 인용한다. 본 연구 논문은 상당히 깊이 있는 연구보고서로 평가할 수 있는데, 이는 우선 정밀한 독서로 연구의 깊이가 보장되었기 때문이다.

전공 관련 관심도를 간접적으로 표현한다

자기소개서 작성 시 가장 신경 쓰이는 부분이 전공에 관심을 갖기 시작한 계기나, 전공에 대한 관심도를 증명하는 과정이다. 공부하고 싶은 학문을 만나게 된 계기는 특기적성활동이나 개인적인 체험 등도 좋지만, 독서 역시 매우 추천할 만하다. 현실적으로 전공에 대해 구체적으로 접하기 어렵기 때문에 책이 전공과 나를 이어주는 가교 역할을 한다면 좋은 자기소개서를 작성하는 데 큰 힘이 된다. 다음 사례를 읽어 보자.

저는 평소에 일상 사회에서 일어나는 노사 갈등의 문제나 지역 이기주의 문제 등 한국 내 사회 문제들이 극단적으로 치닫는 것이 매우 안타까웠습니다. 그러던 차에 윤리시간에 동양의 중용과 아리스토텔레스의 중용에 대해 배우며 극단적인 대립을 완화해 가는 방법을 고민하면서 철학에 관심을 가지게 되었습니다. 특히 논술을 공부하며 현대 프랑스 철학의 상대주의적 관점에 흥미를 가져 사회문제는 상대적 박탈감이나 소외에서 비롯되었다는 가설을 세웠습니다. 성격이 소심한 저는 앞에 나서기보다 뒤에서 상대방을 이해하고 배려하는 경향이 강한데 충분히 읽고 이해한 뒤에 자신의 의견을 펼쳐나가는 철학은 저와 잘 맞는 것 같습니다. 무엇보다 생각 자체를 고민하거나 살아가는 방법과 같은 인간의 본질적인 행동을 연구한다는 점에서 다른 학문을 압도하는 힘을 느끼게 해 주었습니다. 철학이 책을 많이 읽는 것과 생각을 많이 요구한다는 점에서 제 적성에 잘 맞을 뿐 아니라 사회적 갈등을 해결하는 가치체계를 수립하는 바탕을 만들기 위해 대학에서 공부하기로 결심했습니다.

위 자기소개서는 전공 관련 흥미를 표현하기 위해 독서와 글쓰기 등을 전면에 내세웠다. 아리스토텔레스에서 프랑스 철학자들에 이르기까지 철학에 관한 구체적인 관심을 표현하면서, 논술활동을 등을 통해 체험한 독서를 내세워 자신이 철학을 공부하기로 결심한 계기를 정당화하고 있다.

제가 인문학부를 지원하게 된 동기는 예전부터 인문학 분야의 책을 자주 읽으면서 국문학을 공부하고 싶은 마음이 들어서입니다. 중학교 시절 국어선생님을 통해 국어의 매력을 느꼈던 저는 국어에 대해 더 자세하고 심도 높은 공부를 하고 싶다는 생각을 줄곧 가지고 있었습니다. 그 생각은 고등학교에 들어와서도 변하지 않고 더욱 확고해졌으며, 국문학 외 여러 인문 분야의 다방면을 경험하고 배우고 싶어 아주대학교 인문학부에 지원하게 되었습니다. 저는 인문학부에 지원하기 위해 그동안 폭넓은 장르의 책을 보며 꾸준한 독서활동을 해왔습니다. 독서활동을 통해 저는 인문학부에 필요한 다양한 지식들을 쌓아나갔으며, 이러한 활동 덕분에 교내 독서경시대회에서 입상, 글짓기대회에서 수상하는 등 보람 있는 결과로 나타나 제가 이제껏 꾸준히 한 독서활동을 입증하였습니다. 특히 저는 신경숙, 공지영 씨의 소설을 자주 읽었는데, 섬세한 문장이 돋보이는 신경숙 씨에게 영향을 많이 받았습니다. 그래서 저는 시나 소설을 읽을 때 좋은 구절 같은 경우 외워보기도 하고, 상상하기도 하며, 글을 쓰는 것을 게을리하지 않고 항상 써보고자 노력하였습니다. 그 덕에 저는 1학년 때부터 학교 논술 반에 들어가 부족한 문장력이나 표현력을 키워나가며 글쓰기의 기본을 다져나갔습니다. 기본을 닦고 글을 써보려는 노력 덕분인지 저는 시화전에 뽑히기도 하고, 독후감, 소감문 쓰기 대회에서부터 절약 글짓기, 논술평가 등 여러 방면에서 수상을 할 수 있었습니다. 이뿐만이 아니라 저는 인문학부에 필요한 덕목으로서 글을 쓰는 창의적 재능만이 아니라 여러 인문지식들을 종합하고, 논리적으로 말을 하는 언어구사력, 사고력, 발표력 또한 필요하다 생각했습니다. 때문에 저는 항상 말을 할 때 논리적이고 요점을 잘 짚어내도록 연습하였으며, 토론활동을 통해 적극적인 태도와 함께 종합적, 비판적 사고력을 길러 학문적 소양을 발달시켜왔습니다.

위 학생은 내신성적이 매우 나쁜데 중위권 대학에 합격했다. 국문학에 대한 관심도를 적극적으로 표현하면서 구체적인 책을 통해 이를 증명해 갔기 때문에 그런 성과가 가능했다.

책은 공모전 등 특기적성활동의 탁월성을 드러내는 바탕이 된다

특기 적성 등 비교과 영역에서 자신의 능력을 제시하는 과정에서 책은 중요한 역할을 수행한다. 입사제가 본격화되면서 많은 학생들이 각종 공모전을 준비하는데, 이때 책은 공모전에 출품할 연구의 뼈대가 됨과 동시에 활동 보고서를 깊이 있고 풍부하게 만든다. 다음 사례를 보자. 환경을 주제로 한 공모전에서 책의 역할을 엿볼 수 있다.

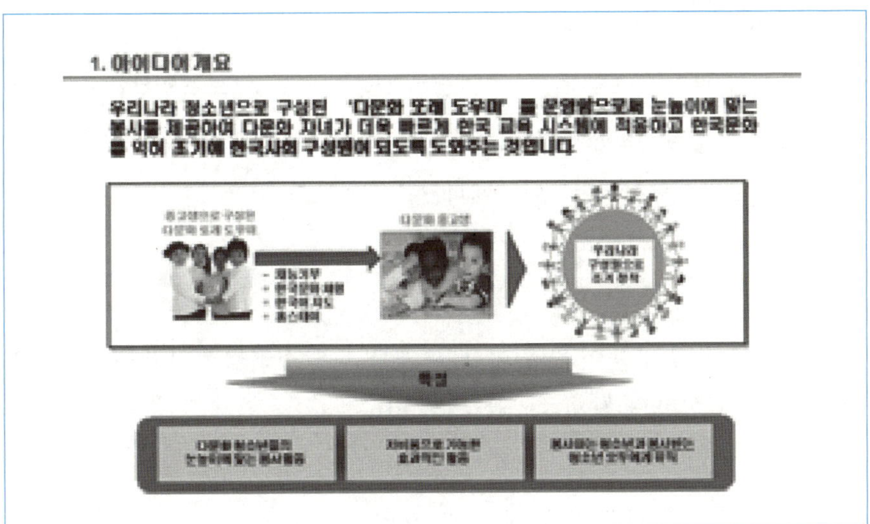

위 자료는 독서활동에서 얻은 암시를 공모전으로 구체화한 과정을 보여준다. 독서활동은 창의적인 공모전 활동에 큰 힘을 준다.

다양한 독서는 면접 때 교수에게 질문을 유도하는 긍정적인 효과를 발휘한다. 독문학을 전공하는 학생이 괴테를 읽었거나 물리학을 전공하는 학생이 하이젠베르크의 책을 읽었다고 쓰면 교수들은 이 부분을 집중적으로 묻는다. '이 책의 어떤 부분이 좋았는가', '이 책에서 가장 중요한 부분은 어디인가' 등 여러 가지 질문 속에서 학생의 학업 동기나 준비 상태, 입학 후 학업 태도 등을 읽어낼 수 있다.

교수님이 『오만과 편견』이란 책에 대해 질문을 하셨어요. 두 학교 다 질문 대부분이 그 책에 대한 내용이나 인상적인 부분이었어요. 특히 중앙대 같은 경우에는 교수님들이 제가 쓴 영문학 서적들을 일일이 언급하며 이런 책을 봤냐며 무척 좋아하셨어요. 그때 '합격하겠다'라는 자신감이 생겼죠.
경희대는 『오만과 편견』에 대한 전반적인 질문이 많았고, 그 다음으로 영문학, 가령 소설 같은 것을 전공할 거냐고 물으셨어요. 중앙대는 『오만과 편견』의 첫 문장이 기억나냐고 물으셨는데, 그건 당연히 기억이 안 나서 대답을 못 했어요.

〈중앙대/경희대 영문과 합격생의 면접〉

면접관들의 관심이 높아 지원학생은 매우 부담스러웠겠지만, 동시에 면접을 잘 하고 있다는 확신도 들었다고 한다.

학생 : 쌤, 저 설대 면접 방금 끝났는데 될 것 같아여.
선생 : 잘 했나 보네.
학생 : 그거, 책 있잖아요. 책 물었어요. 〈더 리더〉 제대로 읽었는지.

선생 : 대답 잘 했어?

학생 : 하도 꼼꼼하게 물어서 정신없이 답했는데, 끝날 때 어떤 교수님,

'독문학 관련 책 제대로 쓴 애 네가 첨이다' 그러셨어요.

선생 : 잘 되었네^^.

학생 : 암튼 예감 조아여 ㅋㅋㅋ. 감사합니당.

〈서울대 광역외국어 교육과 합격생 면접 후 문자 메시지 내용〉

이 학생의 경우 면접 직후 합격을 확신할 정도로 분위기가 좋았다고 한다. 독서를 통해 전공 교수들과 자연스러운 교감을 이룬 결과이다.

주로 책을 물었어요. 물리 관련 책 있잖아요. 하이젠베르크『부분과 전체』내용 잘 이해했는지 이것저것 묻고, 학생이라면 하이젠베르크처럼 독일이 시킨다고 핵물질 개발할 거냐. 뭐 그런 내용으로, 가치관 같은 거. 과학자들의 양심이 우선이냐, 진리가 우선이냐 이런 식으로 끝에 갔어요.

〈연대/고대 물리학과 합격생 면접 후〉

자연계에서도 독서는 학문적 관심을 드러내는 중요한 포인트이다. 교수들은 책을 읽은 소감을 들으며 학생의 지적 능력이나 예비과학도로서의 자세 등을 살펴보려 한다.

❷ 독서활동은 이렇게!

 **깊이 있는 책을 읽는다**

'감명 깊은'이라는 표현을 둘러싼 오해

많은 학생들이 자기소개서를 작성하며 '감명 깊게 읽은 책'으로 읽으며 눈물을 흘린 책을 지목한다. 그 결과 선천적 장애를 딛고 일어선 감동 수기나 불치병과 싸우는 사람의 이야기, 혹은 역경을 딛고 전 세계를 여행한 수기 등을 자주 적는다. 그런데 여기서 잠깐 고민할 필요가 있다. 과연 '감명 깊은'이란 무슨 말인가.

'감명 깊은'은 자신의 '세계관을 형성하는 데 도움이 된', 혹은 '세계관을 바꾼'으로 이해해야

서울대학교 추천 도서나 카이스트, 연대 등 최고 수준 대학의 추천도서를 보면 하나같이 의문이 드는 점이 있다. 다들 고전에서 벗어나지 않는다는 사실이다. 요즘 출간된 책이라고 해도 내용에 상당히 깊이가 있어 쉽게 읽히지 않는다. 또한 대부분 학문이나 예술, 문학 등 어려운 분야에서 집중적인 활동을 벌인 학자와 예술가, 작가 등의 책이 대부분이다. 그런데 위에서 진술한 감동 수기나 여행기의 저자들은 대부분 그런 수준에 미치지 못한다. 여기서 대학이 바라는 책과 학생들이 생각하는 책 사이

64

에 큰 골이 있음이 드러난다. 특히 최악의 책이 처세술 류의 책이다. 이런 책은 얄팍한데다 가치관에도 문제가 많으므로 쓰지 않는 것이 좋다. 그러나 위에서 진술한 책들이 베스트셀러인 경우가 많아 독서활동의 주류를 이루는 것이 현실이다.

서울대학교의 경우 이렇게 표기한다 – 고등학교 재학 기간 또는 최근 3년간(단, 초등학교, 중학교 재학 기간 제외) 읽었던 책 중 자신에게 가장 큰 영향을 준 책

고전을 중심으로 독서할 것

서울대학교 입시설명회에서 어떤 학생이 질문을 던졌다.
"감동 깊게 읽은 책 3권 모두 고전으로 쓰면 학생이 고지식하다는 인상을 주지 않나요?"
대답은 간단했다.
"3권 모두 고전이면 더 좋습니다."

앞에서 쓴 것처럼 대학이 요구하는 책은 '학생의 세계관'을 바꾼 책이다. 이는 다시 말해 많은 인류가 살아가는 데 도움을 받은 책이라는 의미이다. 이 책들은 실제 대학에서 수업 시간에 사용하기도 하고, 교수들 자신도 이런 책을 쓰기 위해 노력하고 있으므로 항상 높은 가치를 인정받는다. 그러므로 이런 책들이 학생부에 기재되어야 학생이 예비 대학생으로 진리 탐구에 매진할 수 있다는 가능성이 높아진다.

전공 관련 서적의 중요성

대학이 책을 읽으며 연구하는 곳이라는 점에서 전공 관련 서적은 매우 중요하다. 특히 경영경제 계열이나 자연과학, 생명공학, 공학 등에서 전공과 연계된 책을 꾸준하게 읽는 자세는 높은 평가를 받는다. 전공 관련 서적에 대해 교수들은 자신의 전공과 관련이 있으므로 이미 내용을 인지하고 있는 경우도 많고, 자신이 지은 책인 경우도 많다. 따라서 전공 관련 심화 독서활동이 활발하면 입사관이 아닌 교수가 전면 개입하는 면접 과정에서 상대적으로 높은 평가를 받는다.

전공 관련 서적은 특기적성활동과 상호 연계할 수 있다. 실험 보고서 작성이나 통계 연구 등을 작성할 때 전공 관련 서적을 기술하면 연구 내용이 깊어지므로 내실 있는 연구로 보이는 효과가 크다.

문과: 독서와 전공의 관련성이 매우 높다

문과의 경우 독서활동 자체가 전공 관련으로 연결된다. 인문학 전공자에게 문학이나 예술, 역사와 철학은 대학에서 공부할 내용 자체이다. 따라서 인문학 전공자의 경우 이런 책들을 읽어나가는 것이 매우 중요하다. 뿐만 아니라 사회과학에서 사회학과 정치학, 경제학 등 주요학과들도 인문학을 기초로 형성된 사회과학이기 때문에 역사나 철학과 매우 밀접한 관련을 갖고 있다. 요즘 주요 대학 경영학과에서 인문학을 기본으로 한 강좌들이 유행처럼 번지고 있는데, 이는 일시적 현상이라기보다 주요한 흐름으로 자리 잡을 가능성이 높다. 문과 학생이라도 과학 관련 도서에 대한 관심을 갖는 것은 중요하다. 특히 최근 인문계열 학생들이 수학이나 과학적 소양이 너무 부족하기 때문에 물리학이나 생물학 등 자연과학 관련 서적을 읽어두면 균형 잡힌 인재로 비칠 것이다.   결론적으로 문과의 경우 자신이 전공할 학문과 관계없이 다양한 독서활동을 해야 한다.

평소 교사를 꿈꾸던 저는 입시에 한창이던 지난 봄 책 한권을 읽었습니다.『더 리더』,『책 읽어주는 남자』라는 제목의 책이었습니다. 영화로도 개봉되었지만 미성년인 제가 볼 수 없는, 어린 남학생과 성인 여성의 사랑을 다룬 민망한 내용인 줄 알았는데 독일인의 2차 대전에 대한 원죄의식을 다룬 책이라 놀랐습니다. 이 책이 주는 울림에 한동안 정신을 놓았습니다. 마침 노벨문학상이 독일작가에게 돌아갔다는 소식을 듣고『숨그네』라는 작품도 읽었습니다. 역시 2차 대전과 관련이 있었습니다. 권터 그라스의『양철북』은 어려웠지만 2차 대전을 일으킨 독일인의 복잡한 마음이 잘 반영된 작품이었습니다. 이 책들을 통해 제2외국어로 일본어를 선택한 일반계 고등학교를 다닌 제게 독일이라는, 독일문학이라는 낯선 세상이 열린 것입니다. 딱딱하지만 꾸밈없이 진실을 드러내는 독일작가들을 보며 진정 문학의 힘을 아는 사람들이라는 생각이 들었고, 이를 깊이 있게 공부한 뒤 학생들과 나누자는 생각이 들었습니다.

이과: 기본 소양과 전공 관련을 골고루 읽을 것

자연계열 학생들과 학부모들은 읽을 책이 없다는 불만을 제기한다. 이는 자연계열의 독서를 너무 좁혀서 생긴 어려움이다. 대학에서 요구하는 고전은 대체로 인문계열과 자연계열 모두 적용된다. 사실 많은 과학도서나 수학 관련 책들은 너무 쉽거나 너무 전문적인 극단적 특성을 갖고 있어 학생들에게 깊은 울림을 주기 어려운 것이 사실이다. 따라서 자연계열 학생들도 인류의 고전에 접근하려는 노력을 갖는 것이 중요하다. 인류의 지혜에 문이과 구별은 있을 수 없으며 상당수 고전이 수학이나 과학자들이 쓴 것임을 감안하면 자연계열 학생들에게도 고전은 필수적이다. 이과에서도 고전이 필요함은 카이스트 등에서 제시한 필독서를 살펴보면 금방 확인된다.

전공 관련 서적의 경우 높은 수준의 책을 읽어야 한다. 지원하는 학교의 수준에 따라 달라지겠지만, 대체로 중학교까지 읽는 쉽게 풀이한 과학서적은 깊이가 없어 질 높은 독서활동으로 비치기 어렵다. 이과학생들은 대체로 물리반이나 화학반, 생물반 등 전공 관련 동아리활동을 하는데 이때 실험과정에서 참고하는 서적을 다 읽고 체계적으로 이해하는 것이 중요하다. 이과에서 요구하는 전공 관련 책은 문과보다 훨씬 전공과 밀접한 성격을 갖는다.

마지막으로 짚어볼 책은 현실세계에 영향을 끼치는 과학 활동이나 학문 간 융합, 과학사나 과학철학을 다룬 책들이다. 자연과학은 사회과학에 비해 상식적으로 알려지는 성과는 적다. 그러나 최근 진화론을 다룬 논쟁이나 유전자 문제, 이론물리학에서 시간과 공간의 개념 등은 인간 세상에서 흔히 보이는 내용들이다.

이런 주제를 다룬 책들은 자연과학 서적이라고 해도 매우 사회적인 성격을 갖고 있어 과학도에게 추천할 만하다.

최근 자유전공이나 학문 간 융합 등 문이과의 경계를 허무는 시도가 잦아지고 있으므로 이과적인 내용이면서 사회적인 문제를 진단하는 책은 모든 학생들에게 유용한 책이다.

	선정 도서	선정 이유
도 서 명	그때 카파의 손은 떨리고 있었다.	이 책은 사진을 공부하며 읽게 된 책으로 평생 종군기자로 살았던 로버트 카파가 쓴 제2차 세계대전 종군기입니다. 포토저널리스트이기도 했던 카파는 2차 대전이 발발한 후 미국의 한 잡지의 의뢰를 받고 북아프리카전투를 취재하게 됩니다. 그는 북아프리카로 떠나는 날부터 유럽에서 제2차 세계대전 종전을 맞는 날까지의 종군 취재기록을 담습니다. 이 책에서 카파는 영화 『라이언 일병 구하기』의 모델이 된 유명한 노르망디 상륙 작전 사진을 비롯해 죽음을 두려워하지 않는 투철한 기자정신으로 전쟁의 진짜 모습을 남겼습니다. 뿐만 아니라 전쟁으로 인해 희생되는 사람들의 비참한 모습들까지 포착해 내었습니다. 저는 전쟁의 참상을 고발하는 사진의 힘을 알게 되었고 진실을 보도하려는 강한 정신도 배웠습니다. 또한 막연히 동경하던 사진을 사랑하는 마음이 더 깊어졌으며 자신이 추구하는 방향을 끝까지 밀고 나가는 의지와 실력의 중요성도 알게 되었습니다.
저자/ 역자	로버트 카파/ 우태정	
출 판 사	필맥	
도 서 명	대항해 시대: 해상 팽창과 근대 세계의 형성	진로문제로 고민하던 저를 위해 외교학을 공부하는 누나가 이 책을 선물했습니다. 이 책은 근대 세계사를 해양 세계의 발전이라는 새 관점에서 재해석하며, 동시에 이를 서구인의 사고에서 벗어난 시각에서 다채롭게 다루고 있습니다. 저자는 책 앞부분에서 근대 세계가 어떻게 형성되었는지를 살피고 후반부에서 세계 문명권들이 상호 접촉하며 일어났던 일들을 설명해 줍니다. 또한 이 책은 세계화와 지역화가 뒤섞여 일어난 근대에 사람들의 생활이 어떻게 변화했는지도 이야기합니다. 제게 가장 흥미로웠던 장면은 아프리카 흑인 노예가 서양인이 아프리카에 오기 이전부터 이미 있었다는 부분입니다. 이와 같이 서양이 신대륙을 지배하지 않았던 근대 시기를 살펴보며 바다를 둘러싼 인류문명의 발전을 볼 수 있었습니다. 이로써 바다가 단순한 자원의 보고가 아닌 인류문명의 역사를 움직인 공간이었음을 배웠습니다. 바다를 연구하려는 제게 이 책은 바다의 문화적 가치를 일깨워주었습니다.
저자	주경철	
출 판 사	서울대학교 출판부	

선정 도서		선정 이유
도 서 명	천재들의 수학 노트	저는 저자인 박부성 씨가 쓴 『재미있는 영재들의 수학퍼즐』을 흥미롭게 읽은 후, 그가 쓴 다른 책을 찾아 읽게 되면서 이 책을 접하게 되었습니다. 제게 이 책이 특별한 이유는 수학자들의 치열한 탐구정신 때문입니다. 이 책은 역사상 위대한 업적을 남긴 수학자들의 삶을 그들의 주요 업적, 논증과 함께 풀어쓰고 있습니다. 저는 이 책을 읽으며 수학자들이 걸어간 힘든 길을 수차례 떠올렸습니다. 특히 질문이 많아 '왜요 도령'으로 불린 괴델이 대학에서 열심히 공부하며 같은 전공자들과 논쟁을 벌이다 엄청난 수학적 발견을 이뤄내는 과정을 보며 새로운 발명을 위해 지녀야 할 자세를 배웠습니다. 평소 질문이 많으며 토론도 즐겨하던 저는 괴델의 삶에서 저와 공통점을 발견했습니다. 이 책을 읽은 뒤 저는 질문의 가치를 진심으로 인정하게 되었으며, 과제연구 시 친구들과 여러 차례 열린 토론을 벌이며 결과를 도출해 나갔습니다. 이 책은 공학도로서 정체성을 찾아가던 제게 확실한 미래설계를 도와주었습니다.
저자	박부성	
출 판 사	향연	

〈서울대 조선해양공학부 합격생〉

자신의 관심사, 전공과 관련 있는 인문교양 / 수학 일반 등으로 나누어 잘 작성했다.

연번	도서명	출판사	연번	도서명	출판사
1	신문읽기의 혁명		6	공병호의 희망 리더십	
2	십시일반		7	왜 세계의 절반은 굶주리는가	
3	전태일 평전		8	나무를 심는 사람	
4	무소의 뿔처럼 혼자서 가라		9	배려	
5	지식채널e		10	과학콘서트	

〈서울 지역 명문 대학 3곳에 합격한 학생의 독서 기록〉

사회, 인문, 과학, 환경 등 관심 분야가 골고루 배치되어 탄탄한 독서활동임을 입증한다. 이 학생의 경우 지원학교가 최상위 대학은 아니었기 때문에 반드시 딱딱한 고전을 요구하지 않았다.

독서활동이란?

독서활동이란 책을 읽은 후 인상 깊은 작품의 내용, 작품을 통해 느낀 점 등을 기록하는 것이다. 이를 통해 작품을 더 체계적으로 이해하고 책 속 인물과 상황을 통해 변화된 생각을 정리할 수 있다. 또한 독서의 목표를 확실하게 하고 앞으로 독서의 방향과 방법, 분량 등 필요한 계획을 세울 수 있다.

기록 내용

정해진 양식에 따라 도서명, 저자, 독후활동 일자 등을 먼저 적고, 편집창 부분에 책을 읽게 된 동기, 작가에 대한 이해, 주제 파악, 줄거리, 인상적인 부분, 느낀 점, 교훈, 다짐, 다음 계획, 관련 작품 등의 내용을 짜임새 있게 구성하여 기록한다.

기록 방법

독서활동을 기록하는 데 일정한 형식이 정해진 것은 아니다. 책을 읽은 날의 생각을 적은 일기, 책의 내용과 관련된 본인의 체험담, 작가나 책 속의 인물에게 쓰는 편지, 책에서 받은 감동을 표현한 시, 책의 내용을 분석한 서평, 신문이나 잡지에 실을 광고, 작가나 책 속 인물과의 토론이나 인터뷰 등 다양한 형식으로 표현할 수 있다.

유의사항

* 책의 내용을 단순하게 요약하거나 줄거리를 길게 써서 분량을 늘리기보
  다는 책을 읽고 느끼고 배운 점, 본인의 의미 있는 변화를 중점으로 진
  솔하게 적는 것이 좋다.(하나의 독서활동은 포트폴리오를 생성했을 때 한 페
  이지 안에 작성될 분량으로 기록하는 것이 적절하다.)
* 희망 진로와 관련된 분야의 책을 지속적으로 읽고 경험의 폭과 전문적
  인 지식의 범위를 넓혀가도록 한다.
* 수업 내용과 관련된 책을 선정하는 것도 좋은 방법이 될 수 있으며, 이
  러한 경우 관련 학습 내용을 독서활동 기록에 포함시킬 수 있다.
* 자신이 경험한 다양한 교내외 활동(자율활동, 동아리활동, 봉사활동, 방과
  후 학교활동 등)과 관련이 있는 책을 읽고 실제 활동 내용을 포함하여 기
  록할 수 있다.

작성방법 (1)

* 독서활동을 기록하기 위해 내용을 구성하려면 다음과 같은 과정을 거
  치는 것이 필요하다.
* 책의 이해 : 책을 읽은 후, 내용을 충분히 이해하고 주제를 파악하였는
  가를 알아보기 위한 활동으로 다음과 같은 방법을 사용할 수 있다.
* 요약 : 책의 내용, 인물, 사건 등을 중심으로 전체적인 흐름과 핵심을
  정리하는 것
* 마인드맵 : 책을 읽고 머릿속에 떠오르는 내용을 지도를 그리듯 이미지
  로 나타내는 것

＊ 내용 선정 : 독서활동에 어떤 내용을 쓰고, 그 내용을 어떤 순서로 배열 하며, 어떤 비중으로 서술할지 정한다.

읽게 된 동기	책을 읽게 된 동기나 이유를 쓴다.
주제 파악	작품의 핵심내용과 주제를 파악하여 적는다.
줄거리	• 주인공과 등장인물의 성격 및 행동의 변화를 순서에 따라 적는다. • 인물의 행동과 자신의 모습을 비교해 본다. • 감명 깊었던 구절, 장면을 기록한다.
주제 확인	작가가 말하려는 바, 주제를 확인하는 내용, 새롭게 알게 된 사실 등을 강조하여 표현한다.
느낌, 다짐	전체적인 느낌과 생각을 정리하여 교훈과 결심 등을 나타낸다.

※ 독서활동 기록에 위 표에 제시된 항목이 모두 포함되어야 하거나 정해 진 순서가 있는 것은 아니다. 책의 종류 및 내용 등 상황에 따라 적절한 항목을 선택하여 자유롭게 구성할 수 있다.

작성방법 (2)

① **책을 읽게 된 동기나 이유를 밝힌다.**

이 책은 제목이 재미있어서

과학시간에 배운 진화론을 자세히 알고 싶어서

내 꿈인 외교관에 대한 이야기여서 등

② **인상 깊은 구절이나 장면, 주인공을 중심으로 줄거리를 작성한다.**

‘주먹이 아닌 머리로 싸우거라.’는 구절은 아직도 내 가슴에 남아 진 정한 저항의 모습을 알려주고 있다. 등장인물들이 기억하는 어머니의 생전 모습에 대한 이야기로 이 책의 내용은 이어진다.

③ **자신의 생각과 비교하며 작성한다.**

만약 내가 ○○이었다면 안락한 생활 대신, 어렵고 힘든 삶을 선택할 수 없었을 것이다.

○○처럼 성공지향적인 사회분위기에 떠밀려 인생의 소중한 가치들을 잊고 살아가고 싶지는 않다.

④ 글쓴이가 말하고 싶은 것을 찾아 작성한다.

글쓴이는 ○○라는 책을 통하여 아프리카의 많은 나라들의 어려움과 고통을 공감하자고 나에게 말하고 있는 것 같았다.

○○라는 책을 통하여 불법체류자들의 험난한 삶을 얘기하며, 그들을 따뜻하게 바라보자고 하는 것 같았다.

⑤ 책을 통해 새롭게 알게 된 사실들을 적어 본다.

수학시간에 배웠던 확률에 흥미를 갖게 해주었다.

DNA의 구조와 역할 등을 알 수 있었고, DNA가 인간의 몸속에서 얼마나 중요한 역할을 하는지도 알 수 있었다.

⑥ 책을 통해 얻은 교훈을 적어 본다.

○○를 읽고 주인공의 장단점을 나누어 생각해 보았고, 편견이나 주관적인 생각에 얽매여 사람을 판단하지 말고, 여러 관점에서 봐야 한다는 생각을 갖게 되었다.

○○를 읽고 고유의 언어를 가진 나라의 국민으로 살아가는 것이 얼마나 행복한지 알게 되었다.

『중용』 김학주 지음 서울대학교 출판부

중용은 대학이나 논어, 맹자 등과 함께 사서에 속하는 대표적인 유교경전 가운데 하나이다. 아리스토텔레스의 중용이라는 개념과 차이를 알기 위해 읽은 책이었는데 종교적 색채도 강해 매우 흥미로웠다. '中'은 어느 한쪽으로 치우치지 않는다는 것을, '庸'은 평상을 뜻하는데 이를 실천하는 사람이 군자이다. 공자는 천부적인 인간 본성을 따를 것을 명하고 있는데 이것이 도이며, 도를 닦기 위해 궁리의 중요성을 역설한다. 나 또한 생각이 많은 편이라 궁리를 강조하는 부분에서 많은 부분을 공감했다. 치우치지 않는 태도를 가진 자가 적다는 공자의 한탄에서 도덕실현이 얼마나 어려운지도 깨달았다. 이 책을 통해 생활의 기본자세와 공부하는 태도 모두를 생각할 수 있었다.

『데미안』 헤르만 헤세

데미안은 제가 지금까지 읽어 보았던 문학과는 전혀 다른 유형이었으며 그만큼 접하면서 이해하기 어려운 책이었다. 이 책은 선과 악의 세계가 공존하는 환경 속에 살아가는 싱클레어가 두 세계 사이에서 갈등하며 방황하다 구원자인 데미안을 만나며 영혼의 성숙을 거친다는 내용을 담고 있다. 이 책은 '새가 알을 깨는 것과 같은 고통을 겪는' 방황기 청소년이 성숙한 성인으로 성장하는 통과의례를 줄거리로 하고 있다. 그러한 만큼 책을 읽으면서 주인공에 강한 일체감을 가졌다. 데미안을 읽으며 자아 정체성을 고민하고 인간의 정신적 성장이 무엇인지 생각해 볼 수 있었다. 또한 정신적으로 성숙을 이룬 뒤 사회 구성원으로서의 책임과 역할에 대해 무엇을 할 것인지 생각하게 되었다.

3 특기적성활동, 제대로 알기

학생의 교과 능력을 평가하는 중요한 기준이다

특기적성활동이 차지하는 위상은 '비교과 속 교과'라는 모순된 표현으로 설명하겠다. 입학사정관제도에서 학과 능력은 내신성적을 통해 드러난다. 그런데 여기에 특기적성활동에서 얻은 수준 높은 실력을 추가하면 학생의 장점은 매우 구체적으로 부각된다. 예를 들어 화학과목이 우수한 학생이 화학 관련 동아리를 만들어 꾸준하게 성과를 이루었다면 내신성적을 강화하는 탄탄한 증거자료가 된다. 또한 펀드매니저가 꿈인 학생이 경제과목 외 경제학 관련 활동을 활발하게 펼쳤다면 이는 자신의 꿈을 설명하는 바탕으로 손색이 없다.

이러한 저의 장점은 영자신문반 활동을 하면서 십분 발휘되었습니다. 평소 영어에 관심이 많았던 저는 1학년 때 영자 신문반 기자로 들어갔습니다. 언제나 열의를 가지고 기사를 쓰는 저를 기특하게 보신 영자 신문반 담당 선생님께서는 제가 2학년이 되자 편집장이 될 기회를 주셨습니다. 이 기회를 통해 최고의 영자신문을 만들어 보자는 다짐을 하고 '최고의 영자신문 만들기' 계획에 착수했습니다. 저는 각반을 돌아다니며 영어에 최고의 실력을 갖춘 학생들을 기자로 선발했습니다. 그러나 편집장이라는 이유로 독단적인 결정을 내리지 않고, 기자들과의 협의를 통해 우리 학교에 맞는 디자인과 기사를 선정했습니다. 그 결과, 저는 지금까지 우리 학교에서 만들어 보지 못했던 책자형의 독창적인 영자신문을 만들 수 있었고, 본교 선생님들과 학생들에게 큰 호평을 받았으며, 우리가 만든 '00고 영자신문'은 교장선생님의 지시로 우리 학교를 홍보하러 나갈 때 반드시 지참해야 할 홍보물이 되었습니다. 저는 학교가 인정한 영자신문을 만드는 데에 주도적인 역할을 한 제가 너무 자랑스러웠습니다.

특히 인문학이나 자연과학처럼 비인기 전공을 선택하는 학생들은 '철학 동아리', 혹은 '수학 심화 연구' 등 높은 수준의 순수학문을 별도로 연구한 성과를 통해 자기 능력을 드러낼 수 있다. 비단 학문 연구 외 영자신문 활동이나 문학회, 발명반 등 다양한 동아리가 공통적으로 주는 인상은 교과 능력을 넘어선 능력, 즉 비교과 속에 숨은 여러 능력과 깊은 관계를 가진다.

학문적 호기심과 다양한 관심은 대학생활을 연상시키는 역할을 수행한다

특기적성활동이 교과를 넘어선 능력을 의미한다고 반드시 학문적일 필요는 없다. 많은 학생에게 특기적성활동으로 체육을 추천한다. 구기나 육상, 수영, 동계 스포츠 등 각종 운동을 활발하게 경험한 학생은 적극적이며 진취적인 인상을 준다. 또한 신체적으로 건강해 대학 입학 후 대인관계가 활발할 뿐 아니라 과제 수행에서도 더 높은 능력을 발휘할 것으로 평가한다. 대학은 학문을 연구하면서 동시에 사회에서 리더로 활동할 건전한 사회인을 양성하는 것이 목표이기 때문에 지덕체를 겸비한 학생을 선호하기 때문이다.

이런 관점에서 예술 관련 활동도 보편적으로 높은 평가를 받는다. 그림 그리기나 조각, 오케스트라, 밴드, 문예 창작, 연극, 춤 등 각종 예술 활동은 전공과 관련 없이 좋은 특기활동으로 인정한다. 예술 그 자체가 좋은 교양일 뿐 아니라 자신을 다른 사람에게 드러내는 '재현'을 오랜 기간 추구한 학생은 훨씬 적극적으로 지식을 습득할 가능성이 높다. 수능처럼 지식을 받아들이는 과정이 아니라 자기의 생각이나 감정을 남에게 표현하는 방식을 오랜 기간 수련한 사람은 지식을 일방적으로 받아들이기보다는 자기 것으로 소화하는 능력이 뛰어나기 때문이다. 또한 예술이나 체육활동을 많이 한 학생은 대학에서 수업에 적극적으로 참여하고 발표도 잘 하는 경향이 뚜렷하다. 따라서 체육이나 예술 등 다양한 분야의 특기적성활동을 동시에 고려해 볼 필요가 있다.

저는 오케스트라에서 글로벌 인재의 자질인 협력심과 인내심을 기를 수 있었습니다. 일단 저희 오케스트라에는 실력이 탁월한 사람들이 있는가 하면 실력이 뒤떨어지는 사람들도 있었습니다. 따라서 제가 연주를 아주 훌륭히 맞췄는데도 불구하고 다른 사람들 때문에 불협화음이 나서 혼난 적도 많았습니다. 그때마다 단원들은 그들에게 서로 화를 내지 않고 편안한 대화를 통해 부족한 점을 보완해 나갔습니다. 또한 오케스트라란 거대한 협력체라는 점을 알기에 아름다운 화음을 내기 위해 서로 협력했던 것입니다. 예를 들어, 우리는 악기 별로 팀을 짜서 연습했는데, 연습을 하면서 연주 속도, 현악기의 활 방향, 그리고 음의 세기 등을 맞췄고 불협화음을 내지 않도록 연습을 하면서 연주 방법에 대한 논의도 하였습니다. 이러한 활동들은 제가 글로벌 인재로의 자질을 기를 수 있는데 큰 기여를 했습니다.

전공 분야와 직접적인 관련이 있는 동아리활동을 했다면 학과 지원동기나 지적 호기심을 위한 활동 등 다양한 분야에서 특기적성을 활용할 수 있다. 이과의 경우 지원동기를 소개할 때 동아리활동을 쓰는 것은 거의 공식처럼 굳어진 것도 사실이다. 공대 지원학생에게 발명 동아리나 자동차, 혹은 전자 제품 제작 관련 동아리 등의 활동은 매우 일반적인 내용이다. 생명공학이나 의대 지원자도 생물을 기초로 한 동아리활동을 적극적으로 기재한다. 문과에서도 이런 양상은 두드러진다. 예를 들어 경영학 전공학생이 주식투자 동아리활동이나 마케팅 동아리활동을 하거나 국문과 지원학생이 문학 동아리를 하는 경우이다.

저는 고1 여름부터 'scienca lab'이라는 과학 동아리에 **가입해** 과학선생님과 수학선생님 지도 아래 23명의 친구들과 과학실에서 실험을 해나갔습니다. 저는 과학 동아리 반장을 따라 실험하는데 있어서 보조역할을 하고, 항상 실험기구들을 치우면서 뒷정리를 담당하였습니다. 실험은 교과 내에 있는 실험을 중심으로 해나갔습니다. 처음에 증기압 실험을 했을 때, 실험내용에 대한 이해가 부족한데가 실험기구들을 잘못 설치해 실험을 실패하게 되어 큰 실망감으로 다가왔습니다. 하지만 실패를 계기로 철저히 준비해 나감으로써 남아있는 실험 모두를 성공적으로 마칠 수 있게 되었습니다. 가장 인상 깊었던 실험은 '구름만들기' 입니다. 장치를 이용해 구름이 만들어지는 모습이 눈앞에서 직접 일어났기 때문입니다. 이렇게 실험을 통해 직접 그 과정을 눈으로 보면서 확실히 그 과정에 대해 이해할 수 있었고, **실험의 중요성과 과학을 실제 접하면서 느끼는 즐거움을** 깨닫게 되었습니다. 또한 친구들과 함께 협력하면서 실험을 해나갈 때에 협동심을 키울 수 있었고, 제 자신을 발전시킬 수 있는 계기가 되었습니다.

저는 다양한 분야를 배울 수 있는 홍보 광고학에 진학하기 위해 해당 분야에서 필요조건이라고 생각되는 글쓰기를 비롯한 논술 활동과 토론 활동을 통해 비판력과 창의력을 키워나갔습니다. 이 활동은 저를 비롯하여 희망하는 친구들과 함께 학교에 모여 지도해 주시는 선생님 지도 아래 매주 토요일마다 진행하였습니다. 1학년 때는 공통교과의 특성답게 인문을 비롯한 자연계 분야의 논술 활동과 여러 가지 주제로 토론하는 수업을 가졌고 2학년 때부터 본격적으로 인문·사회계열의 논술 활동을 통해 비판적 사고력 증진과 창의력 향상에 큰 도움이 되었습니다. 이러한 경험을 바탕으로 교내와 교외에서 논술상을 수상하였고 교내 토론대회와 경기도에서 주최한 토론대회에 참가하여 많은 경험을 쌓았습니다. 또한 화성시에서 주최한 세계문화포럼대회에도 참가하여 남미 국가 중 브라질을 소개하는 등 창조적이고 진취적인 역량을 키워 나가기 위해 주체적으로 노력하였습니다.

이런 사례에서 동아리활동은 전공을 결정하는 직접적인 동기가 된다. 많은 학생들이 자기소개서를 작성하며 지원동기를 결정하지 못해 고민을 하는데, 꼼꼼하게 짚어보면 동아리활동을 하면서 자기도 모르게 전공을 운명으로 받아들인 사례가 많다. 오랜 기간 관심을 기울였다면 대학에서도 이를 연장할 가능성이 커지므로 전공 결정 과정에서 동아리활동을 활용하면 도움이 된다.

④ 특기적성활동, 체크체크!

 **교내 동아리의 중요성**

현실적으로 학생이 자기 관심도를 외부로 표현하려면 동아리활동이 가장 쉽다. 일관된 활동을 하기도 편할 뿐 아니라 동아리활동 횟수나 시간 확보도 용이하다. 만약 학교에 원하는 동아리가 없다면 선생님과 상의해 만들기를 권한다. 새로 만든 동아리가 제대로 된 성과를 발표하기 위해서는 많은 노력이 필요하므로 자연스럽게 학생 스스로의 자발성이 부각되고 리더십이 드러난다. 특정 학과를 겨냥해 동아리활동을 할 필요는 없다. 문과 학생이 과학실험 동아리활동을 하면 문과 학생의 부족한 과학적 사고력이 부각될 수 있고, 이과 학생이 문학회활동을 한다면 과학 연구에 필요한 창의성이 높고 논문 작성 능력이 뛰어날 것으로 기대되기 때문이다.

평소 정기적인 동아리활동을 통해 일반적인 주제 활동을 실시하고 공모전이나 학예전, 대회 등을 위해 준비하는 과정에서 집중적으로 활동한다. 입사제를 위해 급조한 동아리는 학생들의 성의가 부족해 평소 활동이 미비한 경우가 많다. 입사제는 '활동의 지속성'을 평가받는 전형이므로 이런 자세는 좋지 않으며 꾸준한 참가를 통해 자신의 능력과 인성, 체력과 감성을 함양해야 한다. 바람직한 특기적성활동은 없다. 무엇을 하든 성실히 제대로 참가해 연구 주제를 심화하고 기술을 연마하며, 체력과 감수성을 향상시켜 나간 일관된 모습이 평가의 주요항목이다. 이에

덧붙여 고 2때부터 동아리 회장 등 리더십을 갖추어 나간다면 일석이조가 될 것이다.

2학년 시작 무렵, 저는 대중문화연구 동아리를 택했습니다. 사회 전반과 대중문화에 관한 책을 읽고 토론 활동을 한다는 설명에 저는 제가 지원하고자 하는 언론인의 길에 적합한 동아리라고 생각했습니다. 그래서 상당한 기대와 의욕을 가지고 첫 동아리 수업에 참여했습니다. 5, 6명 씩 조를 나누었고 저는 조장이 되었습니다. 그런데 막상 준비한 책의 내용을 바탕으로 본격적인 토론을 시작되자 저를 제외한 저희 조원들 아무도 의견을 제시하지 않은 채 토론을 관람하고 있었습니다. 상황은 상대편 또한 마찬가지여서 한 명을 제외하고는 의욕조차 없어보였습니다. 이렇게 소극적이고 무관심한 태도로 일관된 토론이 3~4번가량 더 지속되자 그나마 의견을 제시하던 한 친구마저도 동아리를 나갔습니다. 다른 친구들도 학업을 핑계로 방과 후 동아리활동에 불참하는 경우가 늘어갔습니다. 당시엔 저도 탈퇴할까라는 생각도 많이 했습니다. 하지만 조장으로서의 책임도 있었고, 무엇보다 엄청난 의욕과 기대를 가지고 시작했기에 이대로 그만두기보다 한번 바꿔보자는 생각이 들었습니다.

그래서 우선 동아리원들의 독서여부를 확인해 보니 모두가 책을 읽어오기는 했다는 걸 알았습니다. 그런데 왜 의견을 제시하지 않을까 생각해 보니 우선, 담당선생님의 구체적 지도가 없다는 점이었습니다. 마냥 읽어오라고만 하니 어느 부분에 중점을 둘지, 그에 대한 자신의 생각이 뭔지를 정리하기 어려웠습니다. 그래서 저는 선생님께 건의해 토론할 부분을 미리 지정하고, 그에 관해 간단한 감상문을 사전 제출하도록 의무화했습니다. 두 번째로 토론이 잘 이뤄지지 않는 이유는 제가 공부를 잘하는 편이다 보니 저희 팀원은 저에게 의존했기 때문이었습니다. 그래서 저는 최대한 뒤로 빠져서 친구들이 자유롭게 의견을 개진하도록 유도했습니다. 세 번째로는 여태까지의 토론주제가 저희 학생들에게는 조금 무겁고, 흥미를 끌기 어렵다는 점이었습니다. 그래서 보다 흥미 있는 내용을 찾아 때마침『코드훔치기』란 책에서 동성애를 다룬 부분을 발견했습니다.

당시 동성애를 다룬 영화들이 개봉했고, 언론에서도 이를 자주 언급해 동성애는 대중적인 주제였습니다. 저는 이 주제를 토론주제로 쓸 것을 요청했고, 선생님도 흔쾌히 받아들이셨습니다. 토론 당일 동아리 회원 모두 열띤 목소리로 의견을 개진했으며 다소 민망한 이슈였지만 진지하게 결론을 이끌어 나갔습니다. 친구들의 입을 열게 하려는 저의 노력과 대중적인 주제가 결합되어, 그 토론은 처음으로 성황리에 막을 내렸고 그 뒤에는 토론과 글쓰기가 활발하게 전개되었습니다.

토론 동아리를 활성화시키며 저는 다수의 여론 비주도 계층과 공감하고, 그들의 의견을 이끌어내는 오피니언 리더의 중요성을 느꼈습니다. 또한 앞으로 그런 오피니언 리더가 되겠다는 목표를 가지게 되었습니다.

〈리더십과 역경극복 과정이 잘 나타난 동아리활동 보고서〉

집중적인 활동기에는 연구 주제나 대회 목표, 전시회나 연주회 등을 위해 활동한 노력을 기록해 둔다. 결과보다 과정이 중요하므로 이때 느낀 자신만의 소감이 중요하다. 공모전 주제와 상장, 대회 참가 입증 사진, 축제 참가 사진이나 동영상, 언론사 게재 시 스크랩 등 결과물을 꼼꼼하게 정리한다. 가급적 수상 등 가시적 효과를 얻는 것이 좋으므로 열심히 해서 최대한의 성과를 얻는다.

기간이 짧으면 집중적인 효과 부각 필요

기간이 짧은 활동의 경우 학생의 특성을 부각하는 데 도움이 덜 되고 해당 분야에 대한 지속적인 노력이 적게 보여 상대적으로 낮은 평가를 받게 된다. 다음 사례를 보자.

데이터 마이닝이란 대량의 데이터로부터 정보를 추출해 의사결정에 활용하는 것으로 이는 마케팅, 경제학, 경영학 등과도 관련이 깊고 앞으로 사회에 필요한 능력이라고 하여 호기심을 가지고 캠프에 참가하게 되었습니다. 처음으로 서울대학교를 방문하니 떨리기도 하고 우수한 참가자들을 보니 긴장되기도 했습니다. 자세히는 이해할 수가 없었지만 여러 교수님들과 실무자 분들의 강의를 통해 데이터 마이닝의 기본과 응용, 마케팅, 군집 분석 등 학교에서는 전혀 접할 수 없었던 새로운 것들을 배울 수 있었습니다. 또한 기업체의 실례를 통해 데이터의 중요성과 다양한 활용을 실감했지만 구체적인 방법을 더 배우고 싶어졌습니다. 이를 통해 인터넷에서 왜 정보 제공을 끊임없이 요구하는지 알게 되었지만 정보를 다른 곳에 악용할 부작용이 계속 존재할 수 있다는 생각이 들었습니다. 짧은 경험이었지만 새로운 분야의 가능성을 엿볼 수 있었고 더 열심히 노력해야 겠다는 자극을 받을 수 있었습니다.

상경계열 학생들이 주로 참여하는 데이터 마이닝 캠프 참가를 기본으로 작성한 특기적성활동이다. 기간이 짧은 활동은 다른 학생과 활동 내용이 유사해 겹치기 쉽고 학생의 특성을 부각시키기도 어렵다. 아래 제시한 자기소개서 역시 데이터 마이닝 캠프 보고서로 두 글은 내용상 큰 차이가 없다. 상경계열에서 도식화된 캠프를 참여한다고 높은 점수를 받기 어렵다. 같은 대회를 나가도 주제는 달라지지만 짧은 캠프는 특성상 참가 학생이 경험한 내용이 거의 비슷하기 때문이다.

'대량의 데이터로부터 의미 있는 패턴이나 룰을 추출한다'는 데이터 마이닝은 경영학에 대한 제 관심을 증폭시키는 역할을 했습니다.
경영학 콘서트를 읽으며 처음으로 데이터 마이닝에 대해 알게 되었는데, 서울대학교 홈페이지에서 데이터 마이닝 캠프를 개최한다는 공지문을 보고 신청하게 되었습니다. 캠프에서는 우선 데이터 마이닝의 개념과 기본원리에 관한 강의를 수강하고, 팀별 활동을 한 뒤 기업체 사례를 듣는 것으로 마무리 되었습니다.

경영학에 관한 무언가를 배운다는 생각에 호기심을 갖고 강의를 열심히 들었습니다. 그 후 4인이 1조가 되어 제시된 사례에 직접 데이터 마이닝 기법을 도입해 보는 활동을 했습니다. 강의를 수강할 때는 이해가 잘 가고 바로 적용할 수 있을 것이라 생각했는데, 막상 실제로 적용하려 하니 만만치가 않았습니다. 4명이서 머리를 맞대며 이 방법이 나을까 저 방법이 나을까 등 다각도로 사고해 보며 방법을 찾았고, 저희가 생각해 낸 방법들을 그래프와 표로 표시하면서 과제를 마무리했습니다. 과제를 수행하는 과정에서 데이터 마이닝 기법을 직접 적용해 볼 수 있어서 제게 의미 있는 경험이었습니다. 또한 실제 기업체 사례를 듣는 과정에서 실질적으로 데이터 마이닝이 어떻게 쓰이는지 알아볼 수 있어서 경영학에 대한 관심과 이해를 높일 수 있었습니다.

반면, 기간이 짧아도 소수의 학생이 선택된 행사의 경우 그 효과는 인상적일 수 있다. 이 경우 짧은 참여가 자신의 인생에 미친 영향을 차분하게 정리하는 과정이 중요하다.

저에게 가장 큰 영향을 준 활동은 시청에서 주관한 청소년 미국 해외 연수에 참여한 활동입니다. 여태까지 봐왔던 것보다 더 큰 세상을 보게 되었고, 이를 계기로 제 꿈을 더욱 확고하게 세우게 되었기 때문입니다. 제가 무료로 이 연수에 참여하게 된 것은 학교 선생님들 덕분이었는데, 저의 가정환경이 어렵다는 것을 알고 계셨던 학년부장 선생님과 1학년 때 담임선생님께서 제가 해외에 가서 좋은 경험을 할 수 있도록 도와주셨습니다. 미국 연수를 하면서 인상적인 것이 있었는데 그것은 바로 팁을 주는 문화였습니다. 예전부터 알고 있었던 사실이지만 실제로 체험해 보니 신선한 충격이었습니다. 이 경험으로 저는 문화의 다양성을 이해하게 되었고, 세계에는 다양한 문화가 있으니 개방적인 태도로 다른 문화도 수용하도록 노력해야겠다는 생각도 하게 되었습니다. 그래서인지 미국에 다녀온 후로는 문화는 아니지만 나와 다른 친구들의 성격이나 행동을 전보다는 더 많이 수용하게 되었습니다. 나와 다른 행동은 인정하지 않으려고 했던 태도를 버리고 다른 사람을 있는 그대로 받아들이는 태도를 갖게 되니 친구들과의 사소한 마찰도 줄게 되었고, 친구들의 이야기도 친구의 입장에서 이해하는 것이 쉬워졌습니다. 물론 다른 것들을 무조건 수용하는 것은 위험하겠지만 예전보다 더 개방적인 태도를 갖게 된 것은 좋은 결과라고 생각합니다.

한편, 미국 연수는 저의 꿈을 더욱 확고하게 만들어 주었습니다. 여러 장소를 견학하면서 미국은 정말 크다고 생각했습니다. 우리나라보다 더욱 영토가 넓은 나라이기 때문에 장소 간의 이동시간도 오래 걸렸고, 창 밖에 보이는 풍경들도 이전의 장소와는 확연히 달라지기도 했습니다. 이런 상황은 '세상은 넓다.'라는 생각을 들게 했고, 저는 이렇게 넓은 세상에 사는 많은 사람들에게 유익한 일을 하고 싶다는 포부를 가지게 되었습니다. 유익한 일은 무엇일까 고민하던 중 사람들에게 즐거움과 감동을 주는 일도 유익한 일이라는 생각에 사람들에게 즐거움을 주는 사람이 되고 싶어졌고, '많은'사람들에게 즐거움과 감동을 주는 방법은 역시 방송이라는 결론을 내리게 되었습니다. 이 결론은 중학생 때부터 막연하게 품고 있던 PD의 꿈을 더욱 확고하게 만들었습니다. 게다가 연수 일정 중 견학한 유니버셜 스튜디오와 할리우드, 방송박람회가 PD를 꿈꾸는 저를 더욱 설레게 했습니다. 그 중 유니버셜 스튜디오의 지하철역의 홍수를 표현한 특수효과 세트장은 특수효과에 대해 아무것도 아는 것이 없었던 저에게 신기하게 느껴졌고, 할리우드의 길에 박혀있는 돌들에 새겨진 유명인사들의 이름은 한국에 이런 곳이 생긴다면 내 이름이 새겨진 돌도 만들어지도록 하고 싶다는 생각을 하게 했습니다. 특히 National Association of Broadcasters 2009라는 방송과 관련된 박람회에서 방송국에서 사용하는 카메라를 직접 다루어 보고, 편집기기와 각종 방송 장비들을 만져보면서 지금은 생소하게 느껴지는 이 장비를 능숙하게 다루는 사람이 되겠다는 의지를 다지게 되었습니다.

참가하게 된 것만으로도 너무 기쁜 미국 연수에는 저는 제 꿈을 더욱 크고 확고하게 만드는 경험을 하게 되었고, 이 경험들은 제가 꿈을 이루기 위해 노력하게 하는 원동력이 되었다고 생각합니다. 삶의 방향을 결정하는 꿈을 확실하게 만들어주고, 사람을 대하는 더 좋은 태도를 갖는 계기가 된 미국연수가 저에게 가장 큰 영향을 미친 활동입니다.

전반적으로 동아리활동의 유의사항을 다시 정리해 보면 다음과 같다.

㉮ 지속적인 동아리활동이 가장 중요하다.
㉯ 전공을 너무 의식하지 말고 관심 분야의 동아리에 가입한다.
㉰ 없으면 만드는 것도 좋다.
㉱ 평소 활동 기록을 꼼꼼하게 정리한다.
㉲ 대회 참가와 수상 여부 등을 잘 편집한다.

개인 활동 시 고려사항

어린 시절부터 닦은 자신만의 취미나 특기가 있다면 개인적인 활동도 가능하다. 악기 연주나 운동처럼 어린 시절부터 자신만이 닦은 분야가 있다면 학교 외부 클럽이나 연주단체 등에서 계속 활동하는 것이 바람직하다. 이런 활동이 누적되면 시·도단위의 행사나 대회에 참여하게 되므로 학교 활동보다 훨씬 질 높은 성과를 거둘 수 있다. 지역 오케스트라 활동을 계속한 성과를 바탕으로 미학과에 진학하거나 지역 청소년 과학회 모임에서 활동한 경험을 바탕으로 공과대학에 입학한 경우가 이에 해당한다.
다만 신문읽기나 사소한 스크랩 등 타인과 교감이 없는 너무 소소한 활동을 계속 고집하는 것은 바람직하지 않다. 매우 수동적으로 보이며 별

다른 성과도 나타나지 않기 때문이다. 여러 차례 강조하지만 자신을 외부에 표현하고 지식과 감성이나 체력 등을 타인과 공유하며 연마하는 과정이 중요하다. 따라서 개인적인 활동이라고 해서 반드시 모든 행위를 학생이 혼자 하는 것이 아니다. 학교 공동체 외부에서 하는 활동이라도 다른 사람과 함께 하려는 노력이 중요하다.

화학에 대한 흥미와 관심을 가진 학생들 중 서울대학교에서 선발한 학생들에게 주어지는 과목선수이수를 수강했는데 저는 겨울방학 동안 일반화학을 수강하였습니다.
수업을 들을 때 생전 처음 듣는 내용이 나오곤 했습니다. 그때마다 그 부분만 따로 체크해 두었다가 수업이 끝나고 도서관으로 가 그 부분을 이해하기 위해 최대한 노력을 했습니다. 진짜 이해 안 가는 부분은 교수님께 질문을 하곤 했는데 그때마다 그 질문에 교수님께서는 자세하고 친절하게 가르쳐 주셨습니다.
그리고 항상 저에게 "너의 열정적인 모습이 너를 성공의 길로 이끌 거야."라고 말씀해 주셨습니다. 이 말씀에 저는 깊은 감동을 받았습니다. 그런 격려에 힘입어 이 말을 듣고 난 이후에도 항상 수업 듣는 것에 열정적인 자세로 임했고, 더욱더 공부에 매진했습니다. 어려운 수업을 이해하려는 열정과 그 과정에서 자신감을 얻은 것이 서울대학교 과목선이수제를 이수하면서 얻게 된 소중한 결실이었습니다.

반드시 수상을 할 필요는 없지만 오랜 기간 연구하거나 연습한 결과를 발표하는 것은 매우 중요하다. 교내 학예전에서 전시나 공연을 하고, 지역 주민이나 소외 계층을 위해 안내 부스를 설치하는 등 다양한 디스플레이를 통해 특기적성활동을 드러내는 작업이 필요하다. 전시회를 열고 음악회를 통해 오랜 기간 다져온 열정을 표현할 뿐 아니라 준비과정에서 자신이 팀을 이끌어나간 리더십도 자연스럽게 표현할 수 있다.

1박 2일 동안 이루어진 하계캠프에서 이루어진 활동들이 가장 기억에 남습니다. 하계캠프 기간 동안에 우리들은 설치된 텐트 안에서 지내면서 주어진 재료를 가지고 각자의 투석기를 만들어야 했습니다. 만드는 순서에 대해서 약간의 설명이 주어졌지만 처음 만들어보는 저에게는 턱없이 부족한 설명이었습니다. 처음 주어진 재료를 가지고 이리저리 붙여보고 제작했지만 돌아온 건 괴상한 투석기였습니다. 처음엔 실망스럽고 화가 나기도 했습니다. 하지만 긍정적으로 마음을 바꿔 친구들과 함께 어떻게 조립해 나갈지에 대해 고민해 나가며 만드는 방법을 깨우쳐 나갔습니다. 이렇게 4시간 동안 만든 결과 저만의 투석기를 완성할 수 있게 됐습니다.

완성한 다음날 각자가 제작한 투석기를 가지고 대회가 이루어졌습니다. 연습하는 시간 동안에 물리시간에 배운 작용, 반작용 반응을 생각해내 각도를 조절해 나감으로써 물체를 멀리 날려 보내는 방법을 터득했습니다.

이런 노력의 결과 참가 학생 30명과의 치열한 경쟁 속에서 당당히 2위를 차지함으로써 상을 받게 되었습니다. 포기하지 않고 꾸준히 투석기를 만들어 성취를 이뤄낸 제 자신이 너무나도 자랑스러웠습니다. 투석기 만드는 과정은 저에게 많은 영향을 끼쳤습니다. 첫째, 처음 대하는 일에 대해 굴하지 않고 끝까지 해낼 수 있다는 자신감을 획득할 수 있었고, 둘째, 친구들과 협력하는 과정을 통해서 함께 연구하는 태도의 장점을 알게 되었습니다. 셋째, 자율적인 탐구정신에 도움이 되어 지적능력을 한 단계 발전시킬 수 있게 되었습니다.

지식이나 연구활동이면 공모전을 이용하는 것도 좋다. 특히 공모전의 경우 동아리활동을 하기 어렵거나 개인적 관심사를 쌓은 학생이 자기의 능력을 표현하는 방법으로 추천한다. 상대적으로 내신성적보다 특기적성 활동을 많이 평가하는 전형에서 공모전의 가치는 더 두드러진다.

5 나만의 봉사활동으로 차별화하라

비교과활동 가운데 가장 중요한 영역이다

입사제라고 통칭하는, 소위 학생부를 중심으로 지원하는 전형에서 내신 성적 다음으로 중요한 평가요소는 단연 봉사활동이다. 이름도 재미있는 '네오르네상스' 전형이든, '두드림' 전형이든, '러프 다이아몬드' 전형이든 풍부한 봉사활동은 학생을 평가하는 가장 중요한 기준이다. 특히 전통적으로 봉사활동을 강조하는 연대나 이대 등 범 기독교 계열의 학교에서는 논술전형까지 봉사활동이 채점 대상에 포함된다. 그 정도로 봉사활동의 힘은 막강하며, 암묵적으로 봉사시간 100시간이 내신 0.5에서 1.0 정도의 대치 효과가 있을 정도로 그 비중은 크다. 봉사활동을 중시하는 것은 미국을 비롯한 전 세계 엘리트 선발과정에서 두드러진 특성이므로 앞으로도 강화될 것이다. 특히 학과공부에 집중한 나머지 도덕성을 소홀히 한 한국의 교육제도에서 지식 외 인성을 평가하는 요인이 되므로 상대적인 비중이 더욱 높다.

내신성적이 나빠도 좋은 대학에 진학한 학생의 학생부를 검토해 보면 봉사활동이 기본적으로 탄탄하다. 반면, 내신성적이 좋아도 봉사활동이 빈약하거나 '교내 쓰레기 줍기' 정도로 채워진 학생에게 입학사정관제는 매우 부담스러운 전형이 될 것이다. 즉, 입학사정관제 전반에서 봉사활동은 내신성적과 아울러 가장 기본적으로 갖춰야 할 항목이다.

봉사활동이 중요한 이유는 학생의 덕성과 사회성을 살펴볼 수 있기 때문이다. 따라서 현실적으로 어느 정도의 시간이 보장되어야 한다. 많은 학생이나 학부모들이 봉사시간 300시간이라고 하면 대단히 놀라지만, 사실 고교 생활 2년 반 동안 120주 이상을 봉사시간에 쓸 수 있다고 생각하면 주말 3시간 정도만 내도 가능한 수치이다. 입학사정관제의 도입 취지가 단순히 공부만 하는 학생이 아닌 다른 능력을 가진 인성이 뛰어난 인재를 발굴하겠다는 취지라는 점에서 이 정도는 큰 무리가 없다. 많은 학생들이 공부하면서 봉사활동을 어떻게 하느냐고 하소연을 하지만 진정한 봉사는 자신보다 타인을 위한 행동이라는 점에서 학습과 헌신이라는 두 마리 토끼를 잡으려는 노력은 중요하다.

봉사활동을 하면서 느낀 사회적 약자에 대한 애정이나 연민, 사회의 구조적 모순에 대한 분개 등이 잘 정리된 봉사활동 보고서는 학생의 인생을 예언하는 중요한 잣대이다.

실제로 대학 진학을 위해 봉사활동을 시작했다가 많은 경험을 통해 올바른 가치관을 찾아나간 학생들이 많다. 미국 아이비리그에서 가장 손꼽히는 명문 대학인 예일대학은 대학 내에서 많은 봉사활동을 요구하는 것으로 유명하며, 예일 출신의 사회사업가나 환경운동가들이 다수인 점을 매우 자랑스럽게 여긴다. 따라서 명문대학일수록 봉사활동의 상대적 비중은 더 커질 수 있다.

리더십을 간접적으로 표현한다

봉사활동이 리더십을 표현하는 증거자료라는 점도 흥미롭다. 뒤에 언급하겠지만 봉사활동의 핵심은 '풀 뽑기'나 '잡초제거' 같은 수동적 행동이 아니다. 조손세대 멘토링을 예로 들면 할아버지 할머니와 함께 사는 아이의 어려운 점을 파악하고 이를 해결하기 위해 노력하는 과정은 매우 주체적이고 적극적인 노력 없이 불가능하다.

또한 지역 공동체를 위해 헌신한 사례에서 교육청이나 지방자치단체에 자신의 의견을 제기해 보다 좋은 환경을 바꾸는 과정도 리더십의 단적인 예가 된다. 리더십 전형을 내는 학생들은 반장이나 회장의 경험을 강조하는데 이때에도 학교나 학급, 지역 공동체를 위해 노력한 과정이 나타나며, 그 중 상당수는 봉사활동에 가까운 성격을 갖는다. 따라서 봉사활동은 학생의 리더십을 드러내는 역할도 충실하게 수행한다.

특기적성활동과 결합해 학생의 우월성을 드러낸다

봉사활동이 매우 많은 학생이나 봉사동아리를 구성해 활동한 학생들은 봉사활동 자체가 특기적성이 된다. 봉사시간이 충분하고 활동의 깊이가 탁월하며, 봉사활동 내에서 주도권을 행사해 나간다면 봉사활동 자체가 특기적성의 영역으로 들어간다.

이 경우 대학 진학 후 학업계획에도 봉사활동 계획을 표기하면 좋은 인상을 준다. 다만 유의할 점은 뒤에 자세히 다루겠지만 봉사활동을 주특기로 한다고 사회복지학을 지원할 필요는 없다는 것이다. 대학은 학문을 하는 곳이므로 봉사활동 과정에서 얻게 된 경험이 자신의 학문을 사회적으로 유용하게 사용하는 바탕이 되면 충분하다.

봉사활동을 특기적성으로 드러내는 학생이 반드시 명심해야 할 점은 다음과 같다.

㉮ 봉사활동 시간이 충분해야 한다.(현실적으로 300시간 이상)

㉯ 지속적이고 깊이 있는 봉사활동이 필요하다.(일회성 행사가 많거나 해외 봉사 등은 지양한다.)

㉰ 고교 2학년 정도부터 봉사활동을 직접 설계하고 주도한 리더십을 보이도록 한다.

㉱ 봉사활동이 자신이 공부하려는 학문에 어떤 영향을 주었는지 입증한다.

㉲ 봉사활동 과정과 결과를 상세하게 기록하고 서류로 남긴다.

시간 단위로 수치화할 수 있어 수시 전형의 필수품이다

봉사활동이 비교과 영역에서 가장 중요하다고 이미 언급했다. 이를 짐작하게 하는 또 다른 증거가 있다. 봉사활동은 단순하게 내신성적으로 학생을 선발하는 '학생부 전형'이나 수시 일반전형인 '논술 전형'에서도 일정부분 영향을 끼치고 있다.

특기적성이나 독서활동 등을 전혀 평가하지 않는 전형임에도 봉사활동만은 반영한다고 명시한다. 이는 봉사활동이 필수적이기 때문이며, 특히 시간 단위로 수치화할 수 있기 때문이다. 따라서 학생부 전형이나 논술 전형처럼 정량평가로 이루어지는 수시 전형에서도 봉사활동은 쉽게 반영된다.

많은 학생들이 봉사활동 60시간을 제대로 채우지 않은 채 수시 전형을

대비한다. 만약 봉사시간이 적어 낙방하거나 대기번호를 받는다면 매우
안타까울 것이다. 다른 사람을 위하고 사회적 약자를 배려하는 마음을
바탕으로 소외된 사람을 위해 내가 무엇을 할 수 있는지를 확인해 보자.

⑥ 봉사활동, 체크체크!

사회봉사와 사회복지학은 다른 개념이다

대학은 학문을 하는 곳이다. 여기서 학문은 개념화, 일반화, 수학화를 의미한다. 쉽게 말해 비과학적인 점성술은 가르치는 대학이 없다. 즉, 대학의 모든 전공은 체계적인 학문이라는 특성을 갖고 있다. 그런데 봉사활동은 감성이나 도덕성으로 수행하는 활동이다. 남의 고통을 아파하고 가난한 사람을 위해 돕는 활동은 도덕적 수행과정이지 학문 자체는 아니다.

'봉사활동이 많으니까 사회복지학과를 쓸까요?'라는 질문을 많이 받는다. 결론적으로 말하면 사회복지학과를 지원하기 위해 기본적인 봉사활동은 필요하지만 봉사활동이 많다고 사회복지학과를 지원해서는 안 된다. 이해를 돕기 위해 다시 설명하겠다. 어떤 학생이 봉사활동을 하다 독거노인을 위한 예산이 부족하고 행정체계가 미비하다는 점을 인식했다. 이런 문제를 해결하기 위해 반드시 사회복지학을 전공해야 할까? 그렇지 않다. 경영학을 공부해 많은 부를 이룬 다음 '기부'로 행정체계의 미흡함을 보완할 수 있다. 또한 경제학을 전공해 재정경제부의 고위 간부로 근무하며 국가예산의 편성을 사회적 약자를 위해 확대해야 한다는 대책을 수립할 수도 있다. 방송 PD나 작가가 되어 노인문제의 심각성을 다룬 다큐멘터리나 소설로 노인문제의 심각성을 환기시킴으로써 지원체계를 전반적으로 변화시킬 수 있다. 물론 사회복지학을 본격화하면 이런 문제를 위해 헌신하겠다는 의도를 더 잘 드러낼 수 있겠지만, 봉사활동은 모든 비교과 활동이 기본이기 때문에 사회복지학으로 전공을 설계하면 차별성이 없어진다. 마치 고전을 많이 읽었다고 인문학만 하겠다는 자기소개서와 같은 오류에 빠지는 셈이다.

사회복지학 자체는 대단히 중요한 학문이지만 현실적으로 학생들에게 매력적인 전공은 아니다. 상경계열이나 언론계열 선호도가 압도적인 상태에서 봉사시간에 밀려 전공을 사회복지학으로 선택하는 실수를 저질러서는 안 된다.

봉사활동은 시간보다 질이다

봉사활동은 시간으로 표기되는 만큼 양적인 부분을 고려하지 않을 수 없다. 그러나 모든 활동이 그러하듯 봉사 역시 양보다 질이 우선이다. 질적인 봉사활동을 위해 필요한 사항은 다음과 같다.

㉮ 기간이 길고 정기적인 봉사활동이 중요하다.

㉯ 일회성 봉사활동은 최적의 봉사가 아니다.

㉰ 해외봉사활동은 기간이 짧고 수동적인 경우가 많다.

㉱ 봉사활동을 통해 자신과 봉사 대상이 어떻게 변했는지를 주목한다.

㉲ 봉사활동을 꾸준하게 기록하고, 특이점을 점검한다.

㉳ 소규모 봉사활동이라면 봉사활동 자체를 기획하는 리더십을 드러낸다.

봉사활동은 내실이 중요하다는 점을 여러 번 언급했다. 이는 봉사활동이 교내를 중심으로 이루어지면 좋다는 의미이지만 현실적으로 봉사활동은 교내에서 수행하기 어렵다. 사실상 봉사활동은 교외활동이 되는 셈이다. 그런데 해외봉사 등 원거리 지역의 일회성 행사는 별로 주목을 받지 못한다. 그렇다면 어쩌란 말인가. 대학의 질문에 해답이 암시되어 있다. 자기소개서 작성 시 대학에서 묻는 질문 가운데 '(봉사활동 혹은 자신이 주도해)지역 공동체를 바꾼 적이 있는가.' 이는 바람직한 봉사활동이 내가 사는 구 혹은 군(주로 교육청 단위로 나누면 된다) 등 지역 공동체에 기여한 바를 묻는다는 점에서 봉사활동의 방향을 암시한다.

장애인이나 보육원, 혹은 노인복지시설 등은 대부분 지역 공동체 내부에 속해 있으므로 지속적인 봉사활동의 정점은 공동체를 위해 기여하는 방향으로 전개된다. 지역 보육 시설 확대를 건의하고, 노인복지의 문제점을 건의하는 과정에서 학생이 사회와 부딪치는 경험은 인생에서 가장 중요한 자산이 된다.

또한 이기적인 입시만을 강요하는 한국 교육에서 나타나기 어려운 학생이기도 하다. 이런 점을 고려하며 봉사활동을 수행한다면 진정성이 크게 높아질 것이다.

샘플 – 일반적 수준

어린이 편지 번역

처음 이 활동을 알게 된 것은 언니를 통해서였습니다. 저는 제가 갖고 있는 지식으로도 누군가를 위해 봉사할 수 있다는 생각에 들떠 이 활동을 시작하게 되었습니다.

한국 컴패션에서 주관하는 이 활동은, 한국 컴패션이라는 단체를 통해 후원을 받는 다른 나라 어린이들의 편지를 우리나라의 후원자가 읽을 수 있게끔 번역하는 활동입니다. 이러한 활동을 하는 사람들을 '메이트'라고 칭하는데, 메이트가 되기 위해서 우선 한국 컴패션 홈페이지에서 영어 실력을 검증받아야 했습니다. 필기체로 된 예시문을 번역하는 것이 검증방법이었는데, 저는 이 검증과정을 통과하여 2009년 6월부터 활동을 시작하게 되었습니다.

활동을 하면서, 후원을 받고 있는 어린이들이 후원자에 대해 정말 많이 감사해하고 있다는 것을 알게 되었으며, 더불어 어린이들의 순수함까지 느낄 수 있었습니다. 또 정말 여러 나라의 어린이들이 어려움에 처해 있다는 것을 알 수 있었으며, 저도 커서 꼭 후원을 할 것이라는 다짐을 했습니다.

후원자와 후원 어린이 간의 연결 매개체로서 제가 활동하고 있다는 것과, 제 작은 재능만으로도 많은 사람들에게 기쁨을 줄 수 있다는 것에 많은 보람을 느낀 활동이었습니다.

이 학생의 활동은 다소 부족한 부분이 보인다. 편지 번역 역시 좋은 활동이기는 하지만 학생의 인격적 변화가 보이지 않으며, 상대적으로 수동적인 태도도 높은 평가를 받기 어려운 요인으로 작용한다.

고등학교에 들어와서 제대로 된 봉사활동을 하고 싶었던 저는 저희 학교 안에 학생들의 봉사를 지원해 줄 만한 단체가 없다는 사실에 충격을 받았습니다. 봉사에 대한 학교의 무관심을 개선하기 위해서 저는 저와 뜻이 같은 친구들을 모았습니다. 그리고 학교 선생님께 학교에 봉사단체가 생기면 친구들과 함께 봉사하며 얻는 깨달음도 얻을 수 있고, 저희 학생들이 좋은 동네에 사는 만큼 사회적 약자들을 위해 봉사하는 정신을 길러야 한다고 피력했습니다. 학교 선생님께서도 저희 의견에 찬성을 하셨고, 저희 의견은 교장 선생님께까지 전달되었습니다. 저와 친구들, 학교선생님과 학부모님들은 봉사단체를 만들었고, 저는 학생들에게 봉사단의 취지를 설명하면서 가입할 수 있도록 장려했습니다. 저는 봉사부장으로 활동하며 정신 요양원에 가서 지속적으로 장애우분들과 만나고 그분들을 도와드리는 기회를 가지게 되었습니다. 저희의 꾸준한 활동은 전교에서도 긍정적으로 인식이 되어서 이후에도 많은 친구들이 봉사단체에 가입하게 되었습니다.

위 학생의 경우 보다 적극적인 노력이 두드러진다. 동아리를 직접 만들어 감으로써 진취적인 측면이 훨씬 부각되었다. 고려대 경영학과 합격생의 자기소개서이다.

저는 제 신념을 추진력 있게 밀어붙입니다. 특히 사회적 약자에 대해 애정이 많은 저는 그들을 위해 실질적 도움이 되어야 한다는 사명감을 가지고 있습니다. 그리고 이러한 연민과 책임의식은 제가 할 수 있는 일을 끈질기게 찾아 실천하는 바탕이 되어왔습니다. 일례로 이전부터 제3세계에 관심을 가지고 있던 저는 고2 때 이곳 사람들을 직접 도울 수 있는 일을 하고자 여러 곳에 수소문한 끝에 이를 관철시켰습니다. 처음에는 유엔난민기구에 문의하였으나 고등학생에게는 봉사가 허용되지 않았고, 외교통상부에서도 여러 부서에서 담당이 아니라며 타 부서로 전화를 돌려 버려 소득이 없었습니다. 그러나 저는 포기하지 않고 몇 주 동안 정보를 뒤지며 관련 연구소와 민간기관까지 찾아본 뒤, 다시 외교통상부에 전화를 시도하였습니다. 마침내 아프리카과 서기관으로부터 KOICA에서 제3세계 연수생들을 위한 봉사인력을 뽑는다는 정보를 듣고 바로 지원하여 제 뜻을 실현하였습니다.

봉사활동의 의지를 자기 특성과 결합한 글이다. 봉사활동 자체가 타인에 대한 관심을 드러내는 만큼 학생의 도덕성이나 의지 등을 잘 부각시킬 수 있다.

저는 고등학교에 입학한 뒤 00동에 위치한 지적 장애인 시설인 '사랑의 집'에 매달 1회 봉사활동을 나갔습니다. 처음 장애인들을 만났을 때는 몹시 두려웠습니다. 나이가 저보다 10살 이상이나 많은 덩치 큰 성인이 어린아이처럼 행동하는 모습이 낯설어 구석에서 청소만 하는 형편이었습니다. 하지만 오랜 기간 장애인 시설을 찾다 보니 시설에서 사는 사람들과 친해졌습니다. 저는 사랑의 집 형, 누나들과 함께 시설 밖으로 나가 만화영화 등 영화도 관람하고 식사도 하면서 즐거운 시간을 보내게 되었습니다. 영화 자막을 읽어주기도 하고, 영화가 끝난 뒤 이야기를 다시 이해시키기도 하면서 장애인들과 저의 우정은 깊어졌습니다. 제게는 평범한 여가시간이었지만 평소 시설 내부에만 있어 외출을 하고 싶어 하던 그들에게는 만화영화조차 멋진 문화생활이었습니다. 소박한 외출을 즐거워하는 형과 누나들의 순수한 모습을 접하며 저의 마음 또한 맑아져 저는 오히려 그들에게 감사하고 있습니다. 봉사활동을 지속하며 공학도가 할 수 있는 봉사활동의 종류도 있다는 것을 알게 되었습니다. 사랑의 집은 여자장애인 11명, 남자장애인19명 총 30명이 생활합니다. 건물은 3층으로 층 당 면적이 매우 협소해 몸과 마음이 다 불편한 그들이 비좁은 계단을 오르내리는 모습을 볼 때마다 가슴을 졸였습니다. 저는 대학에서 공학을 공부해 좁은 시설에도 설치할 수 있는 엘리베이터를 개발하여 이런 영세한 시설의 많은 장애인들이 이용할 수 있도록 돕고 싶습니다.

위 자기소개서는 봉사활동을 학업계획과 연계해 작성한 사례이다. 기록 자체도 매우 꼼꼼하며 활동도 잘 표현했다. 특히 공대 지망생이 본 관점이 드러나 있어 신선한 느낌을 준다.

저는 다양한 리더 경험과 봉사 경험을 가지고 리더십 전형에 지원하였습니다. 제가 리더십 전형에 지원한 이유는 리더로서의 소양과 자질, 봉사정신, 사회에 대한 발전가능성을 갖춘 한국외국어대학의 인재상에 가장 적합하다고 생각했기 때문입니다. 저는 한국 외국어대학교 경영학부에서 제 꿈을 펼치고 싶습니다. 학창시절 다양한 리더 경험과 봉사활동은 교육 경영이라는 꿈을 갖게 해주었습니다. 저는 사회의 모든 일들이 경영학에서 출발한다고 생각합니다. 경영학은 단순히 기업의 영리 목적만을 연구하는 학문은 아니기 때문입니다. 경영학은 우리 사회의 전반적인 일을 다루고 있으며 연계되는 일도 많습니다. 교육도 그 중 한 분야라고 생각합니다. 경영학을 공부하게 되면 많은 이해단체들 간의 상호작용, 합리적 경영을 위한 제반문제의 관찰과 분석 등 다양한 측면의 연구를 배울 수 있습니다. 또 교육과 연계되는 인적자원관리, 조직개발론도 배울 수 있습니다.

저는 경영학을 전공해서 배운 내용을 바탕으로 교육 분야에도 관심을 가질 것입니다. 그래서 경영학과 교육을 연결시켜 교육 관련 기업을 경영하고 싶습니다.

저는 초대 학생부회장으로서 우리 학교의 위상을 알리기 위해 노력하였습니다. 지역 내 여러 중학교를 순회하며 홍보하였는데 우리 학교의 이름조차 잘 모르던 중학생들의 냉담한 반응에 당황스럽기도 했습니다. 하지만 첫해에 15%가 채 안 되었던 1지망 지원율이 제가 우리 학교를 홍보한 이듬해 90%에 육박했다며 교장선생님으로부터 칭찬받았을 때는 제가 신입생 후배들과 우리 지역에 00고등학교를 내실 있는 우수한 학교 이미지로 변화시켰다는 생각에 뿌듯했습니다. 그런데 우리 학교는 1회 입학생들이 입학하기 전에 이미 1년간의 학사 일정이 잡혀 있었고 학교 기반을 우선적으로 다져야 했기 때문에 축제나 체육대회 같은 행사를 계획할 여유가 없었습니다. 하지만 저는 학생의 대표로서 체육대회는 단순히 뛰어노는 것이 아니라 힘든 고등학교 생활 중에 학생들에게 얼마나 절실한 재충전의 시간인지를 적극적으로 주장하고 설득했습니다. 처음에는 학사 일정을 변경할 수 없다는 선생님도 계셨지만 저의 끈질긴 요청에 결국 체육대회를 할 수 있었습니다. 체육대회가 없다는 생각에 실망했던 친구들은(체육대회를 위해 발 벗고 뛰어다닌 제 열정과 리더십을 인정해 주었습니다) 저희 학생들을 위해 발 벗고 나서는 부회장으로서의 자질과 리더십을 재확인하고 (중략) 그 후 저는 더욱 신임받는 부회장이 되었습니다.

번호	활동명	활동기간	활동 내용 요약 (띄어쓰기 포함 200자 이내)
1	학생회 바른 생활부	2008년 04월 ~ 2010년 02월 (22개월)	간부수련회에 참여하여 리더로서의 책임감과 협동의식을 고취시켰고 등하교 지도 도우미로 활동하며 학우들의 안전 예방과 예절의식 형성에 도움을 주었습니다. 점심시간과 저녁시간에 자발적으로 학교를 순찰하며 잘못된 점을 바로잡는 등, 교내 질서 유지를 위해 꾸준히 노력하였으며, 입학을 앞둔 신입생을 맞이하여 스태프의 자격으로 오리엔테이션을 진행하였습니다.
2	RCY 활동	2008년 월 ~ 2010년 월 (개월)	저녁시간을 이용해 학교 주변에 있는 산과 공원의 환경 정화를 위해 노력했고, 외부손님이 오시는 경우에는 인사 지도와 주차봉사를 하였습니다. 자선걷기대회에도 참여하여 보람을 느꼈고 응급처치방법 강습을 수료하여 안전의식을 함양하였습니다. 이외에 호야지리박물관의 식생보호 활동과 엘리엘 동산에서의 다양한 봉사활동에 참여하여 남다른 봉사정신을 길렀습니다.
3	등산부 부장	2009년 03월 ~ 2010년 02월 (11개월)	매주 토요일마다 학생들의 출석여부와 산행에 적합한 복장을 착용하였는지를 점검하여 산행을 실시하였습니다. 산행 전에는 안전예방을 위해 준비 운동을 꼭 실시하였고, 몸에 무리를 느끼는 학생들을 생각해 산행로도 세심히 고려하였습니다. 이렇게 충실한 준비를 바탕으로 단 한명의 낙오자 없이 무사히 산행을 마칠 수 있도록 최선을 다하여 지도 및 통솔하였습니다.
4	전교 부회장	2009년 09월 ~ 2010년 08월 (11개월)	2주마다 학생회 임원들과 안전운전 및 교통질서 준수와 폭력 없는 학교, 깨끗한 학교 만들기 캠페인 활동을 하였습니다. 뿐만 아니라 학우들의 건의를 반영해 생활복 도입을 이루어 냈으며, 교내에서 불거진 두발 자유화 문제에 대해 학생 대표의 자격으로 학부모와 선생님들과의 회의에 참석하여 학우들의 뜻을 전했습니다.
5	봉사부 부장	2010년 월 ~ 년 월 (개월)	학급 내 쾌적한 환경 조성을 위해 화분을 배치하였고, 쉬는 시간마다 환기를 통해 공기 정화에 힘썼습니다. 매주 화요일과 금요일은 자발적으로 분리수거 활동을 하였습니다. 또한 학급 단결 도모와 화목한 분위기 조성을 위해 교우들을 통솔하여 스승의 날 기념행사도 진행하였습니다.

⓪ 공모전 치밀하게 준비하기

지금까지의 공모전은 잊어라

공모전의 사전적인 개념은 '공개모집한 작품의 전시회'라는 뜻으로 영어로는 contest, award, competition, challenge 등의 단어로 사용되며, 지금은 대체로 '작품의 아이디어를 공개적으로 모집하는 과정' 그 자체를 의미한다. 1964년 조선일보 광고대상을 필두로 광고 공모전이 일반 광고의 한계를 극복할 수 있는 대안으로 제시되면서 1980 ~ 90년대 전성기를 맞이했고, 1990년대에는 기업들과 협회들이 산업디자인에 주목하기 시작하면서 수많은 디자인 공모전이 생겨났다. 2000년대 들어서면서 논문, 기획·아이디어, 마케팅, 슬로건·네이밍, 영상·사진, 창업, 에세이·독후감, UCC, 건축·인테리어 등 다양한 공모전이 개최되고 있다. 각종 공모전 사이트의 공모전 공고현황을 분석해 보면, 2012년 한 해에 실시된 공모전의 수가 대략 1000개를 훌쩍 넘어설 것으로 추정된다.

지금까지 학생들에게 공모전이라고 하면 고작 독후감 공모전, 에세이 공모전, UCC 공모전, 발표대회, 백일장 등이 주를 이루어 왔다. 하지만 공모전의 범위는 넓고 입학사정관제에서 자신의 창의성, 전문성, 학업능력 등을 강조할 수 있는 공모전은 무궁무진하다.

'소셜벤처 경연대회(노동고용부 주최)'에서 수상한 사회복지학과 지원학생, '미래한국 아이디어 공모전(기획재정부 주최)'에서 수상한 경영학과 지원학생 등 입학사정관제에서 공모전 수상경력을 활용하여 목표한 대학에 입학한 사례가 많고 부족한 영어점수에도 불구하고 공모전으로 해외 대학에 입학한 사례도 있다. 이처럼 입학사정관제에서 공모전 또한 그 중요성이 커지고 있다. 이제는 기존에 알고 있던 공모전의 틀에서 벗어나 무궁무진한 공모전에 대해 살펴보고 준비해야 한다. 공모전은 크게 8가지 카테고리로 분류할 수 있으며 각각의 특징은 다음과 같다.

공모전 분야별 특징

구분	특징	입학사정관제 관련성	고등학생 수상가능성
논문	– 논문의 기본 형식에 준하여 작성 – 수상혜택 대비 비교적 낮은 경쟁률	●	◑
기획 아이디어	– 창의적인 아이디어가 가장 중요 – 적은 분량으로 응모 가능(A4 5매 이내) – 전문적 지식의 중요성 덜함	●	●
창업	– 사업계획서 작성방법 숙지 필요 – 실현가능성이 가장 중요 – 대회수상과 연계된 사업화지원 활용 가능	◔	◑
에세이 독후감	– 독서활동과 연계하여 쉽게 참여 가능 – 주변에서 가장 쉽게 찾아볼 수 있는 공모전 – 중·고생들의 경쟁률 높음	●	●
UCC	– 동영상 촬영 및 편집 능력 필요 – 시간이 다소 소요됨	◔	◑
블로그	– 인터넷 카페, 블로그 등 운영자 유리 – 공모전 수가 많지는 않으나 꾸준히 준비한 사람이 유리	◕	◕
디자인	– 관련 전공자 유리 – 비전공자 참여 어려움 – 디자인 Tool 활용능력 필요	◔	◔
광고 마케팅	– 관련 동아리·동호회 활동 중요 – 상경계열 전공자 유리 – 파워포인트 및 프레젠테이션 능력 필요	◑	◔

입학사정관제 지원 시 학생부와 자기소개서에 기입이 가능한 '입학사정
관제 관련성'과 고등학생이 학업을 병행하면서 여유시간을 활용해서 작
성해도 수상이 가능한 '고등학생 수상가능성'의 항목을 토대로 우선순위
별 공모전을 살펴볼 필요가 있다.

2가지 항목을 미루어 공략해야 할 공모전 분야는 기획·아이디어, 에세
이·독후감 ⇒ 논문 ⇒ 창업, UCC ⇒ 디자인, 광고·마케팅 등의 순으로
볼 수 있다.

단 디자인이나 광고·마케팅의 경우 적용될 수 있는 학과가 한정되어 있
고 수상이 어렵다는 점을 염두에 두어야 한다. 하지만 미술이나 디자인
관련 학과의 경우 디자인 공모전 수상경력은 매우 유효하다.

공모전은 입학사정관제의 종합선물세트

최근 공모전이 대학생들 사이에서 취업 5종 세트(학점, 어학, 공모전, 인
턴십, 봉사)로 불리며 인기몰이 중이다. 특히 대학생들의 가장 큰 고민거
리인 취업을 단번에 해결해 줄 수 있는 솔루션으로 자리매김하고 있다.
공모전 개최기업에서는 수상자에 대해 인턴십이나 취업 시 혜택을 부여
할 뿐 아니라, 다른 기업에 지원할 경우에도 주요한 이력으로 어필할 수
있다.

입학사정관제를 준비하는 고등학생에게는 공모전이야말로 종합선물세
트라고 할 수 있겠다. 입학사정관제 운영 공통기준(한국대학교육협의회,
2010)에서 밝힌 '입학사정관 전형의 평가요소 및 평가기준'과 공모전과
의 연관성만을 살펴보아도 그 중요성을 충분히 알 수 있다. 주요 평가영
역인 교과 관련활동, 창의적 체험활동, 학교생활 충실도 및 인적성, 학습

환경 모두와 연관이 있지만 그중에서도 가장 연관성이 높은 창의적 체험 활동과 학교생활 충실도 및 인적성의 평가요소는 다음과 같다.

입학사정관제 주요 평가요소와 공모전의 연관성(창의적 체험활동)

평가영역	평가요소	공모전과의 연관성
창의적 체험활동	독서활동	• 공모전 준비를 위해서 해당 주제와 관련된 도서는 기본으로 읽게 됨으로써 자연스럽게 독서활동과 연계됨 • 일반적인 권장도서가 아닌 학생의 목적의식을 염두에 둔 독서활동 • 독서량과 독서 이해도가 향상
	진로탐색 체험활동	• 공모전 주제에 대해 향후 지원 전공 분야와 관련된 내용으로 응모함으로써 전공에 대한 이해도가 향상되고 진로에 대한 간접적 체험 • 본인이 직접 참여하여 작성하고 제출하므로 적극적인 참여 필수
	동아리활동	• 창업동아리, 연구동아리, 방송동아리, 신문동아리 등 각각의 동아리 특성에 따라 공모전 주제와의 연계가 용이 • 동아리로 팀워크를 이루어 진행하는 것도 바람직하며, 그 안에서 명확한 역할 필요
인적성	공동체 의식	• 팀으로 공모전 참여 시 공동목표를 수립하고 일정에 맞춰 각자 역할을 수행하는 과정 속에서 공동체 의식 향상
	리더십	• 팀으로 공모전 참여 시 리더의 역할을 맡게 될 경우 리더십 향상
	학업의지 특별활동	• 학술지, 논문, 기타 자료 등 다양한 범주의 데이터를 활용하여 전공 심화 학습 가능

이외에도 공모전은 입학사정관제에서 중요시 되고 면접과의 연관성도 강조되고 있다. 상황면접, 인성면접, 집단토론 면접 등 다양한 면접방식 속에서 면접관의 질문에 적절한 답변을 하고 자신의 의견을 효과적으로 표현할 수 있는 역량이 필요한바 공모전 참여과정 속에서 자연스럽게 면접역량을 향상시킬 수 있다.

입학사정관제 주요 평가요소와 공모전의 연관성(기타)

구분	공모전
면접준비(PT)	• 일부 공모전의 경우 2차 심사를 심사위원 앞에서 발표면접으로 진행하여 향후 면접 준비 • 면접이 다양화되는 추세 속에서 사전 연습용으로도 활용
논술준비	• 아이디어 공모전의 경우 해당 주제에 대해 통상 2~3페이지 내외의 기획서 형태로 작성하게 되며, 이는 논술의 기본기와 응용력을 기르는 실전 연습

'11학년도부터 학교생활기록부에 모든 교외상의 기록이 금지되었는데 교외에서 개최된 공모전 수상실적을 기록해도 되나요?

실제로 '11학년도부터 학생부에 모든 교외상의 기록이 금지되었다. 그러나 학생의 재능과 창의력을 파악하는 데 있어 교내상으로는 한계가 있다. 때문에 입학사정관은 어떻게 해서든 학생의 교외상 수상 여부를 확인하고자 별도의 증빙자료(or 포트폴리오)를 요구하고 있다.

이처럼 다양한 증빙자료들 가운데 입학사정관들이 보고자 하는 자료는 수상실적 중 교외상이 아닐까? 실제로 학교별로 '12년에 개최한 입학사정관제 입학설명회를 보면 교외상을 제출하지 말라고 하는 곳은 없었다. 때문에 교외상의 기록을 학생부에 입력하지 못한다고 해도 수상을 증명할 수 있는 증빙서류와 활동내역을 잘 정리해 놓아야 한다.

❷ 공모전으로 원하는 대학가기

 단국대(특기자 전형)

단국대의 경우 수시1차에서 특기자 전형 중 창업공모전 입상자에 한해 경영학부 2명, 전자전기공학부 1명, 소프트웨어학과 1명 총 4명을 모집하고 있다. 전형요소별 반영비율도 면접 40%와 실적 60%로 수상실적이 절대적인 비율을 차지한다.

단국대 특기자 전형(창업) 방법 및 인원

모집시기	전형유형	선발모형	전형요소별 반영비율(%)		모집인원
			면접(인·적성)	실적	
수시1차	특기자 (창업)	일괄합산	40	60	경영학부(2명) 전자전기공학부(1명) 소프트웨어학과(1명)

단국대 특기자 전형(창업) 대상 창업공모전

구분	공모전명	개최
국내	전국과학전람회	교육과학기술부, 국립중앙과학관
	전국학생과학발명품경진대회	교육과학기술부, 국립중앙과학관
	대한민국학생발명전시회	특허청, 조선일보사, 한국발명진흥회
	대한민국청소년발명아이디어 경진대회	(사)한국대학발명협회, 명지대학교, 한국폴리텍대학, 대한민국청소년발명아이디어경진대회조직위원회
	실전창업리그 – 슈퍼스타V	중소기업청, 창업진흥원, 전국18개 창업선도대학

대학에서는 학교별 특성과 전공에 적합한 인재를 선발하기 위해 다양한 공모전을 개최하고 있다. 대학별 개최 공모전은 다음과 같은 특징과 장점이 있다.

- 가산점, 전공시험 면제, 특별 전형 등 다양한 혜택 제공
- 해당 대학 입학의지와 노력의 적극적 어필 : 입학사정관제 활용도 높음
- 해당 대학 입학사정관제에 가산점 획득 : 직·간접적 가산점 부여
- 해당 대학 면접준비에 유리 : 공모전 심사위원에는 대부분 해당 대학 교수진 포함

대학별 공모전 개최현황

대학	분야	공모전명	비고
서울대학교	독후감	전국 독서감상 글쓰기대회	• 서울대 출판문화원 주최 • 시상식 시 서울대 교수강의와 투어
서울대학교	UCC	TEPS관리위원회 UCC 공모전	• 서울대 Teps 관리위원회 주최 • 일반인 참여가능 공모전
연세대학교	광고/마케팅	연세생활건강 화장품 브랜드 공모전	• 연세대 연세생활건강 주최 • 일반인 참여가능 공모전
연세대학교	에세이	EBS 시청 소감문 공모전	• 연세대학교 의료원 주최 • 일반인 참여가능 공모전
서강대학교	기획/아이디어, UCC	전국 고교생 게임아이디어 공모전	• 서강대학교 게임교육원 주최 • 입상자 입학가산점 부여
성균관대학교	영상	청소년 영상 공모전	• 성균관대학교 주최
경희대학교	UCC	경희대학교 국제캠퍼스 UCC 공모전	• 경희대학교 주최 • 경희대교, 경희사이버대 재학생, 전국 고등학생 참여가능 공모전
동국대학교	UCC	예비 동국인이 만드는 UCC 공모전	• 동국대학교 주최 • 예비동국인 선발 과정
한국 외국어대학교	UCC	중국사진 / UCC 공모전	• 외국어대학교 주최 • 일반인 참여가능 공모전

전국독서감상 글쓰기대회 공모전

TEPS 홍보 UCC 공모전

화장품 브랜드 네이밍 공모전

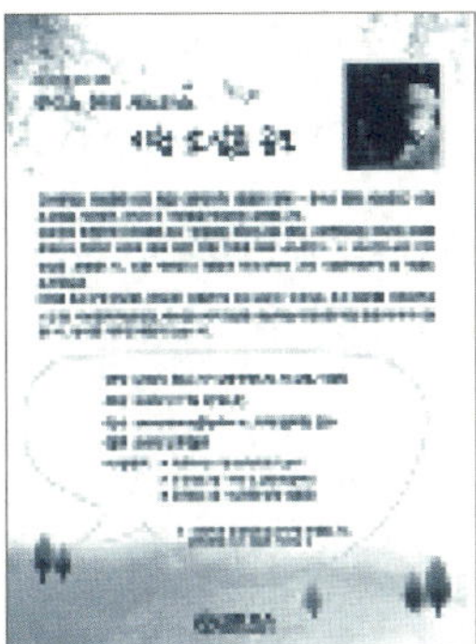

다큐멘터리 시청 소감문 공모전

게임 아이디어 공모전

청소년 영상 공모전

국제캠퍼스 관련 UCC 공모전

예비 동국인이 UCC 공모전

중국사진 / UCC 공모전

3 공모전에 도전하기

 **공모전 정보 찾기**

공모전을 준비하기 위한 첫 번째 단계는 현재 개최 중인 공모전을 찾는 것에서 시작한다. 구글이나 네이버에서 '공모전'으로 검색해도 일부 내용이 나오지만 가장 효율적인 방법은 공모전들을 모아 놓은 공모전 정보 사이트를 이용하는 것이 좋다. 또한 일부 공모전 사이트에서 제공하는 수상자 인터뷰, 수상 노하우 등도 공모전 준비에 유용한 정보가 될 것이다.

공모전 정보 사이트

구분	웹사이트 주소
잡코리아	http://contest.jobkorea.co.kr
(주)씽굿	http://www.thinkcontest.com/
사고디자인	http://allstarcontest.co.kr
스펙업	http://cafe.naver.com/specup
디자인정글	http://contest.jungle.co.k
인쿠르트	http://gongmo.incruit.com/
대티즌닷컴	http://www.detizen.net/
국자인까페	http://cafe.naver.com/athensga
스펙업	http://cafe.naver.com/specup
wingongmo	http://cafe.daum.com/wingongmo

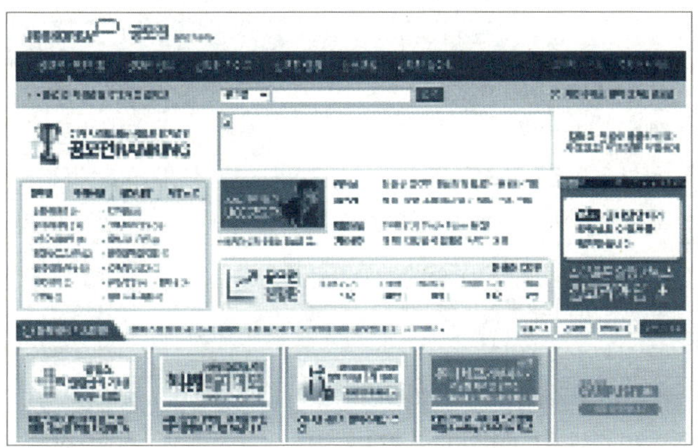

공모전 정보 사이트 예시(잡코리아 공모전)

 **자신에게 맞는 공모전 찾기**

앞서 본 공모전 정보 사이트만 확인해도 엄청난 수의 공모전이 개최되고 있음을 알 수 있다. 이처럼 수많은 공모전 중에서 어떤 공모전을 준비할 것인가 고민을 해야 한다. 무턱대고 준비를 하면 수상도 어려울 뿐더러 행여 수상을 한다 하더라도 입학사정관제에서 활용할 수가 없다.

우선 자신의 계열에 따라 공모전을 선택해야 한다. 계열 구분은 크게는 문과와 이과, 세부적으로는 인문대, 사회대, 사범대, 자연대, 공과대 등으로 구분할 수 있다. 여기서는 문과와 이과라는 큰 범주로 구분하여 살펴보도록 하겠다. 다음 표에서는 2012년 동안 개최된 공모전 중 3회 이상 개최 또는 인지도 있는 기관 개최 공모전을 중심으로 계열별 구분을 하였다. 단, 문과에 적합한 공모전으로 분류되어 있더라도 이과생이 자신의 진로와 전공을 살린 주제로 접근한다면 무방하다.

계열별 적정 공모전 매칭 예시

계열	공모전명	개최 기관
문과	지자체 아이디어 공모전	중앙정부 및 각 지자체
	소셜벤처 경연대회	고용노동부
	늘 푸른 우리 땅 공모전	국토해양부
	스포츠산업 진흥 아이디어 공모전	국민체육진흥공단
	시니어 창업 인식개선 공모전	중소기업청
	경북관광 아이디어 공모전	경상북도
	전통시장 활성화 아이디어 공모전	시장경영진흥원
	스마트&오픈 거버먼트 경진대회	행정안전부
	한중일 3국 협력 아이디어 공모전	외교통상부
	녹색 미래를 선도하는 경인 아라뱃길 아라문화축제	경인 아라뱃길
	지식재산 분야 신규사업 아이디어 공모전	한국발명진흥회
	장애인복지일자리 아이템 공모전	보건복지부
	창조관광사업 공모전	한국관광공사
	청소년 발명아이디어 경진대회	한국대학발명협회
이과	지자체 아이디어 공모전	중앙정부 및 각 지자체
	음식물 쓰레기 줄이기 아이디어 공모전	환경부
	유니소재 아이디어 공모전	지식경제부
	내가 꿈꾸는 미래녹색도시 공모전	녹색성장진흥원
	미래기술발명 스마트홈 아이디어 경진대회	고용노동부, 지식경제부
	신재생에너지 36.5℃아이디어 · 제품 공모전	지식경제부
	전국 초 · 중 · 고 상상공모전	아름다운교육신문
	공간정보 아이디어 경진대회	국토해양부
	웨어러블 컴퓨터 경진대회	지식경제부
	기상기후 신사업 및 신기술 아이디어를 위한 제2회 '기찬 생각' 공모전	에너지관리공단
	미래코 "내가 GREEN 아이디어" 공모전	한국광해관리공단
	생활 속 표준화 체험 수기공모	지식경제부
	전기 모으기 아이디어 공모전	에너지관리공단
	청소년 발명아이디어 경진대회	한국대학발명협회

※ 상세내용 부록 참조

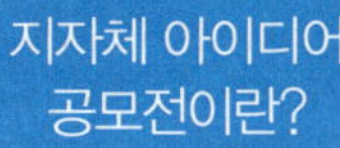

■ 개요

지자체 아이디어 공모전이란 중앙정부는 물론 지방자치단체에서 지역발전, 행정업무 개선, 지역민 편의향상, 제도 개선, 행사 홍보 등에 일반인의 아이디어를 활용코자 개최하는 공모전

■ 특징

① 참여가능자의 범주가 '대한민국 국민 누구나'로 넓음 → 고등학생 참여 가능함

② 작성분량이 적음(A4 2~4 page 내외) → 학사일정에 큰 부담 없음

③ 일상생활 속의 아이디어로 응모가능 → 고등학생 수준의 아이디어로도 충분함

④ 주제가 광범위함 → 자신의 계열에 맞춰 주제선정 가능함

■ 웹사이트

각 지자체의 홈페이지는 물론 '국민 신문고(www.epeople.go.k)'에서 통합적으로 제공함

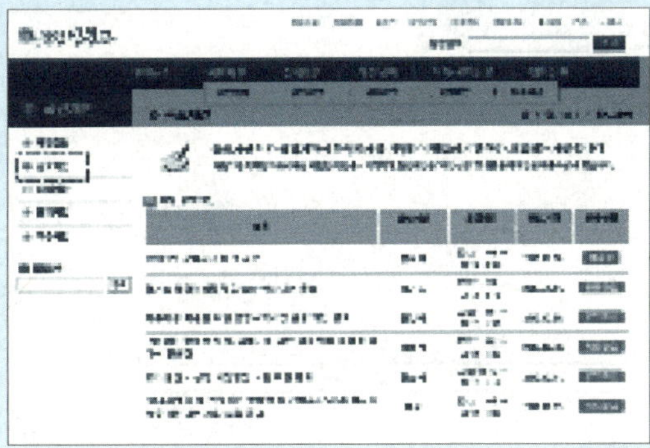

공모전 공고문 예시

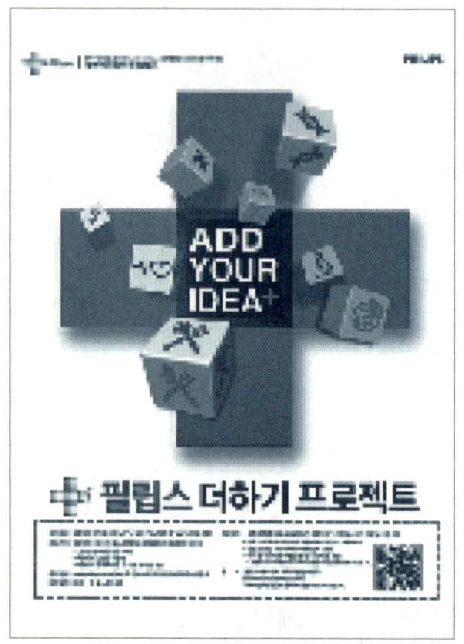

① 공모 요강을 꼼꼼히 분석하라!

공모 요강에는 일반적으로 주제, 참가자격, 접수마감일, 접수방법, 수상작 수, 주최기관, 시상내역, 심사기준, 유의사항, 문의처 등의 정보가 나타나 있다. 이 중 하나라도 소홀히 하면 큰 낭패를 볼 수 있다. 예를 들어, 우편접수 또는 방문접수만 가능한 공모전, 신청기간과 접수기간이 별도로 있는 공모전, 추천서가 필요한 공모전 등 다양한 기준이 있으므로 꼼꼼하게 체크해야 한다.

공모전 공고문 예시

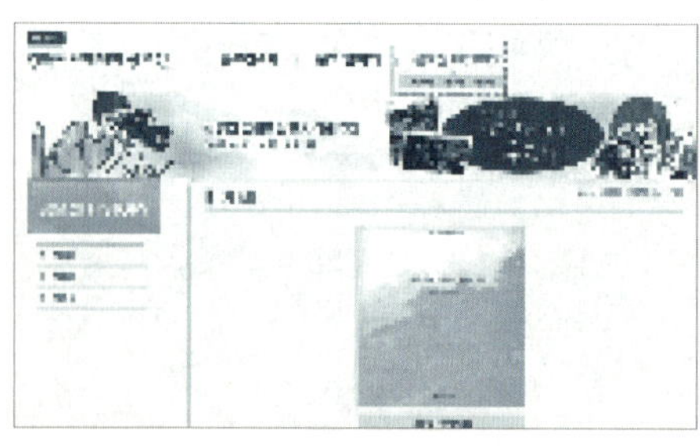

② 족보를 찾아라!

처음 개최되는 공모전을 제외하고는 공모전의 수상작을 찾아보려면 얼마든지 찾을 수 있다. 그런데 이러한 수상작을 공개하는 곳과 그렇지 않은 곳이 있는 만큼 기존 수상작을 확인해 보는 것이 필요하다. 기존 수상작들을 살펴보면 무엇보다 공모전의 성격과 수준을 알 수 있으므로 스스로 도전할 만한지 아닌지를 판가름할 수 있다. 또한 자신이 생각하고 있는 주제가 기존 수상작과 겹치지 않는지도 확인할 수 있다는 장점이 있다.

<h2 style="text-align:center">공모전 수상작 제공 사이트</h2>

구분	웹사이트 주소
아이디어	http://www.touridea.net 접속 후 '지난 공모전' 클릭
에세이	http://www.gbphoto.or.kr 접속 후 '공모전 History' 클릭
논문	http://www.miraekorea.org 접속 후 '공모전 결과' 클릭
논문 · 광고	http://contest.mireco.or.kr 접속 후 '자료실' 클릭
논문	http://www.ipcontest.or.kr 접속 후 '공모전 History' 클릭
논문 · 체험수기	http://blog.naver.com/sbcreport
체험수기 · 포스터	http://contest.kcsc.or.kr/kcsc/ 접속 후 '수상작 갤러리' 클릭
UCC	http://ipsi.dongguk.edu/main.asp
UCC	http://town.cyworld.com/khuucc
영상	http://cli.hanyang.ac.kr/indexC3.html

③ 참가자격의 제한을 이용하라!

공모전 참가자격이 '대한민국 국민', '관심 있는 사람 누구나', '일반인' 등 모든 사람이 범주에 들어가는 공모전보다는 '경기지역 거주민', '고등학생'처럼 참가자격에 제한이 있다면, 그만큼 경쟁률이 줄어들고 자신의

참가자격별로 구분된 공모전 리스트 찾기

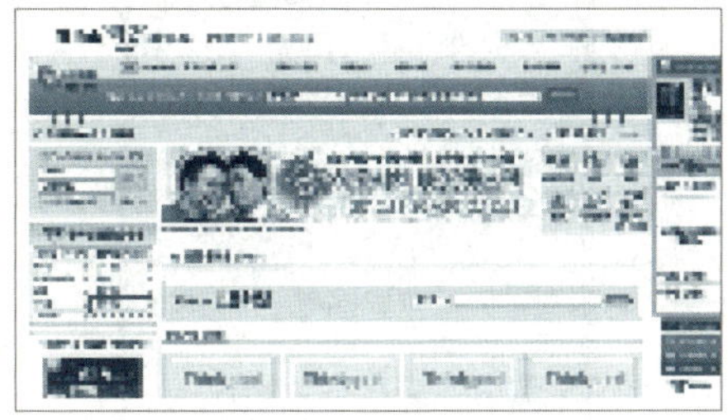

개최기관의 프로그램 참여 후 응모가능한 공모전 예시

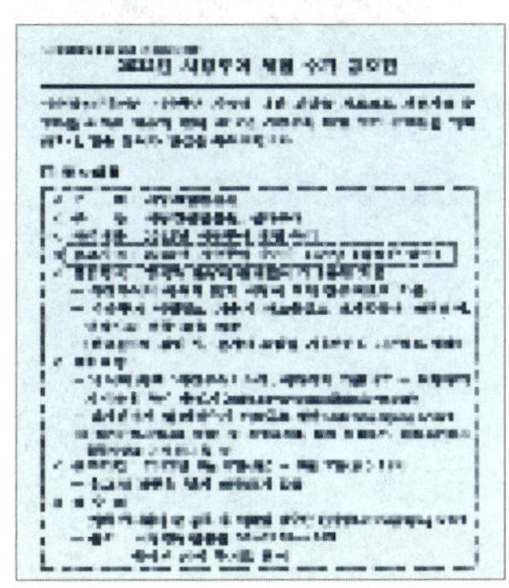

수상가능성도 높아진다.

일부 공모전의 경우 특정 지역 거주민으로 제한하거나, 고등학생만으로 참가자격을 제한하는 공모전이 있다. 또는 어떤 개최기관에서 운영하는 프로그램에 참여해야만 참가자격을 주는 경우도 있다.

④ 시상 편수가 많은 공모전을 노려라!

공모전 시상은 10명(혹은 팀)으로 이루어지는 것이 일반적이지만 간혹 장려상이나 입선 등의 항목으로만 20여 편에 상을 주어 전체 수상 인원이 50여 명을 넘는 경우도 종종 있다.

공모전에서 높은 등급의 상을 받는 것도 좋지만 우선 입상을 한다는 취지에서는 이러한 공모전을 전략적으로 공략할 필요가 있다. 또한 참여만 해도 상을 주는 경우도 있다. 이런 경우 단순히 상을 받아 수상실적을 만들겠다는 것보다는 작은 성취감을 느껴 추후에는 더 높은 상을 받겠다는 의지를 갖는 것이 바람직하다.

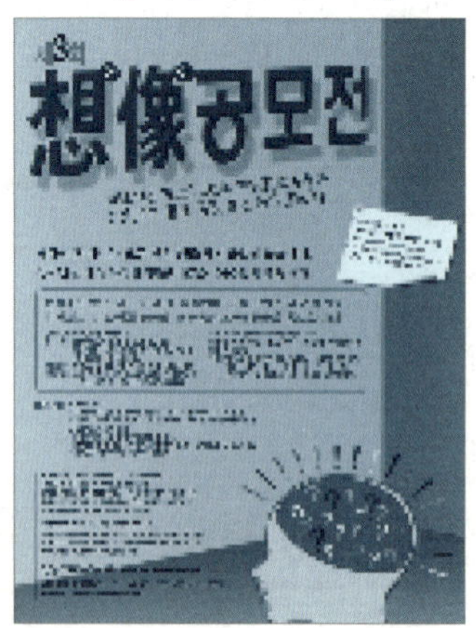

시상편수가 많은 공모전 예시 :
고등학생 부문만 60명

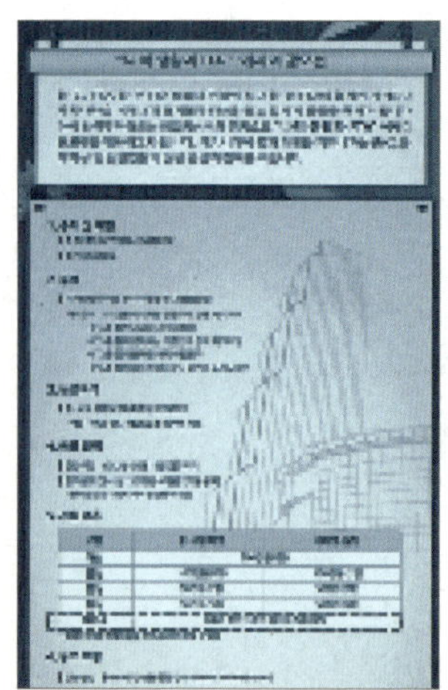

참여만 해도 상을 받는 공모전 예시

4 입학사정관제에서 공모전 활용하기

① 교내외활동 연관 짓기

11학년도부터 학생부에 모든 교외상의 기록이 금지되었지만 포트폴리오에는 여전히 교외상을 포함하고 있다. 하지만 교내활동과 무관한 교외상은 거의 쓸모가 없으므로 교내활동과 연계하여 교외 공모전에 참가하여야 한다.

예를 들어, 자신이 수행한 봉사활동에서 얻은 아이디어와 연계하여 '소셜벤처 경진대회'에 참가할 수도 있고, 경제동아리활동을 하면서 얻은 경제지식을 토대로 '나의 생활과 FTA 에세이 공모전'에 참가할 수도 있다. 또 과학수업시간에 배운 지식을 토대로 '유니소재 아이디어 공모전' 참가 등 교내활동을 기본으로 한 교외 공모전활동이 연계되어야 한다. 이처럼 교외활동은 참여동기가 명확하여야 하며 가급적 교과지식의 발현이 강조되어야 한다.

② 지원학과 염두에 두기

앞서 계열별(문과와 이과)로 적합한 공모전을 이야기하였고 좀 더 세분화하여 각각의 계열별로 자신이 지원하려는 학과와 관련 있는 공모전 또는 공모전 주제를 선정하여야 한다.

예를 들어, 지리학과를 지원하고자 하는 경우 국토해양부의 '늘 푸른 우리땅 공모전'에 도전하고 컴퓨터학과를 지원하고자 하는 경우 지식경제부의 '웨어러블 컴퓨터 경진대회'에 참여함으로써 학과와 직접적으로 연관 지을 수 있다. 또한 비록 자신의 계열이 아닌 경우에도 공모전 주제를 자신의 전공에 맞추어 참가할 수도 있다. 예를 들어, 이과에 적합한 공모전인 에너지관리공단의 '전기 모으기 아이디어 공모전'일지라도 경영학과를 염두에 둔 문과생이 '마케팅, 캠페인, 홍보 등' 경영학 관련 주제로 참가할 수도 있다.

③ 단계적으로 향상시키기

일회적인 대외 공모전 수상은 단순한 수상실적 쌓기로 치부되기 쉽다. 그러므로 지속적인 활동을 기반으로 수상실적이 쌓이고 발전하는 모습을 보여야 한다. 예를 들어, 교내활동 ⇒ 교내 공모전 수상 ⇒ 교외 공모전 수상, 지역단위 공모전 수상 ⇒ 전국단위 공모전 수상, 1학년 장려상 ⇒ 2학년 우수상 ⇒ 3학년 최우수상 등. 이처럼 지속적인 독서, 연구활동, 탐구를 통해 시간이 지남에 따라 해당 분야의 지적능력이 향상됨을 보여줄 수 있어야 한다.

④ 공모전 참여과정 기록하기

공모전 수상을 입학사정관제 자료로 준비 시에는 단순히 수상실적만 중요한 것이 아니라, 해당 분야에 대해 스스로 연구하고 그 노력의 결과로 공모전까지 참여하게 되었다는 일련의 스토리가 있어야 한다. 이러한 스토리는 '공모전 준비과정−제출−수상(혹은 탈락)'의 프로세스에 따라 유형적 결과물로 정리한다. 특정 공모전을 준비하면서 읽었던 도서는 도서

감상문, 관련 분야 전문가와 인터뷰했던 내용은 인터뷰 노트, 참여 공모
전은 공모요강 포스터 캡쳐, 제출 내용은 파일, 제출 확인은 제출화면 캡
쳐, 수상을 했을 시에는 상장 등을 모두 잘 정리하여 둔다. 혹, 수상을 하
지 못했더라도 그 분야에 대해 관심을 갖고 자발적 학습을 수행한 실적
만으로도 사정관에게 나름의 의미를 줄 수 있을 것이다.

공모전 접수확인 화면 예시 : 보건복지부 정책공모전

⑤ 입학사정관제 필수 공모전

 **공모전 Top 5**

앞서 여러 공모전을 살펴보았는데 이보다 훨씬 많고 다양한 공모전이 상시 개최되고 있다. 이처럼 많은 공모전 중에 입학사정관제에서 활용도가 높고 효과적인 공모전을 선택하고 집중하는 방안이 필요하다. 아직 시간적 여유가 많은 고1이라면 다양한 공모전을 경험해 보는 것도 좋겠지만, 본격적인 입시준비가 필요한 고2 중반부터는 더욱 이러한 선택과 집중이 필요한 시기이다. 입학사정관제를 준비하는 고등학생이라면 반드시 참가해 볼 만한 공모전 Top 5를 추천한다.

① 소셜벤처 경연대회
■ 추천 이유

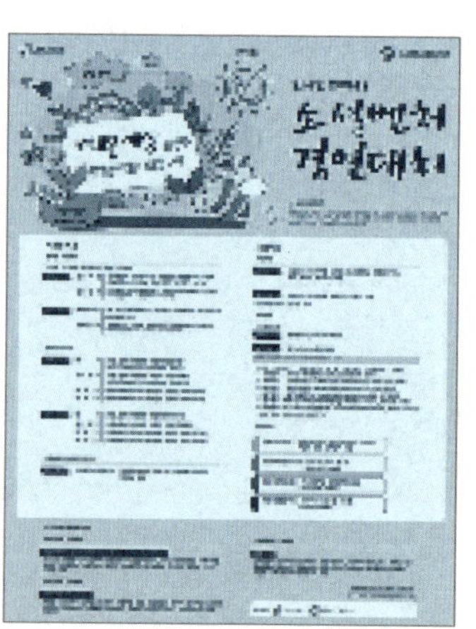

- 개최기관(고용노동부)의 높은 인지도 : 입학사정관제 활용도 높음(공신력 측면)
- 지속가능성(2012년 4회차 개최) : 입학사정관제 활용도 높음(전통성 측면)
- 일반 부문과 고등학생 부문 분리 진행 : 수상 가능성 높음
- 2차 심사 시 프레젠테이션 발표 : 발표와 면접 능력 향상

- 공정여행 및 모의경영프로젝트 : 해당 주제에 대한 체험과 이해력 향상
- 재학 중인 학교 지도교사와의 참가팀 구성(권장사항) : 교내 활동과 연계 가능
- 6개 권역별 개최 : 수상 가능성 향상

■ 공모전 개요

□ 응모 대상 및 참가 자격

- 권역별대회

  ※ 소셜벤처 아이디어를 보유한 고등학생 또는 그에 상응하는 자격을 갖춘 개인 또는 단체

- 전국대회

  ※ 권역별 경연대회 최종 선발자

- 17세 이상~19세 이하의 청소년 중 대안학교 학생 등 기타 해당자

- 참가자 당 1건의 아이템으로 참여 제한

- 단체의 경우, 팀원은 3인 이상 10인 이하만 가능

- 개인 및 단체의 대표자 거주지 주소에 해당되는 권역에 신청

- 청소년 부문의 경우, 지도교사 1인과 참가팀 구성 권장

□ 응모 분야

- 교육, 보건, 사회복지, 환경, 문화 · 예술 · 관광 · 운동, 보육, 산림보전 및 관리 등의 분야에서 사회적 목적을 추구하면서 영업활동을 수행할 수 있는 예비 사회적기업 사업화 아이템

□ 시상 내역

– 대 상(1팀)

- 고용노동부 장관상 및 상금 300만 원

- 지도교사의 소속학교에 장학금 200만 원

– 최우수상(2팀)

- 고용노동부 장관상 및 상금 각 200만 원

- 지도교사의 소속학교에 장학금 각 200만 원

– 우수상(4팀)

- 한국사회적기업진흥원장상 및 상금 각 150만 원

– 장려상(5팀)

- 한국사회적기업진흥원장상 및 상금 각 100만 원

– 권역별 경연대회 입상 팀 교육 프로그램

※ 공정여행: 청소년들이 사회적 과제를 여행을 통해 경험하여 사회적 기업이 필요한 이유를 몸소 체험할 수 있는 기회제공

※ 모의경영프로젝트: 20만 원의 사전지원금으로 각 팀의 아이디어를 약 1개월간 모의 경영하여 소셜벤처 정신을 고양

□ 응모 일정

– 접수기간 : 2012년 6월 11일(월) ~ 6월 27일(수)

※ 참가신청 시 대표의 소재지에 해당하는 권역별 수행기관에 접수

□ 제출 서류

– 청소년 부문 : 참가신청서, 모의경영 사업계획서

□ 접수 방법

– 홈페이지 참조 : www.socialenterprise.or.kr

② 미래 한국 아이디어 공모전

■ 추천 이유

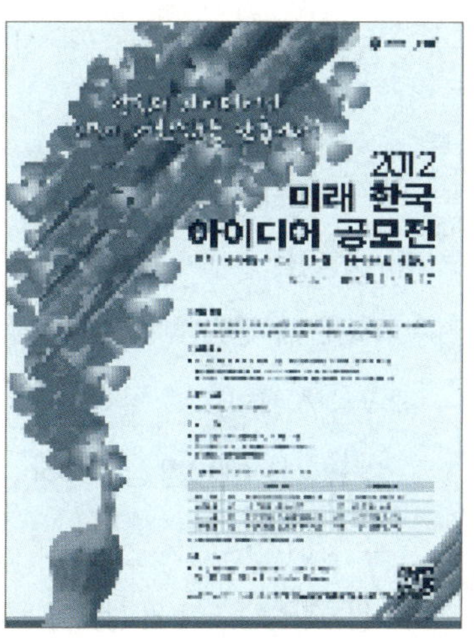

- 개최기관(기획재정부)의 높은 인지도 :
  입학사정관제 활용도 높음
  (공신력 측면)
- 지속가능성(2012년 3회차 개최) : 입학사
  정관제 활용도 높음(전통성 측면)
- 일반 부문과 고등학생 부문 분리 진행
  : 수상 가능성 높음
- 학교장 추천서 필요 : 교내 활동과 연계 가능
- 논술문 형식 제출로 평상시 작성물 활용 가능 : 준비시간 절약

■ 공모전 개요

□ 응모 대상 및 참가 자격

– 고등학생 부문 : 2012년 9월 현재 국내 고등학교에 재학 중인 자

– 학교장 추천을 받은 작품으로 학교당 2편 이내

　※ 3인까지 공동 참여 가능

□ 응모 분야

– 100세 시대 대책, 양극화 해소 대책, 다문화 가정 증가의 영향과 대책,
  중장기 에너지 대책, 인터넷 통신망 붕괴와 대책, 정보기술 접근성 격

차와 빈부격차 해소방안 중 택1

□ **작성 방법**

- 논술은 자유로운 산문형식으로 작성하되 A4~10매로 작성

□ **시상 내역**

- **대 상(1편)**

    • 기획재정부 장관상, 10만 원 상당 부상

- **최우수상(1편)**

    • KDI 원장상, 10만 원 상당 부상

- **우수상(3편)**

    • 후원기관장상, 5만 원 상당 부상

- **장려상(5편)**

    • 후원기관장상, 3만 원 상당 부상

□ **참가 방법**

- 온라인신청(www.miraekorea.org)

- 제출서류 : 논술문, 재학증명서, 학교장추천서

□ **공모 일정**

- 접수 : 2012년 8월 1일 ~ 9월 17일 18시까지

- 발표 : 2012년 11월

③ 청소년 발명(과학) 아이디어 경진대회

■ 추천 이유

- 대회와 후원기관(교과부, 지경부 등)의 높은 인지도 : 입학사정관제 활용도 높음(공신력 측면)
- 지속가능성(2012년 11회차) : 입학사정관제 활용도 높음(전통성 측면)
- 시상편수 많음(210개) : 수상 가능성 높음
- 높은 등급의 상격(대통령상, 국무총리상, 교과부 장관상, 지경부 장관상 등)
- 대학교 입학의 직접적 활용 : 단국대 창업 특기자 전형 대상 공모전
- 교내 동아리(발명, 과학탐구 등) 활동 연계 : 교내 활동과 연계 가능

■ 공모전 개요

□ 응모 대상 및 참가 자격

– 초 · 중 · 고 · 대학생(청소년, 군인)

□ 출품대상

– 발명 / 디자인(아이디어), 과학적 작품(출원 및 등록여부 불문)

  ※ 발명(아이디어) 부문은 설명서와 함께 도면(제품디자인) 또는 사진 제출

  ※ 과학은 과학적으로 입증할 수 있는 연구자료 제출

□ 작성 방법

– 첨부양식에 따른 신청서, 작품설명서, 출품작의 도면 또는 사진 각 1부

□ 시상 내역

– **정부포상**(4편)

□ 대통령상, 국무총리상, 국회의장상

– **대상**(15편)

- 교육과학기술부 장관상, 지식경제부 장관상, 여성가족부 장관성

– **금상**(8편)

- 명지대학교 총장상, 후원대학교 총장상

– **은상**(48편)

- 중소기업청장상, 특허청장상 등

– **동상**(65편)

- 한국특허정보원장상, 한국발명진흥원장상 등

– **장려상**(60편)

- 한국대학발명협회장상, 한국여성발명협회장상 등

– **특별상**(10편)

- 발명관련 특별기관상 및 주한대사상 등

□ 참가 방법

– 안내 및 서식다운로드(www.invent21.com)

– 제출서류 : 논술문, 재학증명서, 학교장추천서

□ 공모 일정

– 접수 : 2012년 4월 5일~5월 5일

– 발표 : 2012년 7월 23일

④ 늘 푸른 우리 땅 공모전

■ 추천 이유

- 개최기관(국토해양부)의 높은 인지도 :
  입학사정관제 활용도 높음(공신력 측면)
- 지속가능성(2012년 12회차 개최) : 입학사
  정관제 활용도 높음(전통성 측면)
- 스토리텔링 부문의 경우 일반적인 에세
  이 형식 작성 : 준비시간 절약

■ 공모전 개요

□ 응모 대상 및 참가 자격

- 대학(원)생 및 일반인

  ※ 고등학생은 일반인에 포함

□ 응모 분야

- 포스터, 스토리텔링

□ 작성 방법

- 포스터 : 해상도(300dpi작업), 용량(최대 10Mbyte 이내), Size(39.4cm x
  54.5cm), 형식(jpg)
- 스토리텔링 : A4용지 10매 내외(글씨크기 12point, 줄간격 160%)

□ 시상 내역

- **대상(2편)**   •국토해양부 장관상, 각 300만 원 상금

– 금상(4편)　　•각 200만 원 상금

– 은상(3편)　　•각 100만 원 상금

– 동상(12편)　•각 50만 원 상금

– 장려상(20편)　•각 30만 원 상금

□ 참가 방법

– 온라인신청(http://contest.kcsc.or.kr/kcsc/)

– 제출서류 : 제출양식

□ 공모 일정

– 접수 : 2012년 8월 16일~8월 31일

– 발표 : 2012년 9월 18일

⑤ 국제청소년학술대회 공모전

■ 추천 이유

□ 개최기관(교육과학기술부)의 높은 인지도 : 입학사정관제 활용도 높음

　(공신력 측면)

□ 지속가능성(2012년 3회차 개최) : 입학사정관제 활용도 높음(전통성 측면)

□ 논문형식으로 학교논집으로도 활용 가능(해당 학교의 경우)

□ 재학중인 학교 지도교사와의 참여가능 : 교내 활동과 연계 가능

■ 공모전 개요

□ 응모 대상 및 참가 자격

– 국내외 만12세 이상, 중 · 고등학교 학생 연령에 해당하는 모든 청소년

□ **응모 분야**

– 자연과학 및 공학 – 사회과학

□ **작성 방법**

– 제안서 : A3매 내외로 작성

– 최종논문 : A15매 내외로 작성

□ **시상 내역**

– 우수청소년학자상 : 논문제안서가 선정된 학생(팀)이 제안서 계획에 따라 연구를 수행하고, 최종논문 및 연구일지를 제출한 후 ICY에 참가하여 발표한 경우 수여

– 포스터논문우수상 : 논문제안서 미선정 학생(팀) 중 ICY에 참가하여 포스터발표를 수행한 학생(팀) 중 우수자에게 수여

– ICY 우수논문자료집 발간 : 우수청소년학자상 수상자 중 논문제안서, 최종논문, 연구일지, ICY발표가 우수한 논문을 선정하여 2012 ICY 우수논문자료집에 게재

□ **참가 방법**

– 온라인신청(https://icy.kedi.re.kr)

– 제출서류 : 제출양식 참조

□ **공모 일정**

– 접수 : 2012년 4월 2일~4월 6일

– 발표 : 2012년 7월 4일

제3회 국제청소년학술대회 공고문
The 3rd International Conference for Youth (ICY)

한국교육개발원 영재교육연구센터에서는 국내외 청소년들이 자신이 가지고 있는 흥미나 관심 주제에 대해 스스로 주도적으로 연구하여 그 결과를 연구 논문의 형식으로 발표하고, 국제 청소년들과 함께 공유할 수 있도록 기회를 제공함으로써, 국제적 연구능력 신장을 도모하고자 '제3회 국제청소년학술대회(The 3rd International Conference for Youth(ICY))'를 아래와 같이 개최하오니 관심있는 학생들의 많은 참여 바랍니다.

* 대회명 : 제3회 국제청소년학술대회
* 일   시 : 2012년 7월 26일(목)~7월 27일(금)
* 장   소 : 대전 KAIST
* 주   최 : 교육과학기술부
* 주   관 : 한국교육개발원 영재교육연구센터
* 후   원 : 전국 16개 시 · 도교육청
* 홈페이지 : https://icy.kedi.re.kr

대회개요 및 논문제안서 제출 관련 안내는 첨부파일을 참고하기 바라며,
기타 문의 사항은 icy@kedi.re.kr (02-3460-0653,0470)에 연락바랍니다.

– 청소년 여러분의 많은 참여를 기대합니다 –

입학사정관제를 위한
학교생활기록부 관리

1. 학교생활기록부와 입학사정관제도

2. 학교생활기록부 관리요령, 친절한 가이드

❶ 학교생활기록부와 입학사정관제도

 **학교생활기록부 이렇게 바뀌었다**

학교생활기록부는 입학사정관제도가 시작된 이후, 전국 고교에서 단순히 학생들의 고교 3년 동안의 단순한 기록서류철이 아닌, 학생들의 스토리가 담겨진 소중한 자신만의 포트폴리오가 되어가고 있는 것이 현실이다. 이에 고교 현장에서는 매년 조금씩 변화되고 있는 여러 대학의 다양한 입학사정관 전형에서 요구하는 평가요소를 파악하여 학생들의 진로에 맞는 특장점을 최대한 부각시켜 진로와 연관된 여러 다양한 학교특색사업을 하고 있다. 각 학교마다 교육환경 및 지역사회와 연계한 차별성 있는 자율활동, 진로활동, 봉사활동, 동아리활동 그리고 나아가 고교와 대학 간의 연계프로그램을 통해 더욱 적극적인 쌍방향 소통이 이루어지고 있다. 이러한 노력들은 수능점수 위주의 선발방식이 아닌, 입학사정관제 제도의 부합으로 학생들의 잠재역량과 자기주도성을 높이고 대학 입학 이후 장기적인 사후관리프로그램을 통해 대학 적응도와 학업 성취도에 있어서 훨씬 우수한 결과를 통계적으로 나타내 주고 있다.

공교육 안정화와 정상화를 목표로 하고 있는 입학사정관제에서는 무엇보다 학생들의 모든 활동기록이 담겨 있는 학교생활기록부가 어떠한 제출서류보다 가장 중요한 평가요소로 간주된다. 학생의 학업성실성, 임원활동의 리더십, 인성과 교육환경 또한 여러 교내활동을 통한 자기주도성

을 파악할 수 있는 가장 객관적인 평가요소가 되므로 최근에는 학교생활
기록부 관리에 더욱더 관심을 쏟고 있다.

특히 2013년부터는 2009년 개정교육과정 원년으로 학교생활기록부 구
성요소의 변화와 무엇보다 창의적 체험활동에 기존의 특별활동과 교외
체험활동이 통합되어 창의적 체험활동의 4대 활동인 자율활동, 진로활
동, 봉사활동, 동아리활동이 어느 때보다 학생 개개인의 진로적성에 맞
는 구체적인 사례들을 기록하게 되어 일선 학교에서의 노력의 결과들이
결실을 맺게 되었다.

2012 VS. 2013 학교생활기록부 기재 변경사항

2012학년도 고3 기재항목

1	인적사항	7	창의적 재량활동상황
2	학적사항	8	특별활동상황
3	출결사항	9	교외 체험학습상황
4	수상경력	10	교과학습 발달상황
5	자격증 및 인증 취득상황	11	독서활동상황
6	진로 지도사항	12	행동특성 및 종합의견

2013학년도 고1~고3 기재항목

1	인적사항	6	진로 희망사항
2	학적사항	7	창의적 체험활동상황
3	출결사항	8	교과학습발달상황
4	수상경력	9	독서활동상황
5	자격증 및 인증 취득상황	10	행동특성 및 종합의견

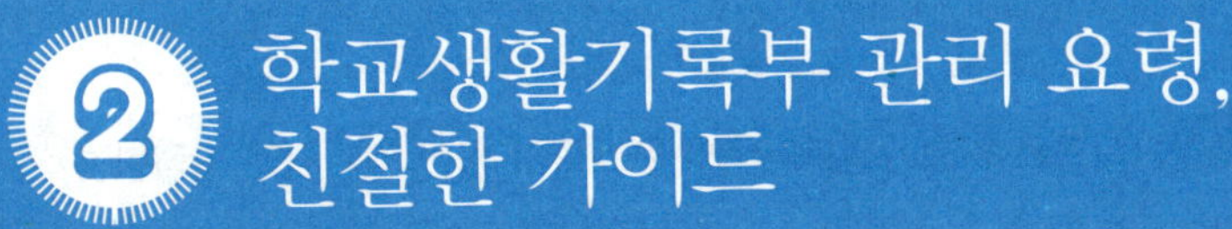

❷ 학교생활기록부 관리 요령, 친절한 가이드

 **인적사항**

학 생	성명 : 김○○　　　성별 : 남　　　주민등록번호 : 941225-○○○○○○○
	주소 : ○○도 ○○시 ○○구 ○○동 대한민국아파트 ○○○-○○○○
가족 상황 부	성명 : 김○○　　　　　　생년월일 : 19○○년 5월 9일
모	성명 : 이○○　　　　　　생년월일 : 19○○년 8월 7일
특기사항	2010년. 04. 02 부 사망(←재학 중 사망한 경우) 아버지가 영국에서 외국계 회사에 근무 중임

사정관평가지표(성명, 주민번호, 사진만 제공)

1. 학생의 성별은 대학에 제공되지 않는다.(주소, 가족사항, 특기사항 모두 미제공)
2. 동명이인 확인을 위한 세심한 배려가 필요하다.
3. 자기소개서 가족소개 요구에서 참고할 수 있다.

★ 주의 ★　　가족소개, 성장배경, 역경극복 등을 요구하는 자기소개서에 상세한 기술과 내용소개가 필요하다. 사정관의 정성적 평가 시 생활기록부에서는 볼 수 없는 내용을 구체적이고 사실적으로 소개할 필요가 있다.

Key Points

Point 1　　학교생활기록부 인적사항에서 특기사항은 입학사정관들이 직접적으로 지원자의 학교생활기록부에서 확인할 수 없는 부분이다. 그렇기 때문에 반드시 고교 3년 동안의 개인적인 특별한 상황(경제적 어려움 혹은 가족환경의 갑작스러운 변화 등)이 있었다면 이를 자기소개서에 적극적으로 소명해 타 지원자와 다른 상대적인 환경에 처해 있었음을 적극적으로 알려야 한다.

 일반적으로 입학사정관들은 지원자들이 처한 경제적인 가정형편, 지역적 특징, 상대적인 교육환경 등 여러 변수들을 고려하여 지원자가 최대한 발휘할 수 있는 역량들을 상대적으로 평가한다. 그러므로 학교생활기록부에 언급할 수 없는 지원자의 개별적인 특수한 환경들은 지원자 스스로가 솔직하게 자기소개서에(주로 성장배경에 대한 문항) 구체적으로 언급해야 사정관이 참조할 수 있다.

학적사항

2009년 02월 05일 ○○ 중학교 제3학년 졸업	
2009년 03월 02일 ○○ 고등학교 제1학년 입학(2010년 09월 21일 전출)	
2010년 09월 21일 ○○ 고등학교 제2학년 전입학(2011년 03월 08일 자퇴)	
2012년 03월 02일 ○○ 고등학교 제3학년 재입학(2012년 05월 02일 퇴학)	
2013년 03월 02일 ○○ 고등학교 제3학년 편입학	
특기사항	2010년 09. 21. 주거지 이동 2011년 03. 08. 가정형편 사정으로 자퇴 2012년 05. 02. 학교규칙 위반으로 퇴학

사정관평가지표

1. 동명이교 확인을 위한 세심한 배려가 필요하다.
2. 특기사항은 사정관의 체크사항이다.

 특기사항에 기록된 내용을 토대로 학적 변동이 잦거나, 특별한 사유가 있는 지원자는 그 구체적인 이유를 확인해 대학의 인재상, 모집단위와의 연관성 등을 평가하여 입학사정에 반영할 수 있다.

Point 1 특기사항의 교육환경이 변경되는 경우(예를 들어, 특목고에서 일반고 전학/특성화고에서 일반고 전학/비슷한 교육환경 고교로의 전입이나 편입) 혹은 교내에서 특별한 사유(교내학칙 위반 경우)에 해당되는 경우는 적극적으로 자기소개서에 소명하면 된다. 어떤 이유에서 교육환경이 다른 고교로 진학하게 되었는지를 진솔하게 설득력을 갖고 자기소개서에 나타내야 한다.

Point 2 진로가 변경되어 재학 중인 학교와 완전히 다른 교육환경의 학교로 전학 혹은 편입을 하게 되는 경우에는 구체적인 사유가 있어야 한다. 특히 단순히 학교 내신성적 향상만을 위한 전학은 주의해야 한다. 입학사정관제에서의 학교내신은 학생이 처한 교육환경에서 교과영역에 대한 활동역량과 학업성취도를 보고자 하는 것이다. 학교내신만이 입학사정관제의 모든 요소로 잘못 판단하여 갑작스러운 변경은 오히려 입학사정관들에게는 오해의 소지가 생길 수 있다.

Point 3 교내학칙을 위반한 학생의 경우, 입학사정관 전형을 쉽게 포기하는 경우를 보게 된다. 하지만 2012년 대교협에서 발표된 입학사정관 전형에 따르면, 인성평가 강화(2012년 5. 30. 대교협 보도자료)로 학교폭력과 관련해 징계사항이 학교생활기록부에 기록되더라도, 이러한 기록들은 입학사정관제의 취지를 살려 입학사정관 심사에서 떨어뜨리는 '징벌적 요소'가 될 수 없다고 한다. 지원 학생의 적극적인 개선의 모습이 함께 기재될 경우 '긍정적인 평가'를 받을 수도 있다.

Point 4 2013학년도 대입입학사정관 전형에서 대교협의 '인성평가' 강화요소는 입학사정관제 전형의 주요한 평가서류인 자기소개서와 교사추천서에 인성 항목에 대한 평가문항을 신설하였다.(한국대학교육협의회 보도자료 참조)

입학사정관 전형에서 인성평가 강화

◎ 바른 인성을 갖춘 학생 선발을 위해 입학사정관 전형(자기소개서, 교사추천서, 면접 등)에서 인성평가 강화

◎ 학교 폭력 예방 및 근절을 위해 적극적으로 노력한 학생은 긍정적으로 평가

◎ 학생부에 학교폭력 관련 징계사항이 기재되어 있더라도 이후 개선된 모습이 함께 기재된다면 긍정적으로 평가

붙임1　대교협 · 입학사정관협의회 자기소개서(공통양식)(안)

2. 학교생활 중 배려, 나눔, 협력, 갈등관리 등을 실천한 사례를 들고 그 과정을 통해 배우고 느낀 점을 구체적으로 기술하세요. (신설)

☞ 입력하세요

붙임2　대교협 · 입학사정관협의회 교사추천서(공통양식)(안)

2. 지원자의 인성 및 대인관계에 대하여 'V'로 표기하고, 평가에 고려할 만한 사항이 있는 경우 사례 또는 그렇게 평가한 이유를 기술하여 주십시오.

평가항목	평가대상			평가 불가	미흡	보통	우수함	매우 우수함	탁월함
	3학년 전체	계열 전체	학급 전체						
1) 책임감									
2) 성실성									
3) 준법성									
4) 자기주도성									
5) 리더십									
6) 협동심									
7) 나눔과 배려									

학년	수업 일수	결석일수			지각			조퇴			결과			특기사항
		질병	무단	기타	질병	무단	기타	질병	무단	기타	질병	무단	기타	
1	201													개근
2	203			5	1									부모간병(5일)
3	205	9						1			1			수술(7일)감기(2일)

사정관평가지표

1. 특기사항이 사정관에게 제공되지 않으므로 추천교사의 세심한 배려가 요구된다.

2. '기타'는 무단의 상대적 개념이다. 피치 못할 사정이 있을 경우이다.

   사정관은 사연을 알아 역경 극복의 내용인지 확인할 필요가 있다.

3. 특기사항은 사정관의 체크사항이다.

4. 출결사항은 대학입학에서 성적에 반영되는 주요사항이다.

5. 질병과 기타 결석은 점수에 영향을 주지 않고, 무단결석만 점수에 영향을 준다.

6. 출결사항은 학생의 성실성과 가정의 환경을 간접 조망할 수 있는 자료이다.

7. 출결사항은 3년간의 근태를 기록한 것이므로 학생의 수업 참여에 관한 열성도와 학업 중단의 정도를 파악할 수 있어, 사정 자료로 활용할 수 있다. 또한 특기사항을 토대로 근태사항의 원인을 알 수 있으므로 범법성의 문제인지, 고난 극복의 예인지를 판별하고 이를 면접 자료나 사정 자료로 이용할 수 있다.

★ 주의 ★　　전교학생회장, 전교부학생회장, 전교학생회부장, 학년학생회장, 학년부장, 학급반장, 학급부반장, 학급의회의장, 학급의회부의장, 동아리회장 및 이에 준하는 임원으로 활동한 학생을 선발하는 전형인 경우, 학교생활의 가장 기본이며 당연한 의무인 출결사항은 엄격한 평가와 냉정한 잣대를 요구할 것이다.

Key Points

Point 1　　대부분의 입학사정관제에서 리더십은 가장 중요한 평가항목이며, 리더십의 기본으로 고교생활의 성실성을 보기 때문에 출결사항은 그래서 매우 중요하다. 하지만 개인적인 특별한 사유에(질병, 가정환경 문제 등) 의한 경우에는 이 또한 자기소개서에 소명하거나 관련 기록을 제출하면 된다.

 출결은 교대, 사범대 지원 시 그리고 입학사정관제의 리더십 전형, 특히 작년부터 강조되는 인성요소 항목에서 매우 중요한 평가요소가 되므로 주의해야 한다. 무엇보다 무단 부분에 기록되지 않도록 특히 주의해야 한다. 평소 담임선생님과 충분한 의사소통을 통해 출결사항에 대한 여러 개인사정에 대한 부분을 적극적으로 알릴 필요가 있다.

 서울대학교 입시전형안에 따르면 출결사항에 대해서 다음과 같이 명시하고 있다.

"무단결석 일수가 11일 이상이거나 봉사활동 시간이 총 20시간 미만(검정고시 합격자 포함 모든 지원자)인 경우, 사유서 또는 학교생활기록부에 기재되지 않은 봉사활동내용 확인서 등 제출서류를 종합적으로 검토하여 최종 결격여부를 결정한다.(무단 지각/조퇴/결과 3회는 무단결석 1일로 간주하며 종교활동, 기부금 납부 등은 봉사활동으로 인정하지 않음.)"

 개인적인 질병(백혈병 혹은 소아암 병력자)으로 인해 출결사항에 결석이 많은 경우, 학업에 대한 의지와 진로에 대한 열정을 보인다면 사회적배려대상자 전형(2013년 기준)인 건국대 수시1차 KU기회균등 전형, 단국대 수시1차 사회적배려대상자 전형, 성신여대 성신하모니 전형 등에 지원할 수 있다. 증빙서류인 자기소개서와 2단계 심층면접에서 입학사정관들을 개인의 신체적 질환의 극복과정과 진로에 대한 포부와 계획을 적극적으로 설득해 나가는 것도 충분히 입학사정관 전형으로 지원하는 방법이 될 수 있다.

예제 : 일반고 인문계 학생

수상명	등급(위)	수상 연월일	수여기관	참가대상
교과우수상(국어, 사회, 영어)		2012. 02. 04.	OO고등학교장	1학년
교내영어경시대회	장려상(5위)	2012. 02. 04.	OO고등학교장	1학년
1년 개근상		2012. 02. 14.	OO고등학교장	1학년
표창장(모범 부문)		2012. 06. 21.	OO고등학교장	2학년
교내백일장(운문 부문)	최우수상(1위)	2012. 06. 21.	OO고등학교장	전교생
교과우수상(문학, 영어Ⅰ, 수학Ⅰ)		2012. 07. 15.	OO고등학교장	2학년
6월 전국연합학력평가	은상(3위)	2012. 07. 17.	OO고등학교장	전국고등학생
포트폴리오 경진대회	금상(2위)	2012. 08. 19.	OO고등학교장	2학년
탐구발표대회	장려상(5위)	2012. 09. 05.	OO고등학교장	1,2학년 전체
교내경제경시대회	대상(1위)	2012. 09. 12.	OO고등학교장	2학년, 3학년
스터디 플래너 공모전	장려상(5위)	2012. 10. 30.	OO고등학교장	2학년
11월 전국연합학력평가	최우수상(1위)	2012. 12. 14.	OO고등학교장	전국고등학생

예제 : 일반고 자연계 학생

수상명	등급(위)	수상연월일	수여기관	참가대상
1년 개근상		2012. 02. 03.	OO고등학교장	1학년
교과목 우수상(수학, 과학)		2012. 02. 03.	OO고등학교장	1학년
과학경시대회	화학부문 금상(1위)	2012. 05. 12.	OO고등학교장	전교생
수학경시대회	금상(1위)	2012. 05. 12.	OO고등학교장	전교생
선행상		2012. 07. 11.	OO고등학교장	2학년
6월전국연합학력평가(수학)		2012. 07. 15.	OO고등학교장	2학년
교과목 우수상(화학Ⅰ, 물리Ⅰ)		2012. 07. 19.	OO고등학교장	2학년
표창장		2012. 10. 02.	OO고등학교장	2학년
독서포트폴리오대회	우수상 (2위)	2012. 10. 29.	OO고등학교장	2학년
봉사상		2012. 12. 10.	OO고등학교장	2학년
과학탐구경진대회	최우수상 (1위)	2012. 12. 29.	OO고등학교장	전교생

<h1 align="center">예제 : 특목고 학생</h1>

수상명	등급(위)	수상연월일	수여기관	참가대상
2012년도 6월 전국연합학력평가 수리영역 우수	전국0.5% 이내	2012. 07. 13.	OO외국어고등학교장	2학년
2012년도 6월 전국연합학력평가 외국어영역 우수	전국0.3% 이내	2012. 07. 13.	OO외국어고등학교장	2학년
2012년도 6월 전국연합학력평가 전교과 우수	7위	2012. 07. 13.	OO외국어고등학교장	2학년
독서경시대회	은상(3위)	2012. 09. 18.	OO외국어고등학교장	2학년
교내모의UN대회	동상(4위)	2012. 09. 29.	OO외국어고등학교장	2학년
교내논술경시대회	장려상(6위)	2012. 10. 01.	OO외국어고등학교장	2학년
교내중국어경시대회	국내부문 금상(2위)	2012. 11. 09.	OO외국어고등학교장	2학년
OO도 영어의사소통 능력평가	장려상(3위)	2012. 12. 04.	OO외국어고등학교장	2학년
2012년 11월 전국연합학력평가 전교과 우수	9위	2012. 12. 30.	OO외국어고등학교장	2학년
2012년 2학기 정기고사 전교과 우등상	5위	2012. 12. 30.	OO외국어고등학교장	중국어과
봉사상		2012. 12. 30.	OO외국어고등학교장	2학년

사정관평가지표

1. 교과와 비교과의 모든 수상은 전공, 학업계획, 고난 극복 등의 평가 대상이 된다.
2. 교내상과 교외상의 비중을 어떻게 볼 것인가?(공정성, 신뢰성/전문계고, 특목고 교내상은?)
3. 수상의 등급과 서열 · 평점을 대학은 공지하여야 한다(신뢰성 문제)

   대학에서는 각종 대회의 '시상인원, 대회역사(연도)' 등을 조사하여 대회의 권위와 등급을 정하고 수상의 권위와 등급을 공지할 필요 있다.
4. 교외에서 수상한 상의 입력범위는 교육인적자원부와 시 · 도(지역)교육청이 주최 및 주관한 대회, 학교장의 추천으로 참가하여 수상한 실적에 한하며, 표창(선행, 효행, 모범 등)의 경우도 위의 범위와 같다.

5. 각종 수상의 평가비중(예시)

학교장					
대통령 훈포장	총리	장관	교육감 대학총장 검찰총장 경찰청장 선관위장 등	광역단체장 (특별시장/ 광역시장/ 도지사)	시 군 구 기초단체장

6. 교과목우수상의 경우 학교별 시상 범주를 확인하여 객관적 지표로 활용 가능

  예)등급제 이전에는 5% 이내 학생에게 시상, 등급제 이후에는 1등급에게 시상

7. 3개년 동안 교과 및 비교과 분야의 수상 현황이 기록되어 있으므로 수험생이 특기, 관심과 노력, 인성과 개성, 리더십과 봉사성 등을 파악할 수 있다. 수상명, 등위, 수여기관, 참가대상 등은 수상의 성격과 권위를 가름하는 요소가 되므로 면접자료 및 사정자료로 활용할 수 있다.

★ 주의 ★   수상경력을 계량화하여 점수화하는 대학도 있지만 상의 범위가 너무 넓다는 문제가 있다. 따라서 대학은 수상의 범위와 상별 가중치를 분명하게 공지해야 한다. 대학과 고교에서는 상의 남발 등 부작용을 예방하기 위해서 교외상 인정범위를 정하여 기록하는 것이 중요하다.

Key Points

Point 1   교과와 관련된 교외상은 2009학년도까지는 학교생활기록부에 입력이 가능했으나, 2010학년도부터는 당해 학교의 교과 개설 여부와 상관없이 교과에 관련된 어떠한 교외 수상실적도 학교생활기록부에 올릴 수 없게 되었다. 하지만 지원하는 학과 관련 전공적합성 측면에서, 또는 지적호기심의 확장 의미에서 교내예선을 통과해 참가하거나 교사 혹은 학교장 추천에 의한 여러 다양한 교외활동내용과 활동 관련 실적들은 입학사정관제에서 자기소개서에 적극적으로 자신의 지원 전공 관련 잠재능력을 나타낼 수 있다. 또한 기타 증빙서류(포트폴리오 혹은 우수성 입증자료)로도 제출이 가능하기 때문에 적극적으로 참가하여 활동내역을 별도로 꾸준히 누적 보관해야 할 것이다.

　교내상의 경우, 학생이 전반적인 모든 부분에서 우수한 실적을 올릴 수도 있겠지만 무엇보다 자신의 진로(학과)와 관련이 있는 부분에서 꾸준한 교내대회 참가와 실적관리가 중요하다. 그러한 점에서 입학사정관제 지원을 고민하는 학생들은 자신의 진로탐색 활동을 통한 구체적인 진로가 먼저 설정되어야 한다. 이후 자신의 진로 혹은 지원하고자 하는 학과와 관련된 교내의 여러 다양한 교과 · 비교과 대회에 대한 검색을 학교 알리미 사이트 혹은 학교 홈페이지를 통해 학기별 혹은 학년별 일정을 먼저 파악해 본다.

　교내상은 무엇보다 고1 ⇒ 고2 ⇒ 고3(1학기) 동안 지원학과와 관련된 적극적인 교내대회 참가의 열정이 중요하다. 또한 수상실적의 결과 못지않게 참여하게 된 주도적이고 자발적인 참여동기 + 대회 참가기간 동안의 준비과정 + 참가 후 나의 변한 모습(3가지 요소)에 대한 남들과 다른 스토리 있는 대회참가 포트폴리오 및 보고서를 에듀팟이나 혹은 개인적으로 기록을 누적하는 것이 매우 중요하다. 더 나아가 대회참가에 대한 결과를 스스로 혹은 담당교과 선생님이나 친구들로부터 여러 다양한 평가를 받아보는 것도 도움이 된다.

　입학사정관들은 주로 학생회장, 학급회장, 동아리회장 등의 직위보다는 임원활동 기간 동안 실질적으로 지원자가 속한 학교 그리고 본인의 유의미한 진정성 있는 활동내역과 본인의 주도적인 역할을 최우선적으로 보고 싶어한다. 또한 학생회 임원이기 때문에 자연스럽게 받은 것으로 여겨지는 봉사 · 효행 · 선행 등의 여러 다양한 표창장은 주로 입학사정관 평가요소 수상경력 항목으로는 크게 고려하지 않는다. 결국 수상경력의 실적 나열보다는 의미 있는 본인의 진정성 있는 역할을 입학사정관들을 보고 싶어한다고 할 수 있겠다.

　입학사정관들은 교내상과 교외상 구분의 중요성보다는 지원자의 지원 모집전공과 관련된 측면에서 의미 있는 수상실적을 확인하며 구체적으로 지원자가 참가한 대회의 권위, 참가인원, 규모 등을 다양한 측면에서 평가하고자 한다. 무엇보다도 진로와 무관한 무분별한 각종 대회 참가, 교내대회보다는 교외대회에 비중을 많이 두는 소위 스펙쌓기, 지나친 경시대회 참가로 인한 교과목 성적 추이하락 등은 매우 조심해야 할 부분이다. 특히 공모전과 과학 교과목 등의 공통연구 발표에서의 단체상과 같은 여러 명이 참가하는 경우에는 지원자의 역할이나 참가여부가 불분명한 경우 입학사정관들은 지원자가 구체적으로 어떤 역할을 하였는지를 엄격하게 확인하게 된다.

Point 6　　학교생활기록부에 기재되어 있는 '영어'교과목과 관련된 교내상과 자기 소개서 및 증빙서류로 제출되는 교외상의 경우 다음과 같은 여러 다양한 교내·교외 대회들이 있다.

영어관련 교내 대회

- 교과성적 우수자(영어)
- 전국연합학력평가영역 우수상(영어)
- 영어단어 급수 인증제
- 영어의사소통능력평가
- 영어어휘능력인증평가
- 1인 1권 영어일기쓰기
- 영어독해능력평가
- 영어경시대회문법 부문
- 교육청 모의고사 성적 우수상(영어)
- 1학기/2학기 학업성적 우수상(영어)
- 교내필수영어단어급수 인증제 취득
- 교내영어경시대회(문법/청해/독해)
- 컴퓨터 활용능력 영문워드 부문
- 영어일기장 우수작 수상
- 영어토론대회
- 영자신문스크랩경진대회

영어관련 교외 대회

- 성균관대주최 영어경시대회
- 국제영어대회(Korea Times)
- TEPS, TOEIC, TOEFL, ESPT
- MATE(숙명여자대학교)
- IEWC(국제영어글쓰기대회)
- IET(영어독서대회)
- 한국외대주최 영어경시대회
- 외대주최 전국 외국어경시대회
- FLEX(한국외국어대학교)
- IET(국제영어대회)
- IEEC(국제영어논술대회)

구분	명칭 또는 종류	번호 또는 내용	취득연월일	발급기관
자격증	워드프로세스 1급	12-l2-021407	2012. 03. 15.	대한상공회의소
	인터넷정보관리사 2급	IIS-1404-009872	2012. 05. 29.	한국산업인력공단
	문서실무사 2급	051PT21-15924213	2012. 06. 18.	한국정보관리협회
인증	정보소양인증	정보사회와 컴퓨터 과목4단위 이수	2011.	
	정보소양인증			

사정관평가지표

1. 교육과학기술부 홈페이지(http://www.mest.go.kr)

   한국직업능력개발원 홈페이지(http://www.krivet.re.kr/)

   한국산업인력공단 홈페이지(http://www.q-net.or.kr)

   대한상공회의소 홈페이지(http://license.korcham.net),

   Q-net을 통해서도 국가공인 민간자격 현황을 확인할 수 있다.

2. 자격증은 전문계고 사정관 전형에서 더욱 진가를 발휘할 수 있다.

3. TEPS, TOEFL과 TOEIC을 비롯한 어학 인증은 '교과 세부 능력 및 특기사항'에 입력하거나, 수시 원서 제출 시 기타서류 목록표에 기록해 제시할 수 있다.

4. 자격증과 인증사항은 수험생이 가지고 있는 특정 분야의 특기와 능력을 객관적으로 확인하는 인증으로 공공기관이나 단체에서 인정한 것이므로 사정자료로 확고한 변별 기능을 한다.

★ 주의 ★ 입학사정관제의 특징은 잠재력까지 평가에 반영한다는 점이다. 외국에서 생활을 한 학생의 외국어 인증점수와 순수 국내에서 독학한 학생의 점수 차를 사정관들은 감안하여 평가한다. 그러므로 이점을 자기소개서, 추천서에 분명하게 기록하여 자신의 학업 환경을 적극적으로 알릴 필요가 있다.

Key Points

 2010년 대교협은 사교육 유발 효과가 큰 자격증 수상 실적은 학생부에 올

릴 수 없으며, 교과와 관련된 교외상은 교과부와 시도(지역)교육청의 주최, 주관, 후원 여부와 관계없이 학생부 어떤 항목에도 기재하지 않는다. 다시 말하자면 공교육 안정화에 저해하는 요소인 각종 공인어학시험 성적, 올림피아드 입상, 교외경시대회 입상 실적은 학교생활기록부에 올리지 못하도록 하고 있다.

Point 2 현재 2012년 3월 기준 '기술관련 민간자격 국가공인 인증'은 학교생활기록부에 기재가 가능하다. 그러므로 변경된 사항을 잘 파악해 자신의 진로(학과)와 관련 있는 자격증 혹은 인증은 적극적으로 참가한다. 사전에 선생님과 자격증 및 인증참가에 따른 개인의 의견을 충분히 상의하거나 학교 교내에서 자격증 및 인증 관련 활동이 있으면(방과 후 활동 혹은 동아리 활동 등) 적극적으로 참여해 교내에서 준비하도록 하는 것이 더욱 바람직할 것이다.

기술관련 민간자격 국가공인 현황 (2012. 03 현재)

소관부처	자격종목	등급	자격관리자	공인기간 (기공인기간)
방송통신 위원회 (10)	공무원정보 이용능력평가(NIT)	–	(사)한국정보통신 진흥협회	09. 02. 17. ～ 13. 02. 16. (03. 02. 17. ～ 09. 02. 16.)
	네트워크관리사	2급	(사)한국정보통신 자격협회	08. 01. 20. ～ 12. 01. 19. (02. 01. 11. ～ 08. 01. 19.)
	디지털정보 활용능력(DIAT)	초 · 중 · 고급	(사)한국정보통신 진흥협회	09. 02. 17. ～ 13. 02. 16. (03. 02. 17. ～ 09. 02. 16.)

소관부처	자격종목	등급	자격관리자	공인기간 (기공인기간)
방송통신 위원회 (10)	리눅스마스터	1·2급	(사)한국정보통신 진흥협회	11. 01. 15. ~ 15. 01. 14. (05. 01. 15. ~ 11. 01. 14.)
	인터넷정보관리사	전문가·1·2급	(사)한국정보통신 진흥협회	11. 02. 17. ~ 15. 02. 16. (01. 01. 12. ~ 11. 02. 16.)
	정보기술자격 (ITQ)시험	A·B·C급	한국생산성본부	08. 01. 20. ~ 12. 01. 19. (02. 01. 11. ~ 08 .01. 19.)
	e-Test Professionals	1·2·3·4급	(주)삼성SDS	11. 02. 17. ~ 15. 02. 16. (01. 01. 12. ~ 11. 02. 16.)
	PC Master(정비사)	–	(사)한국정보 평가협회	08. 02. 23. ~ 12. 02. 22. (06. 02. 23. ~ 08. 02. 02.)
	PC정비사	1·2급	(사)한국정보통신 자격협회	11. 01 .15. ~ 15. 01. 14. (05. 01. 15. ~ 11. 01. 14.)
	PC활용능력 평가시험(PCT)	A·B급	(주)피씨티	11. 02. 17. ~ 15. 02. 16. (01. 01. 12. ~ 11. 02. 16.)
금융 위원회 (7)	신용관리사	–	(사)신용정보협회	08. 02. 15. ~ 13. 02. 14 (06. 02. 15. ~ 08. 02. 14)
	신용분석사	–	(사)한국금융연수원	10. 01. 20. ~ 15. 01. 19. (01. 01. 20. ~ 10. 01. 19.)
	여신심사역	–	(사)한국금융연수원	10. 01. 20. ~ 15. 01. 19. (01. 01. 20. ~ 10. 01. 19.)
	자산관리사	–	(사)한국금융연수원	11. 01. 05. ~ 16. 01. 04. (05. 01. 05. ~ 11. 01. 04.)
	재경관리사	–	삼일회계법인	10. 04. 01. ~ 15. 03. 31. (07. 04. 01. ~ 10. 03. 31.)
	회계관리	1·2급	삼일회계법인	10. 04. 01. ~ 15.03. 31. (07. 04. 01. ~ 10. 03. 31.)
	CRA (신용위험분석사)	–	(사)한국금융연수원	08. 02. 15. ~ 13. 02. 4. (06. 02. 5. ~ 08. 02. 14.)
기획 재정부 (4)	국제금융역	–	(사)한국금융연수원	10. 01. 20 ~ 15. 01. 19. (01. 01. 20 ~ 10. 01. 19.)
	경제이해력검증 시험(TESAT)	S·1·2·3급	한국경제신문사	10. 11. 10. ~ 13. 11. 09.

소관부처	자격종목	등급	자격관리자	공인기간 (기공인기간)
기획 재정부 (4)	외환전문역	1 · 2종	(사)한국금융연수원	10. 12. 01. ~ 15. 11. 30.
	경제경영이해력 인증시험 매경TEST	최우수, 우수	매일경제신문사	10. 12. 22. ~ 13. 12. 21.
교육과학 기술부 (1)	브레인트레이너	–	국제뇌교육 종합대학원대학교	11. 09. 21. ~ 14. 09. 20. (09. 09. 21. ~ 11. 09. 20.)
행정 안전부 (3)	옥외광고사	2급	한국옥외광고협회	10. 02. 06. ~ 12. 02. 05. (03. 02. 06. ~ 10. 02. 05.)
	정보시스템감리사	–	(사)한국정보화 진흥원	11. 02. 17. ~ 16. 02. 16 (03. 02. 17. ~ 11. 02. 16)
	행정관리사	1 · 2 · 3급	(사)한국행정 관리협회	09. 02. 01. ~ 12. 01. 31. (04. 02. 01. ~ 09. 01. 31.)
문화체육 관광부 (4)	국어능력인증시험	1·2·3·4·5급	(재)한국언어 문화연구원	11. 10. 08. ~ 13. 10. 07. (09. 10. 08. ~ 11. 10. 07.)
	실천예절지도사	–	(사)범국민 예의생활 실천운동본부	08. 02. 17. ~ 12. 02. 16. (06. 02. 17. ~ 08. 02. 16.)
	종이접기마스터	–	(사)한국 종이접기협회	11. 02. 27. ~ 13. 02. 26. (06. 02. 27. ~ 11. 02. 26.)
	KBS한국어 능력검정	1,2+,2–,3+,3 –,4+급	KBS한국방송공사	11. 01. 23. ~ 13. 01. 22. (09. 01. 23. ~ 11. 01. 22.)
지식 경제부 (13)	데이터 아키텍처전문가	–	한국데이터 베이스진흥원	10. 01. 01. ~ 11.1 2. 31. (08. 01. 01. ~ 09. 12. 31.)
	샵마스터	3급	(사)한국직업 연구진흥원	09. 01. 17. ~ 14. 01. 16. (04. 01. 17. ~ 09. 01. 16.)

소관부처	자격종목	등급	자격관리자	공인기간 (기공인기간)
지식 경제부 (13)	패션스타일리스트	–	(사)한국직업연구진흥원	10. 11. 17. ~ 12. 11. 16.
	정보기술프로젝트 관리전문가(IT-PMP)	–	대한정보통신 기술(합)	11. 09. 30. ~ 13. 09. 29. (09. 09. 30. ~ 11. 09. 29.)
	정보보호전문가 (SIS)	2급	(사)한국인터넷진흥원	09. 09. 30. ~ 11. 09. 29. (04. 01. 20. ~ 10. 01. 19.)
		1급		10. 11. 17. ~ 12. 11. 16. (05. 02. 17. ~ 11. 02. 16.)
지식 경제부 (13)	지역난방설비 관리사	–	(사)한국열관리사협회	09. 09. 30. ~ 11. 09. 29. (05. 02. 01. ~ 10. 01. 31.)
	CS Leaders (관리사)	–	(사)한국정보평가협회	11. 01. 07. ~ 14. 01. 06. (09. 01. 07. ~ 11. 01. 06.)
	ERP물류정보 관리사	1 · 2급	한국생산성본부	11. 09. 30. ~ 13. 09. 29. (09. 09. 30. ~ 11. 09. 29.)
	ERP생산정보 관리사	1 · 2급	한국생산성본부	11. 09. 30. ~ 13. 09. 29 (09. 09. 30. ~ 11. 09. 29)
	ERP인사정보 관리사	1 · 2급	한국생산성본부	11. 09. 30. ~ 13. 09. 29. (09. 09. 30. ~ 11. 09. 29.)
	ERP회계정보 관리사	1 · 2급	한국생산성본부	11. 09. 30. ~ 13. 09. 29. (09. 09. 30. ~ 11. 09. 29.)
	GTQ	1 · 2급	한국생산성본부	11. 09. 30. ~ 13. 09. 29. (09. 09. 30. ~ 11. 09. 29.)
	빌딩경영관리사	–	(재)한국산업교육원	10. 11. 17. ~ 12. 11. 16.
보건 복지부 (3)	병원행정사	–	(사)대한병원 행정관리자협회	07. 02. 01. ~ 12. 01. 31 (02. 02. 01. ~ 07. 01. 31)
	수화통역사	–	(사)한국농아인협회	11. 02. 20. ~ 16. 02. 19. (06. 02. 20. ~ 11. 02. 19.)
	점역교정사	1,2,3급	(사)한국시각 장애인연합회	07. 04. 01. ~ 12. 03. 31 (02. 04. 01. ~ 07. 03. 31)

소관부처	자격종목	등급	자격관리자	공인기간 (기공인기간)
고용 노동부 (5)	가구설계제도사	–	대한상공회의소	11. 02. 09. ~ 14. 02. 08. (00. 12. 22. ~ 11. 02. 08.)
	기계설계제도사	–	대한상공회의소	11. 02. 09. ~ 14. 02. 08. (00. 12. 22. ~ 11. 02. 08.)
	컴퓨터운용사	–	대한상공회의소	11. 02. 09. ~ 14. 02. 08. (00. 12. 22. ~ 11. 02. 08.)
	문서실무사	1·2·3·4급	(사)한국정보관리협회	11. 02. 09. ~ 14. 02. 08. (00. 12. 22. ~ 11. 02. 08.)
	전산세무회계	전산세무 1·2급, 전산회계 1·2급	한국세무사회	07. 03. 16. ~ 12. 03. 15. (02. 01. 17. ~ 07. 01. 16.)
국토 해양부 (1)	자동차진단평가사	1·2급	(사)한국자동차 진단보증협회	10. 11. 24. ~ 13. 11. 23.
경찰청 (2)	도로교통사고감정사	–	도로교통안전관리공단	07. 04. 06. ~ 12. 04. 05.
	열쇠관리사	1·2급	(사)한국열쇠협회	11. 01. 03. ~ 14. 01. 02. (05. 01. 03. ~ 11. 01. 02.)
산림청 (3)	분재관리사	분재관리사1·2급, 분재전문관리사	(사)한국분재조합	08. 02. 01. ~ 13. 01. 31. (02. 02. 01. ~ 08. 01. 31.)
	수목보호기술자격	수목보호기술자	(사)한국수목 보호연구회	10. 01. 15. ~ 15. 01. 14. (02. 04. 01. ~ 10. 01. 14.)
	조경수조성관리사	2·3급	(사)한국조경수협회	10. 11. 16. ~ 15. 11. 15.
12개부처	56개 종목	–		–

Point 3　　　기술관련 민간 자격증의 참가 동기는 입학사정관제 전형에 지원하는 학생들의 지원 학과와의 연계성이 매우 중요하다고 볼 수 있다. 예를 들면 상경계열(경영/경제/무역) 지원자들은 한경TESAT, 혹은 매경TEST, 국문학과, 언론홍보학과, 교대, 사범대 지원자들은 KBS한국어능력검정 혹은 국어능력인증시험, 특수교육학과, 사회복지학과 지원자들은 수화통역사 혹은 점역교정사와 같은 자격 종목에 관심을 가지면 좋다. 한편, 국가기술자격증, 국가공인 민간자격, 정보소양인증을 제외한 자격, 인증 등은 교과학습발달상황의 세부능력 및 특기사항에 입력 혹은 입학사정관 전형 원서 제출 시 증빙서류 목록으로 제출이 가능하다.

학년	특기 또는 흥미	진로 희망		특 기 사 항
		학 생	학 부 모	
1	만화그리기	만화가	의상 디자이너	사물에 대한 세심한 관찰력과 뛰어난 색채감각이 있어 적성과 희망이 일치함.
2	음악감상	물리 치료사	물리 치료사	차분하고 섬세하며 손재주가 뛰어나 정교하고 신중한 기술을 요하는 분야에 적합해 보임.
3	아이 돌보기	유치원 교사	유치원 교사	생각이 건강하며 대인관계가 원만하고 유의화 율동지도 능력이 돋보이며, 아동과 잘 어울리는 등 유아교육에 관심이 많음.
3	고미술 감상	학예 연구사	역사 학자	고미술 및 유적, 유물에 대하여 해박한 지식을 갖고 있으며 관련 세미나 및 강연회에 자주 참석함. 창의적 기획력과 혁신적 사고가 뛰어나 학예연구사로 적합함.
2	과학도서 읽기	나노 공학자	연구원	창의성이 풍부하고 집중력이 뛰어나며 계획성 있게 일처리를 함. 기술, 과학과목에 흥미가 있으며 특히 첨단 과학에 대한 호기심이 있어 해외 서적을 읽고 관련 분야 지식을 쌓음.
3	노래 부르기	한의사	조선 공학자	가창력이 뛰어나고 사교성이 좋아 대인관계를 중시하는 활동적인 직업에 적합함.
2	제과제빵	제빵사	제빵사	손재주가 있고 실제 기술을 습득하기 위하여 학원을 다니는 등 진로에 대해 적극적 의식을 가지고 꾸준히 노력함.
2	음악감상	의사	의사	성격이 섬세하고, 인간을 사랑하는 마음이 뛰어나 학생의 적성과 희망이 일치함.
2	자원봉사 하기	언어 치료사	언어 치료사	언어적 능력이 우수하고 주위 친구들의 어려움을 잘 살펴 도움을 주고 정이 많은 성격으로 진로에 대한 적극적 의식을 가지고 꾸준히 노력함.
3	독서	수산질병 관리사	수산생명 과학자	해양 관련 프로그램에 참가하는 등 수산생명에 대해 관심이 많고, 치밀하고 차분하여 수산질병관리사로서의 자질이 돋보임.

사정관평가지표

1. 입학사정관의 필수 필독 사항이다.

   그러나 생활기록부Ⅱ 항목 중 진로지도사항은 대학에 정보제한으로 전달되지 않는다. 출결사항의 특기사항이 전달되지 않는 것과 함께 입학사정관제의 가장 큰 행정상의 오류이다.

2. '특기사항'란에는 다음과 같은 사항을 구체적으로 입력한다.

   – 특기, 진로 희망과 관련된 학생의 자질, 학생이 수행한 노력과 활동

   – 학생의 특기, 진로를 돕기 위해 학교와 학생이 수행한 활동과 결과

   – 학생, 학부모와 진로상담을 한 결과

3. 담임교사가 진로지도와 관련된 특이 사항을 추천서에 자세하게 기록해야 한다.

4. 진로성숙도가 중요하다. 과학자〉핵공학자〉미NASA(GRE 준비 중)

5. 수험생과 학부모의 진로 희망과 담임교사의 관찰내용, 상담교사의 권고내용 등이 모두 기록되므로 모집단위와 연관성, 일관성이 얼마나 있는가를 판단하는 귀중한 사정자료가 된다.

★ 주의 ★　　입학사정관이 보는 핵심의 첫째가 진로관련 사항이다. 독서, 봉사, 인턴십, 기타 활동이 수험생의 모집단위와 어떻게 연관되어 있는가? 수상과 체험 활동까지 진로와 관련성을 확인하는 일이 중요하다. 물론 다양한 활동과 수상, 독서 등이 권장되어 있지만, 입학사정관제의 기본 취지가 내신점수, 수능점수 등이 아니라 자기발전의 노력과 과정을 평가하는 것이라면, 분명 진로관련 모든 행위는 모집단위와의 연관성이 중요하다 할 것이다.

Key Points

Point 1　　입학사정관제에서 진로가 매우 중요한 이유는 진로에 따른 모든 교과·비교과 활동의 연계성을 보기 때문이다. 이에 진로탐색에 대한 고민 또한 학년이 올라가면서 진로에 대한 성숙도(진로의 현실적인 구체성과 활동)가 중요한 평가요소가 된다.

Point 2　　2009년 개정교육과정이 적용되는 내년부터는 '진로지도사항' ⇒ '진로 희망사항'으로 명칭이 변경되고, 특기사항 부분은 삭제될 예정이다.

6. 진로 희망사항

학년	특기 또는 흥미	진로 희망	
		학 생	학부모
1			
2			
3			

Point 3　　　진로는 가급적이면 1학년보다 2학년으로 올라갈수록 진로 희망이 구체적인 직업군으로 변하면서 진로의 성숙도를 보여주는 것이 중요하다. 또한 진로탐색 과정에서 1학년에서 2학년으로 진로가 변경되었다고 해서 절대로 부정적인 평가를 받지는 않는다. 하지만 진로 변경에 대한 구체적인 활동내역들이 학교생활기록부에 객관적인 활동기록과 자기소개서에 적극적인 설명이 따라야 한다. 진로 변경에 따른 관련 학업성적, 진로 관련 독서활동ㆍ봉사활동ㆍ동아리활동 또는 교외활동 등 구체적이고 다양한 변경된 진로에 따른 활동역량을 제시하면 된다.

한편, 자신이 지원하고자 하는 학교의 수준이나 학과의 경쟁률이 매우 높을 것이라고 예상되어 자신의 진로 희망과 관련성이 없는 학과에 지원할 경우, 입학사정관들로부터 진로 설정에 대한 부정적인 평가를 받게 된다는 점을 명심해야 할 것이다.

진로 관련 주요검색 사이트

사이트명	사이트주소	특징
진학진로정보센터	www.jinhak.or.kr	진학자료, 진학진로상담실, 진로심리검사
커리어넷	www.careernet.re.kr	진로심리검사, 학과정보, 직업정보
한국직업정보시스템	know.work.go.kr	학과정보, 직업정보
청소년워크넷	youth.work.go.kr	진로심리검사, 진로교육자료
한국대학교육협의회	www.kcue.or.kr	대학진학정보센터, 입학사정관제, 대학평가정보, 입학상식
한국전문대학교육협의회	www.kcce.or.kr	입학정보센터, 입학사정관제
대학알리미	www.academyinfo.go.kr	학생교육/연구성과,대학재정/교육비, 교육여건, 대학운영, 주요지표,대학경쟁력
대학특성화알리미	www.hiedumap.go.kr	분야별/대학별/학과별 특성화 관련 정보
한국청소년상담원	www.kyci.or.kr	심리상담실, 청소년/부모/전문가코너
창의적 체험활동 종합지원시스템	www.edupot.go.kr	자기소개서, 자율활동, 동아리활동, 봉사활동, 진로활동, 방과 후 학교활동, 독서활동, 포트폴리오관리, 진로심리검사, 학부모승인
청소년자원봉사	www.dovol.net	자원봉사신청

학년	활동영역 또는 주제	이수시간	특기사항
1	진로교육	17시간	진로탐색 포트폴리오를 짜임새 있게 구성하고 적극 활용함
		17시간	미래의 직업세계에 대한 조사 자료 수집이 풍부하고 다양하며, 긍정적 자아 정체감 형성을 위해 노력함
2	주제탐구학습	17시간	장인정신 체험활동 보고서 작성 및 발표(2009. 11. 20.)를 잘 함
1	보건교육	17시간	건강의 중요성을 알고 질병 예방을 위한 생활수칙에 대해 적극적으로 학습하고 발표함
3	우리 역사 바로알기	8시간	조선시대의 선비문화에 대해 조사하여 체계적인 보고서를 2회 제출함

사정관평가지표

1. 창의적 재량활동상황은 1학년에 한하여 학교장이 필요하다고 인정되는 교육과정을 자율적으로 편성하여 운영한다.
2. 재량활동 계획은 학교 교육계획서에 연간 계획이 기록되어 있다. 스쿨프로파일이나 학교소식 등으로 파악할 수 있다.
3. 많은 학교에서 자습지도를 하는 경우가 있다.
4. 공식 운영되는 학교는 학교의 역량을 평가받아 마땅하다.
5. 학교의 홈페이지를 통해 카페 형식으로 운영하는 학교도 많이 있다.

★ 주의 ★ 심화 · 보충 및 교과 재량활동은 교과영역에서 평가할 수 있지만, 창의적 재량활동은 출신 고교에 따라 다양한 활동을 하기 때문에 학교의 역량과 교육성 충실도를 평가하는 지표가 된다. 스쿨프로파일이나 교육계획서의 필수 기록사항으로 사정관의 핵심 확인사항이 된다.

학년	특별활동상황		
	영역	시간	특기사항
2	자치활동 적응활동 행사활동	18 7 42	1학기 전교학생회 부회장(2009. 03. 01. ~ 2009. 08. 31.)으로 간부수련회 (2009. 05. 12.), 대토론회(2009. 04. 15.) 등 모든 학생회 행사에 적극 참여하고, 교내 인성계발 프로그램(2009. 09. 21 ~ 2009. 09. 15. 유스센터 전문상담 부름교실)에 참여하여 기본생활 습관의 변화를 보임. 또래상담학생들의 학교지킴이 집단상담교육에 참여(6회)하고, 신체검사(2009. 09. 10.) 건강검진 시(2009. 10. 07.) 의사선생님을 도와 원활한 운영에 기여함.
	계발활동	34	(영어회화반) 영어에 관심이 많고 소질이 있어 영어표현에 자신이 있고, 특히 말하기 부분에 탁월한 능력을 보임. OO시 교육청 주최 영어말하기 대회에 3회 참가함.
	봉사활동		월 1회 정기적으로 부모님과 아동양육시설인 OO원에 방문하여 청소 등 봉사활동을 수행함. 한국스카우트연맹이 주관하는 제24회 아시아 태평양 잼버리 및 제11회 한국 잼버리에 참가하여 행사보조 및 통역활동을 수행함. (2009. 08. 05~2009. 08. 11. / 31시간). 헌혈 2회(2009. 04. 01 / 2009. 06. 20.)

학년	봉사활동 실적				
	일자 또는 기간	장소 또는 주관기관명	활동내용	시간	누계시간
2	2008. 03. 12.	(교내) OO학교	한 학급 한 생명 살리기 교육	2	2
	2008. 04. 01.	(교외) OOYWCA	녹색가게 물품관리 및 운영보조 활동	4	6
	2008. 04. 01.~	(교외) OO학부모봉사단	동급생 지도 활동	30	36
	2008. 11. 30.	(교외) 대한적십자사 OO도혈액원	헌혈 캠페인	2	38
	2008. 05. 01.	(교내) OO학교	5월 급식 도우미	8	46
	2008. 05. 01. ~	(교외) 대한적십자사 OO도지사	1m 1월 자선걷기대회 참가	4	50
	2008. 05. 31.			4	54
	2008. 05. 20.	(교외) 한국가스안전공사 경기지역본부	가스시설 안전점검	4	58
	2008. 06. 01.	(교외) 수원화성	수원화성 성과 환경정화 캠페인	40	98
	2008. 06. 21.	(교외) OO도장애인 종합복지관	장애인 재활 작업 보조 활동	2	100
	2008. 08. 01. ~	(교내) OO학교	방학 중 학교 환경정화	2	102
	2008. 08. 05.	(교외) OO경찰서	교통안전교육 및 거리질서 캠페인	10	112
	2008. 08. 12.	(교내) OO학교	하급생 지도 활동	12	124
	2008. 10. 03.	(교외) OO동사무소	독거노인 돌보기	4	128

2009년 개정교육과정에 따른 창의적 체험활동상황 (기재 예시)

학년	창의적 체험활동상황		
	영역	시간	특기사항
1	자율활동	26	1학기 학급회장(2012. 03. 04. ~ 2012. 08. 23.)으로 학생자치회 임원 수련회(2012. 05. 12. ~ 2012. 05. 14.)에 참가하여 리더십, 예절교육, 봉사 체험활동을 하였으며, '10년 후의 자화상'이라는 주제로 UCC 만들기 모둠활동(2012. 03. 20.)에 참가하여 모둠 조원들과 적극적인 토론과 다양한 자료수집을 통한 협력으로 좋은 평가를 받음. 또래상담 프로그램 과정의 하나인 'OO멘토링 프로그램'에 참가하여 멘토링 상담교육에 참여(5회)하고, 학교축제(2012. 10. 25.)기간에 행사진행요원으로 참가하여 다양한 축제행사의 진행과 외부 초청인사들의 학교 안내에 도움을 주어 행사가 성공적으로 마무리되는 데 큰 역할을 함.
	동아리활동	189	영화감상반:다양한 소재의 영화를 감상하고 영화와 관련된 주제 토론과 심층적인 비평을 통해 영화의 배경이 되는 사회적, 문화적 흐름에 대해서도 고민해 보고, 영화감상 비평문을 정기적으로 작성하여 발표함. OO축구클럽:축구에 관심이 많은 급우들을 모아서 축구클럽 창립에 주도적인 역할을 하였으며(180시간), 클럽의 회장으로서 교내스포츠클럽 활성에 참신한 아이디어를 제안하고, 다른 스포츠클럽과의 협력을 통한 선의의 경쟁과 교내에서 스포츠클럽 회원모집에 많은 도움을 줌. OO구 대표로 제5회 전국 학교스포츠클럽대회에 참가하여 축구 종목에서 준우승을 차지하였으며 매주 토요일(14:00 ~ 17:00) 교내 연습과 방과 후 교내스포츠클럽 활동에도 열성적으로 참여함.
	봉사활동		OO시 '환경보호캠페인' 프로그램에 적극 참여하여 격주 토요일마다 주변 환경미화 청소활동을 하였으며, 2012년 'OO시 글로벌 문화축제 한마당'(2012. 10. 05. ~ 2012. 10. 10.)에 참가하여 행사진행 보조역할과 외국인 관광객들을 위한 통역가이드 역할을 훌륭히 해냄. 월2회 정기적으로 'OO다문화지역센터'를 방문하여 다문화 가정 자녀들을 위한 학습도우미, 책 읽어주기, 다문화 프로그램 기획 및 홍보전단지 발송의 활동을 함(2012. 03. 06. ~ 2012. 11. 29. /58시간)

학년	창의적 체험활동상황		
	영역	시간	특기사항
	진로활동	32	1학기 '진로체험의 날'행사를 통해서 진로 선택에 대한 교육을 받고 직업과 진로탐색을 위한 여러 다양한 진로관련 인터넷 사이트 검색과 진로검사 도구를 활용한 직업 탐색군 조사활동을 함. 2학기 진로활동 시간에 아로플러스검사를 통해서 검사를 실시하여 본인 적성에 적합한 직업 분야(중등교사, 언론인, 상담컨설턴트 분야)에 대한 진로탐색과 진로계획서를 작성하는 시간을 가짐.
2	자율활동		
	동아리활동		
	봉사활동		
	진로활동		
3	자율활동		
	동아리활동		
	봉사활동		
	진로활동		

학년	봉 사 활 동 실 적				
	일자 또는 시간	장소 또는 주관기관명	활동내용	시간	누계시간
1	2012. 03. 06.	(학교) OO 고등학교	봉사활동 소양 교육	2	2
	2012. 03. 23.	(개인) OO 고등학교	학교주변 정화활동	2	8
	2012. 03. 15. ~ 2012. 03. 16.	(개인) OOO 양로원	목욕 및 청소	6	10
	2012. 04. 05.	(학교) OO 고등학교	학교주변 정화활동	2	52
	2012. 08. 12. ~ 2012. 09. 14.	(개인) OO 맹아원센터	시각장애우 배식보조, 장애우 야외활동 보조, 체력단련훈련 보조,	42	56
	2012. 09. 04.	(학교) OO 고등학교	맹아원 실내외 청소	2	116
	2012. 09. 12.	(개인) 월드비전	교통질서 준수 캠페인	4	
	2012. 10. 21. ~ 2012. 11. 09.	(개인) 통계청	기아체험 행사참가 '2012년 인구주택총조사'	2 4	
	2012. 10. 01. ~ 2012. 12. 30.	(개인) OO 사회복지관	인터넷 조사참여 및 홍보 교통안전 캠페인참여,	60	120
	2012. 11. 02.	(학교) OO 고등학교	장애아동 돌보기 및 대청소	2	
	2012. 11. 15.	(개인) 대한적십자사 OOO 혈액원	학교주변 쓰레기 줍기 헌혈	4	
2					
3					

창의적 체험활동상황 세부영역 및 활동내용

영역	세부 영역	활동내용
자율 활동	적응활동	입학, 진급, 전학 등에 따른 적응활동 예절, 질서 등의 기본생활습관 형성 활동 축하, 친목, 사제동행, 학습, 건강, 성격, 교우 등의 상담활동
	자치활동	1인 1역 활동, 학급회 및 학급 부서활동 학생회 협의활동, 운영위원활동, 모의의회, 토론회 등
	행사활동	시업식, 입학식, 졸업식, 종업식, 기념식, 경축일, 전시회, 발표회, 학예회, 경연대회, 실기대회, 학생건강체력평가, 체격 및 체질 검사, 체육대회, 친선경기대회, 수련활동, 현장학습, 수학여행, 학술조사, 문화제 답사, 국토순례, 해외문화체험 등
	창의적 특색활동	학생 특색활동, 학급 특색활동, 학년 특색활동, 학교 특색활동, 지역 특색활동, 학교전통 수립활동, 학교전통 계승활동 등
동아리 활동	학술활동	외국어 회화, 과학 탐구, 사회 조사, 탐사, 다문화 탐구 컴퓨터, 인터넷, 신문 활용, 발명 등
	문화 예술활동	문예, 창작, 회화, 조각, 서예, 전통 예술, 현대 예술 성악, 기악, 뮤지컬, 오페라, 연극, 영화, 방송, 사진 등
	스포츠활동	구기운동, 육상, 수영, 체조, 배드민턴, 인라인스케이트, 하이킹, 야영, 민속놀이, 씨름, 태권도, 택견, 무술 등
	실습 노작활동	요리, 수예, 재봉, 꽃꽂이, 사육, 재배, 조경, 설계, 목공, 로봇제작 등
	청소년 단체활동	스카우트연맹, 걸스카우트연맹, 청소년연맹, 청소년적십자 우주소년단, 해양소년단, 학교4H 등
봉사 활동	교내 봉사활동	학습부진 친구, 장애인, 병약자, 다문화가정 학생 돕기 등
	지역사회 봉사활동	복지시설, 공공시설, 병원, 농·어촌 등에서의 일손 돕기, 불우이웃돕기, 고아원, 양로원, 병원, 군부대에서의 위문활동, 재해구호, 국제협력과 난민구호 등
	자연환경 보호활동	깨끗한 환경 만들기, 자연보호, 식목활동 저탄소 생활 습관화, 공공시설물, 문화재 보호 등
	캠페인활동	공공질서, 교통안전, 학교 주변정화, 환경보존, 헌혈, 각종 편견극복 등에 대한 캠페인활동 등
진로 활동	자기 이해활동	자기이해 및 심성계발, 자기정체성 탐구 가치관확립 활동, 각종 진로검사 등
	진로정보 탐색활동	학업정보 탐색, 입시정보 탐색, 학교정보 탐색, 학교 방문 직업정보 탐색, 자격 및 면허제도 탐색, 직장방문, 직업훈련, 취업 등
	진로계획활동	학업 및 직업에 대한 진로설계, 진로지도 및 상담활동 등
	진로계획활동	학업 및 직업세계의 이해, 직업 체험활동 등

사정관평가지표

1. 대학별 입학사정관의 설문으로 정확한 학교활동을 파악하고 있다.(성균관대, 동국대, 중앙대, 부산대, 서울대 등)– 지도교사의 성명, 이메일, 휴대폰, 연간지도계획까지도 질문한다.

2. 학교 교육계획서, 스쿨프로파일의 핵심 기재사항이다.

3. 학교의 인성과 진로를 위한 마인드가 드러나는 핵심사항이다.

4. 학교의 홈페이지를 통해 카페 형식으로 운영하는 학교도 많이 있다.

5. 대부분의 대학에서는 3년간 최저 20시간의 봉사활동을 해야 점수화하여 인정한다.

6. 인성과 리더십, 그리고 지역사회 서비스활동과 관련하여 지속적이고 인성적 내용의 봉사활동은 필수적이다. 단, 일회성 해외봉사 이벤트 등은 의미를 부여하지 않는다.

7. 동아리나 클럽 대표는 리더십전형의 자격이 주어진다. 학교별 임명 여부와 학생의 구체적인 활동 결과와 학생들의 호응도, 지속적이고 솔선한 활동인지를 평가해야 할 것이다.

8. 학생회장, 동아리대표, 신문 방송반원 등의 리더십전형에 해당하는 학생들의 평가는 자체의 자격보다 이들이 어떤 과정으로 리더가 되었고, 재임기간 중 활동한 결과물, 활동과정 등이 평가의 요소가 된다.

★ **주의** ★ 학교 교육현장에서도 리더십의 개념은 변화하고 있다. 과거에는 소수 학생들을 대상으로 한 학생회 임원활동을 통해 양성된다고 생각되었으나, 요즘 학교 현장에서는 다양한 특별활동을 통하여 개개인 모두의 리더십을 양성하려 한다. 이러한 특별활동을 이해하는 것이 대학의 학생선발의 바탕이 된다. 학급회장단이 구성하는 학생회, 직선제가 아닌 별도의 운영위원회, 동아리회장단, CA대표들, 자율지킴이, 멘토봉사단 등등 고교의 리더활동은 다양하다. 그래서 더욱 중요한 것은 대표로서의 타이틀이 아니라 활동의 다양성과 과정, 그리고 결과물이 되는 것이다.

Key Points

Point 1 창의적 체험활동은 학생이 무엇보다 본인이 소속된 학교의 학기별/학년별 일정을 반드시 파악하는 것이 매우 중요하다. 학교알리미를 통한 School Profile 혹은 학교홈페이지 공지사항란에서 여러 가지 다양한 자치/적응/행사/개발(동아리)활동/교내봉사 현황에 대해서 숙지해야 한다.(학교알리미 사이트(www.schoolinfo.go.kr)

Point 2 창의적 체험활동은 여러 다양한 활동가운데 자신의 진로적성과 관련된 활동을 우선 탐색해서 주도적이고 적극적인 활동을 계획해 본다. 진로와 관련된 활동사항이 없으면 새로운 활동을 기획해 보거나 새로운 모임을 창설해 보는 것도 좋은 방법이다. 특히 자율활동과 진로활동의 경우는 학교 일정에 맞추어 단순히 수동적으로 참여하는 것보다 행사가 진행되는 일정을 미리 파악한 다음 담당 자율활동이나 진로활동 선생님에게 기존의 프로그램에 대한 세부적인 내용을 확인해서 먼저 파악한 다음 적극적으로 참여하는 주도적인 모습이 매우 중요하다. 아울러 활동이 시작되기 전에 새로운 활동 및 프로그램을 기획 개발해서 담당 선생님에게 개인으로 혹은 공동으로 제안서를 제출해서 참여하는 모습과 그 과정에서 자신의 제안을 학교운영에 반영되는 과정들을 보인다면 입학사정관제의 중요한 평가요소인 '자기주도성'평가요소에 매우 긍정적인 평가를 받을 수 있다.

Point 3 동아리는 진로와 관련 없이 다양한 체험을 할 수도 있지만, 가급적 진로와 관련된 교내 동아리활동으로 동아리 부원들과의 협력과 배려를 통해서 자신의 진로 성숙도를 높여가는 것이 매우 중요하다. 동아리활동 역시 주도적인 리더역할과 새로운 아이디어 제안으로 동아리 부원들 모두의 역량이 함께 발휘될 수 있는 적극적인 참여 모습이 중요하다. 특히 2012년도 '스포츠 관련 동아리활동'은 입학사정관 전형에서(일부 학교 서강대/중앙대/경희대 등) 유의미한 동아리활동으로 평가함으로써 진로 혹은 학습 관련 동아리 참여에서 벗어나 적극적으로 참여해 볼 만하다. 또한 한 번 가입한 동아리는 가급적 지속적으로 참여를 하며 주도적인 역할을 통한 리더십 발휘가 중요하다. 그리고 부원들 간의 의견 마찰에 대한 갈등관리 역시 충분한 의사소통을 통한 문제해결 능력에도 관심을 기울이면 좋겠다. 혹 자신이 원하는 진로와 관련된 동아리가 없다면 타 학교에 설치된 동아리를 탐색해 보고 새로운 동아리를 창립해 보는 것도 바람직하다. 교내에서의 동아리활동을 벗어나 지역별 연합동아리, 더 나아가 구·시 단위의 동아리 관련 교외 대회에서 충분한 역량을 확대시켜 나가는 것도 중요하다.

Point 4 입학사정관들은 일반적으로 지원 학생들의 봉사활동 참가 시간의 양보다는 질적인 봉사활동을 평가하는 데 초점을 두고 있다. 봉사활동에 대한 참가의 의미를 제대로 알고 있는지, 봉사활동 과정에서 느낀 특별한 어려운 점은 없었는지, 봉사활동을 통해 지원자의 변화된 모습들에 대한 과정들이 담겨 있는 스토리를 보고자 한다. 그렇지만 사회복지학과 지원자 혹은 봉사관련 역량을 중점적으로 보는 입학사정관 전형에서는 일정한 시간을 요구할 수도 있다.(2013년 대입수시에서 경희대 1차 네오르네상스전형(봉사인재 분야), 가천대 1차 가천 프런티어 전형, 강남대 1차 잠재력역량우수자 : 볼런티어 강남 전형, 강원대 1차 KNU 리더 전형, 대진대 1차 밝은 사회 전형 등)

 봉사활동은 반드시 학생이 지원하는 전공 관련 활동과 연관이 있어야 하는 것은 아니다. 하지만 진로에 대한 체험을 통한 진로의 성숙도 함양이라는 측면에서 진로와 관련된 봉사활동도 매우 의미 있다고 볼 수 있다. 그러므로 전공 관련 봉사활동 역시 충분히 고민해 봐야 한다. 이는 전공에 대한 적합성과 봉사활동 2가지 입사제 평가요소를 동시에 좋게 평가받을 수 있기 때문이다. 반면 학생으로서 참여가 현실적으로 어려운 무리한 해외 봉사활동, 혹은 학업을 등한시한 지나친 양적인 시간만 채우는 봉사활동은 오히려 평가받기 어렵다. 중요한 것은 봉사시간만 많거나 봉사활동 관련 수상실적의 결과보다는 봉사활동을 통해서 얻게 되는 변화된 진정성 있는 모습 즉, 특정기관에서의 장기적인 봉사활동으로 인한 진로 성숙도 완성, 학생다운 인성함양, 진로관련 학업향상, 봉사일지 기록 도서로 편찬, 학교 내에서 봉사활동 기획 혹은 봉사동아리 창립 등이 입학사정관들에게 더욱 긍정적인 모습으로 보일 수 있을 것이다.

진로 관련 봉사활동의 사례

진로 모집 단위	연관성 있는 봉사활동 구체적인 사례
사범대, 교대	• 차상위계층 자녀들을 위한 학습 도우미 • 초 · 중학교 방과 후 활동에서 보조강사 도우미 • 지역문화센터 · 공부방 학생들을 위한 독서활동 지도
사회과학계열 어문학계열	• 다문화가정 자녀들에게 한국 문화 알리기 • 외국인 근로자 센터에서 한글 교육 & City Tour 가이드 봉사 • 지역 박물관 및 문화센터에서 통역 봉사 및 관리 운영 도우미
경영, 경제계열	• 행정기관 · 지방자치단체 행정 업무 보조 도우미 • 통계청 · 구청 · 동사무소 등에서 통계 분석 관련 업무 조사 도우미 • 경제 · 경영 · 통계 관련 행사나 세미나 진행 도우미
사회복지학과 특수교육	• 요양원 · 양로원 · 고아원 등 복지 관련 센터 봉사 도우미 • 장애인들을 위한 각종 행사 진행 & 개인 조력 봉사 • 또래 장애인 학우들을 위한 학업 · 이동 보조 도우미
자연과학계열	• 저학년 혹은 또래 대상 수학 · 과학 관련 학습지도 봉사 • 지역 연구소 및 산업현장 기관에서 업무 보조 도우미 • 생태&환경단체 활동 및 대회참가 봉사
의학 · 보건계열	• 지역 병원이나 보건원에서 의료 관련 활동 도우미 • 적십자 · 건강보험관리공단 · 노인요양센터에서 의료관련 봉사 • 농어촌 지역 방문 의료 봉사활동 도우미

 2009년 개정교육과정으로 2013년 기준 고1~고3 전 학년의 학교생활기록부의 '특별활동'과 '교외체험학습상황'이 '창의적 체험활동'에 통합되며 초·중학교는 주당 3시간, 고교는 주당 4시간 창의적 체험활동 수업을 받고 있다.

 학교생활기록부에서 활동상황들은 학생이 고교 3년 동안 활동한 내용을 기록한 것으로 구체적으로 작성된다. 어떤 동기와 배경에 의해서 참여했는지, 어떠한 주도적인 역할을 했는지, 마지막으로 활동을 통하여 진로에 대한 성숙도와 유의미한 변화된 모습이 있는지의 상세한 정보를 위해 학생들은 반드시 진로활동 설정 이후에 하는 모든 활동들을 창의적체험활동(www.edupot.go.kr)에 차곡차곡 기록하는 것이 중요하다. 창의·인성교육넷(www.crezone.net)을 활용해서 지역별로 다양한 형태의 활동들에 대한 다양한 정보를 검색하면 많은 도움이 된다.

창의적 체험활동(www.edupot.go.kr)

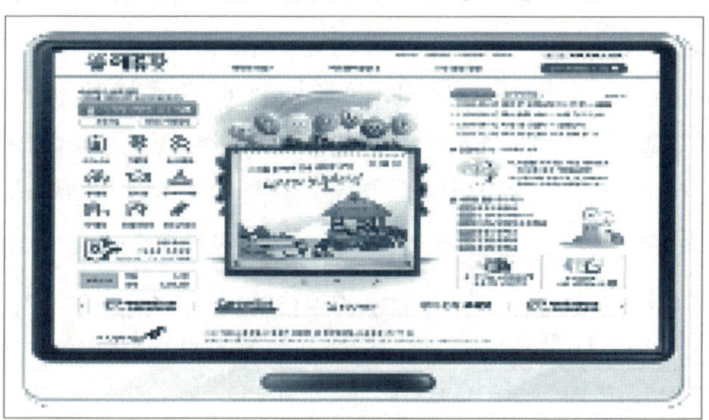

창의인성교육넷(www.crezone.net)

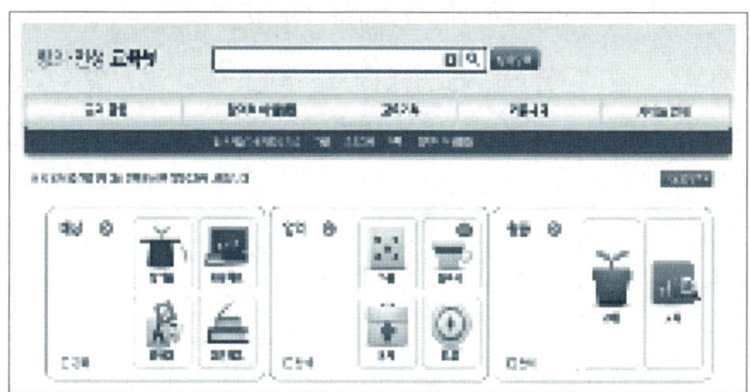

교외체험학습상황

학년	일자 또는 시간	장소 또는 주관기관명	내 용	시간 또는 일수
1	2009. 07. 22.~2009. 08. 01.	○○신문사	국토순례	10박 11일
1	2009. 08. 04.~2009. 08. 05.	○○협회	영호남학생 교환방문	1박 2일
1	2009. 12. 22.~2009. 12. 25.	○○환경단체	'한국의 철새'관찰	3박 4일

사정관평가지표

1. 학교 간 자매결연으로 어학연수, 문화체험, 홈스테이 등을 전통적으로 실시하는 경우는 학교 교육계획으로 실시하는 바람직한 예가 된다.
2. 상업 광고에 의한 일회성 행사나 이벤트성 행사에 대해서는 관찰이 필요하다.
3. 학생의 보고서, 체험기, 홈스테이 친구와의 지속적 서신 교환 등은 자료로 참조될 수 있다.
4. 포스텍 연수, 서울농대 연수, 가톨릭대, 연세대생과대. 광주과기대 등.
5. 개별학교 교육과정 운영계획에 의한 행사활동, 수련활동 및 학년·학급단위로 이루어지는 체험활동은 '특별활동상황'란에 입력하고, 개인 교외체험학습의 경우에는 교육적으로 유의미하고 바람직한 것으로 판단되는 경우에만 입력하도록 되어 있다. 따라서 교외체험학습상황은 수험생 개인의 특별한 경험과 이력을 파악하는 데 중요한 자료로 활용할 수 있으며, 그 경험의 동기와 수험생의 발전 연관성, 수험생의 가치관 변화 등이 핵심 사정 포인트가 된다.

★ 주의 ★　체험활동의 경우는 그 종류도 다양하여 획일적 구분이 힘들고 지원모집 단위와 관련이 있는지의 확인도 자의적인 것이 현실이다. 따라서 전반적인 학생의 체험활동을 고려하고 학생의 지적호기심과 자신의 계발을 위해 얼마나 노력하였고, 그 결과는 어떻게 나났는지를 종합적으로 판단하는 대면평가, 확인평가, 현장평가 등을 통한 정성평가가 병행되는 것이 일반적이다.

Key Points

Point 1　교외체험학습활동은 가급적 사교육기관이 아닌 공공단체 및 교내에서 예

선을 통과하거나 추천에 의한 참가가 의미가 있으며, 학생이 지원 희망하는 대학에서의 다양한 전공체험캠프 및 전공 관련 학회 등의 프로그램에 참여할 경우 추후 그 대학 지원 시 유의미한 실적물로 남길 수 있다.

Point 2　교외체험학습상황 역시 단순한 참가, 혹은 실적보다는 활동을 통해 자신에게 어떠한 변화가 있었으며, 이를 통해 지원관련 학과에 대한 진로의 성숙도를 입학사정관은 평가하고자 한다. 그런데 '교외체험학습상황'은 2009년 개정교육과정에 따라 삭제가 되는 항목이다.

 ## 교과학습발달상황

[인문계 예시]

교과	과목	1학기			2학기			비 고
		단위수	원점수/ 과목평균 (표준편차)	석차등급 (수강자수)	단위수	원점수/ 과목평균 (표준편차)	석차등급 (수강자수)	
국어	국어생활	2	92/79.5(15.3)	2(272)	2	95/79.4(17.1)	1(473)	
수학	수학 I	4	90/42.1(17.9)	1(312)	4	92/39.8(21.8)	1(314)	
기술·가정	정보사회와 컴퓨터	2	85/73.8(9.7)	3(472)	2	77/72.2(10.4)	4(473)	
외국어	일본어 I	3	94/64.9(20.1)	2(355)	3	92/61.9(20)	2(355)	
외국어	영어 I	4	88/58.5(19.8)	2(472)	4	91/59.4(19.2)	2(473)	
외국어	실용영어회화	3	96/60.8(20.4)	1(472)	3	95/63.2(22.3)	2(473)	
국어	문학	4	80/60.6(18.2)	3(472)	4	93/63.5(20.8)	1(473)	
도덕	윤리와 사상	3	95/65.9(18.7)	1(269)	3	96/64.4(22.8)	2(270)	
사회	사회·문화	3	93/64.1(20.8)	2(269)	3	90/66.3(21.1)	3(270)	
과학	지구과학 I	2	88/60.3(15.4)	2(192)	2	94/57.5(16.3)	1(193)	
이수단위 합계		31			31			

<table><tr><th>과 목</th><th>세부능력 및 특기사항</th></tr></table>

국어생활 : 언어능력인 말하기와 쓰기 능력이 매우 우수하여 토론 주제에 대해 찬성과 반대의 양측 입장을 자신의 객관적인 논리와 주장에 따라 정리해 상대방을 설득시키는 능력이 매우 뛰어난 학생임. 관련 쟁점에 대한 다양한 배경지식을 최대한 활용하는 말하기 능력과 논제관련 논리적인 문장 구사능력을 겸비하고 수업시간에는 매우 뛰어난 집중력과 비평적인 질문이 매우 돋보임.

수학 Ⅰ : 수학적인 문제해결 능력이 매우 뛰어나며, 수학 전반에 걸친 모든 관련 내용들에 대해 수학적 사고력이 훌륭함. 수학을 실생활 속에서 연관해서 연결하는 연상능력도 훌륭하고, 수행평가를 통해 직접 PPT자료를 활용해 급우들로 하여금 수학에 대한 관심도를 높이도록 노력하는 면도 뛰어남. OO도교육청이 주관한 수학체험 프로그램에 참여해 우수한 성적을 냄 (2012. 04. 01 – 2012. 07. 31).

문학 : 문학작품에 대한 주제들을 저자의 입장을 이해한 후 정확하게 파악하고 분석하는 능력이 뛰어남. 작품 속에 나오는 여러 상황에 맞추어 개작해 보는 활동을 통해 자신의 경험과 문학적 지식을 연결하는 능력을 키움. 특히 문학작품 속에 등장하는 인물의 말과 행동, 이야기의 배경을 고등학생의 입장으로 바꾸어 보는 활동을 통해 새로운 텍스트를 생산하는 활동을 실제적으로 해봄으로써 인간과 세계의 관계를 이해함.

영어 Ⅰ : 영어어휘 실력이 풍부하고 적절한 상황에 맞춘 어휘 선택과 완벽한 문법 지식으로 특히 영어 쓰기 능력이 수행평가와 영어 일기 독서장에서 계속 향상되고 있음이 보임. 영어 에세이 발표에서도 논리적인 영어 사고력과 원어민 수준의 영작문 실력을 보여주어 선생님들과 동료들로부터 높은 평가를 받음.

실용영어회화 : Through the course of this year, it has been my delight to see his active participation and consistent interest in all types of class activities and group works with great enthusiasm. Most of all, his great preparation for the class has always been a good example for the all students in the class. He has persistently tried to speak English in class and improve his communicative competence. I look forward to teaching him again next year.

1학기 (2기) 방과 후 학교(2012. 3. 14. ～ 2012.6.15.) [수능외국어 대비반] 34시간 이수함.

여름방학 (3기) 방과 후 학교(2012. 7. 20. ～ 8. 11.) [논술대비반] 22시간 이수함.

여름방학 (3기) 방과 후 학교(2012. 7. 20. ～ 8. 11.) [수능문학반] 24시간 이수함.

2학기 (4기) 방과 후 학교(2012. 12. 27. ～ 2013. 1. 9.) [수능대비 사회문화반] 30시간 이수함.

2학기 (4기) 방과 후 학교(2012. 12. 27. ～ 2013. 1. 9.) [수능대비 경제반] 28시간 이수함.

2012학년도 1학기 영어토론대회에 참가하여 원어민과 같은 유창한 영어발표 실력으로 수상함.

2012학년도 2학기 교내논술대회에 참가하여 논리적이고 창의적인 논제 해석으로 최선을 다함.

[자연계 예시]

교과	과목	1학기			2학기			비고
		단위 수	원 점수/ 과목평균 (표준편차)	석차등급 (수강자 수)	단위 수	원 점수/ 과목평균 (표준편차)	석차등급 (수강자 수)	
수학	수학Ⅰ	8	97/52.4(15.7)	1(297)				
수학	수학Ⅱ				8	95/52.4(18.9)	1(288)	
기술·가정	정보사회와 컴퓨터	2	83/74.8(12.7)	3(592)	2	79/75.1(12.3)	4(582)	
외국어	영어Ⅰ	4	93/63.1(19.2)	2(592)	4	91/61.8(17.1)	2(582)	
한문	한문	2	78/61.1(19.5)	4(592)	2	80/59.7(20.5)	3(582)	
국어	문학	4	87/72.1(17.7)	3(297)	4	94/72.5(18.3)	2(288)	
과학	물리Ⅰ	3	93/62.5(16.1)	1(297)	3	98/60.5(18.4)	1(288)	
과학	생물Ⅰ	3	91/70.3(18.6)	2(297)	3	96/67.2(18.3)	1(288)	
과학	지구과학Ⅰ	3	96/69.2(15.8)	1(297)	3	93/58.2(19.2)	1(288)	
과학	화학Ⅰ	3	98/69.4(17.7)	1(297)	3	99/64.9(18.6)	1(288)	
이수단위 합계		32						

과 목	세부능력 및 특기사항

수학Ⅰ : 여러 문제들에 대해 다양한 접근방식을 사용해 해결하려는 적극적인 시도가 매우 돋보이는 학생임. 수업에 대한 집중도와 참여도가 높고, 수업시간 주위 친구들의 수학에 대한 집중도와 참여를 높이기 위해서 여러 다양한 창의적인 풀이방식을 보여줌으로써 좋은 반응을 얻음. '수학 멘토링 프로그램'을 통해 만난 친구들에게 학습도우미 역할을 훌륭히 수행하고 수학교과목과 수리영역 등급도 최상위권임.

수학Ⅱ : 여러 가지 함수의 미분법에 관심이 높으며, 미분을 활용하여 실생활 문제를 창의적으로 해결하는 접근방법을 통해 수학의 실제 유용성을 이해하고, 친구들에게 수학에 대한 관심을 갖도록 적극적으로 유도하는 열의를 보임.

영어Ⅰ : 수행평가에서 창의적이고 독창적인 발표로 평소 꾸준한 영어실력 향상이 가장 돋보이는 학생임. 원어민처럼 자신의 의사소통능력을 자유스럽게 표현하고 문장구조 능력과 어휘력이 풍부하여 말하기뿐만 아니라, 쓰기능력 또한 매우 우수한 능력을 갖춤.

과 목	세부능력 및 특기사항

물리 Ⅰ : 물리 문제에 대한 접근방식과 문제해결 능력이 매우 탁월함. 방학 중에 OO시 교육청이 지정한 과학중점학교(OO고등학교 설치) 과학 탐구반(2012. 07. 20.)에 참가하여 물리 관련 여러 실험에 성실히 참여하고 적극적으로 발표를 하여 가장 우수한 평가를 받음. 과학중점학교에서 배운 내용을 수업시간에 직접 실험해 훌륭하게 시연해 보임.

생물 Ⅰ : 평소 생물 관련 여러 다양한 사례들에 대해 관심이 많으며 특히 DNA복제 관련 실험에 대한 관심이 높고 관련 서적을 꾸준히 탐독함. 관련 수행평가 실험보고서에도 열의를 보인 결과, 교내 2012학년도 과학경시대회 생물부분 금상(2위)을 수상함.

지구과학 Ⅰ : 별의 진화를 물리량의 변화로 설명할 때, 물리에서 배운 법칙을 활용할 줄 아는 응용력이 뛰어남.

화학 Ⅰ : 과학 관련 모든 과목에 두각을 나타내며, 특히 화학자에 대한 꿈을 갖고 화학과 관련된 다양한 이론과 현상에 대해 풍부한 지식과 지적 호기심이 매우 높은 학생임. 교내 2012학년도 과학경시대회 화학 부문 최우수상(1위)을 수상하고, 학교대표로 참가한 OO시 '화학올림피아드'에서도 최선을 다하여 자신의 역량을 펼침.

세부 능력 특기사항 기재 예시

- **국어** : 일반적인 논거보다는 다소 독특한 논거를 찾아 자신의 주장을 글로 표현하는 참신성이 돋보이는 학생임. 언어의 변화로 큰 재앙이 일어났다는 바벨탑 이야기, 언어변화로 인한 홋카이도 민족성의 말살, 1차 대전 이후 헝가리─오스트리아 제국 분할의 기준이 언어였다는 점 등 특이한 사례를 논거로 하여 인간이 언어의 부분집합이라는 독특한 명제를 만들어 냈음. 앞으로 창의적인 학문의 개척자로 발전할 것이 기대됨.

- **도덕** : 청소년 문제와 관련된 수행평가 보고서에서 사회 변화에 따른 청소년 변화의 양상과 문제점, 그리고 건전한 청소년 문화의 정립에 대해 풍부한 관련 자료를 수집하고, 이를 바탕으로 그 문제점과 대안을 조리 있게 제시함.

- **사회** : 안락사를 주제로 한 모의재판에서 안락사를 반대하는 검사부 대표로 활약하였음. 현지답사와 인터뷰 등을 통해 'ㅇㅇ지역 도시빈민의 주거환경'이라는 제목으로 지역 조사 보고서를 제출하여 최우수 등급을 받음. 사형제도 관련 모의국회에 사형제도 폐지당 국회의원으로 참가하여 최우수 국회의원으로 선정됨.

- **한국근·현대사** : 깊은 문제의식과 심도 있는 생각을 가진 학생으로 수업의 의도와 주제를 잘 이해함. 특히 여성사 주제의 모둠활동에서 주체적인 삶을 살아간 여성들의 행

적을 조사, 발표하여 깊은 인상을 심어 주었음.

- **경제** : 현실경제에 대한 관심이 크고, 구체적인 창업계획서를 바탕으로 한 모의투자를 통해 청소년 경제체험대회에서 수상함.(대상, 2009. 07. 16.)
- **수학 I** : 기초개념 및 활용능력을 묻는 문항에서는 90% 이상의 높은 정답률을 보였으나 고난도문항의 정답률은 70%에 머물렀음. 보다 깊이 있는 수학적 사고와 훈련이 필요함.
- **과학** : 운동하는 물체의 질량과 가속도의 관계를 알아보는 실험에서 뛰어난 결과처리 능력을 보임. 특히 오차를 분석하고 feedback과정을 통해 더 좋은 결과를 이끌어 낼 수 있는 탐구심을 발휘함.
- **생물 I** : 생활주변 토양의 중금속 오염분석을 통해 양식재배의 적정성을 탐구하여 여름방학 보고서 과제로 제출함.
- **기술 · 가정** : 저출산 대책을 주제로 한 수행평가 보고서에서 충분한 참고자료를 바탕으로 독창적인 대안을 제시하였음. 또한 이 보고서를 바탕으로 프레젠테이션 자료를 만들어 수업 중 발표, 저출산 대책에 대한 학생들의 이해도를 높임.
- **영어작문** : 영어작문 과목을 수강하는 학생은 동 학년에서 영어 상위권에 해당하는 학생으로 원어민 교사가 직접 진행함. 수업 내용은 헤밍웨이 단편소설과 'Death of salesman' 등의 희곡을 읽고 term paper를 작성하였음. 다음은 원어민 교사의 수업평가임. "This quarter, students were required to complete two full-length essays : one as an in-class test, and another as a take-home assignment. Both essays required critical analysis of a highschool-level text and the exercise of basic rhetorical skills."
- **체육** : 농구경기에서 가드로서 뛰어난 드리블 능력과 함께 경기를 조율하는 능력이 탁월하여 교과 시간의 모둠별 농구시합에서 학급 학생들에 의해 최우수 선수로 뽑힘.
- **음악** : 아름다운 멜로디와 경쾌한 리듬을 조화시킨 동요를 작곡하여 실기평가에서 두각을 나타냈음. 음감이 뛰어나고 음악에 대한 조예가 남달라 작곡과 가창, 악기연주에서 우수한 활동을 하였음.
- **미술** : 여러 가지 소묘의 재료를 활용하여 주변의 모티브들을 다양하고 새로운 기법으로 표현할 줄 알며, 톤과 질감 표현만을 통한 실재감 표현의식에 창의적인 면모가 돋보여 ○○대학교고등학생 실기대회에서 금상을 수상함.(2009. 05. 09.)

사정관평가지표

1. 입학사정관을 Admission Reader라 하는 것은 교과 관련 성취도의 변화와 수험생의 고난 극복과정이 밀접하기 때문이다. 가정의 경제적 고난이 아니라 교과별 성취능력이 어떻게 극복되었는가를 사정관은 아주 섬세하게 관찰한다.
2. 전공이나 모집단위와 관련이 깊은 교과목에 대한 방과 후 학교수업이나, UP, AP수업에 관한 기록들이 중요한 평가지표가 될 수 있다.
3. 교과 지도교사의 신뢰와 애정이 실린 기록사항은 사정관으로부터 후한 점수를 받을 수 있다.
4. 교과의 성취도는 물론, 각종 대회의 수상, 이수증, 참가기록 등도 교과와 관련하여 살핀다.
5. 진로지도사항과 관련하여 일관성이 있도록 교과지도 교사도 유념해야 한다.

Key Points

Point 1 교과학습발달상황은 입학사정관제에서 지원자의 성실성과 학업충실도를 살펴볼 수 있는 매우 중요한 평가요소로서, 입학사정관제 전형 가운데 교과 학업성적에 대한 반영 요소가 매우 높게 반영되는 전형들이 있다.(2013대입수시 전형안 기준으로 서울대 지역균형 선발, 연세대 학교생활 우수자, 고려대 학교장 추천 전형, 서강대 학교생활 우수자 전형들은 학교장의 추천을 받을 정도로 학교내신 성적이 매우 우수한 학생들로 서류 평가나 1단계 전형에서 학생부에 대한 평가반영 비율이 매우 높다.)

Point 2 교과 관련 활동에 대한 평가는 대교협 발표에 따르면 다음과 같은 예들이 있다.
㉮ 교과 성적 : 교과 내신 석차등급 혹은 모의고사(교육청/평가원) 성적
㉯ 학년별 성적추이 : 학기별/학년별 학업성취도의 등락 추이 및 정도
㉰ 학업 관련 탐구활동 : 활동의 내용 및 기간 참여에서 있어서 적극성
㉱ 교과 관련 교내 수상실적 : 수상내용/수상의 난이도/상의 권위/참가자 수
㉲ 방과 후 학교활동 : 참가하게 된 동기와 목적/학습 분야/참가 후 변화된 내용 및 실적

Point 3 입학사정관들의 교과성적에 대한 평가는 실제 학생들이 지원하는 입학

사정관 전형상에 있어서 교과성적 평가의 비중에 따라 차이가 나겠지만 주로 전교과 석차등급 ⇒ 계열교과 석차등급 ⇒ 주요교과(국·영·수)석차등급 ⇒ 지원학과 관련 교과 석차등급의 학년별 성적추이를 면밀히 살펴본다. 물론 입학사정관제 전형에 지원한 학생들의 다양한 교육환경과 자기소개서에 적극적으로 소명한 여러 많은 상황을 모두 고려해서 평가한다.

Point 4　　★ 입학사정관 전형 관련, 교과성적에서 유의해야 할 사항 ★

㉮ 전체 교과의 석차등급 대비 지원하게 될 지원학과 관련 교과목 성적이 높아야 하며, 학기와 학년이 오를수록 성적이 하락하지 않도록 매우 주의해야 하는데, 결국 교과 내신 성적만큼 입학사정관제 전형에서 가장 중요한 평가요소는 없다고 할 수 있다.

㉯ 자신의 지원학과 결정 시 매 학기마다 관련학과 〉 주요교과 〉 계열교과 위주로 반드시 성적추이 여부를 점검하고, 혹 특정 교과목 성적이 하락한 경우 자기소개서에 반드시 적극적으로 소명해야 한다. 개인적인 사유(질병, 학칙 위반 등)를 들어 사정관을 충분히 설득시킬 노력이 필요하다.

㉰ 하락한 교과성적(혹은 지원 관련 교과목)이 자신만의 자기주도학습법을 통해 향상되었다면, 나만의 학습법 혹은 계획표 등은 중요한 증빙서류가 될 수 있다.

㉱ 주요 상위권 대학의 입학사정관제 일부 전형은 1단계 학생부 반영 비율이 매우 높으므로 지원가능한 내신등급의 범위에 드는지 매 학기마다 확인할 필요가 있다.

Point 5　　세부능력 & 특기사항에는 방과 후 활동, 심화학습, 대학선수과목, 지원학과 관련 자격증 & 인증, 수행평가 발표능력까지 모든 세부적인 내용들의 기술이 가능한 곳이다. 그러므로 평소 담담교과목 선생님에게 자신의 진로 관련 활동내용들을 수업시간뿐만 아니라, 개인적으로 상담, 의논하고 알릴 필요가 있으며, 평소 수업시간에 적극성을 가지고 능동적으로 참여 발표하는 것이 매우 중요하다.

2013 대학입시 정보 설명회 (입학사정관의 실제와 대비)

수험생	지원대학	입학사정관전형	모집단위	최종합격
H00	성균관대학교	리더십(입학사정관)	사회과학대	최종합격

전과목 학년별 성취도 평균변화	환산점수			
	구분	1학년	2학년	3학년	환산점수
	석차등급합	1.5	1.18	1.4	1.36
	표준점수합	67.51	68.73	69.62	68.62

계열 적합성 파악 (국·영·수·사)	환산점수			
	구분	1학년	2학년	3학년	환산점수
	석차등급합	1.42	1.22	1.36	1.33
	표준점수합	67.61	68.54	69.81	68.65

국·영·수 주요과목	환산점수			
	구분	1학년	2학년	3학년	환산점수
	석차등급합	1.64	1.06	1.36	1.35
	표준점수합	65.22	68.09	69.14	67.48

모집단위 관련해석 (사회교과)	환산점수			
	구분	1학년	2학년	3학년	환산점수
	석차등급합	1	1.5	1.21	1.24
	표준점수합	68.13	67.2	70.51	68.61

30	지원대학	입학사정관전형	모집단위	최종합격자
K00	성균관대학교	리더십	전기전자공학부	최종합격

전과목 학년별 성취도 평균변화	환산점수			
	구분	1학년	2학년	3학년	환산점수
	석차등급합	1.67	1.68	2.73	2.03
	표준점수합	66.73	66.6	63.75	65.69

계열 적합성 파악 (국·영·수·과	환산점수			
	구분	1학년	2학년	3학년	환산점수
	석차등급합	1.43	1.66	2.65	1.91
	표준점수합	66.02	65.93	63.69	65.21

국·영·수 주요과목	환산점수			
	구분	1학년	2학년	3학년	환산점수
	석차등급합	1.43	1.66 2.65	1.91	
	표준점수합	66.02	65.93	63.69	65.21

모집단위 관련해석 (수학 / 과학교과)	환산점수			
	구분	1학년	2학년	3학년	환산점수
	석차등급합	1.29	1.13	2.37	1.6
	표준점수합	70.23	68.88	66.4	68.05

수험생	지원대학	입학사정관전형	모집단위	최종합격
L00	동국대학교	학교장 추천	법대(입학사정관)	최종합격

전과목 학년별 성취도 평균변화	환산점수			
	구분	1학년	2학년	3학년	환산점수
	석차등급합	2.45	2.08	2.48	2.34
	표준점수합	63.57	64.12	63.3	63.66

계열 적합성 파악 (국·영·수·사)	환산점수			
	구분	1학년	2학년	3학년	환산점수
	석차등급합	2.29	1.78	2.18	2.08
	표준점수합	63.74	65.53	64.78	64.68

국·영·수 주요과목	환산점수			
	구분	1학년	2학년	3학년	환산점수
	석차등급합	2.43	1.72	2.03	2.06
	표준점수합	63.17	65.7	64.86	64.58

모집단위 관련해석 (사회교과)	환산점수			
	구분	1학년	2학년	3학년	환산점수
	석차등급합	1.9	2	2.57	2.16
	표준점수합	65.32	64.87	64.58	64.92

수험생	지원대학	입학사정관전형	모집단위	최종합격자
A00	동국대학교	리더십	컴퓨터공학과(입학사정관)	최종합격

전과목 학년별 성취도 평균변화	환산점수			
	구분	1학년	2학년	3학년	환산점수
	석차등급합	2.93	3.87	3.95	3.58
	표준점수합	61.4	56.59	54.83	57.61

계열 적합성 파악 (국·영·수·과)	환산점수			
	구분	1학년	2학년	3학년	환산점수
	석차등급합	3.12	3.87	3.78	3.59
	표준점수합	60.82	56.94	55.98	57.91

국·영·수 주요과목	환산점수			
	구분	1학년	2학년	3학년	환산점수
	석차등급합	3.14	3.76	3.32	3.41
	표준점수합	60.64	58.4	58.91	59.32

모집단위 관련해석 (과학교과)	환산점수			
	구분	1학년	2학년	3학년	환산점수
	석차등급합	3	4.13	4.75	3.96
	표준점수합	61.69	53.46	49.76	54.97

[교과 담당교사 입력 예시]

- **국어(1학기)** 문학 · 인문과학 분야 서적에 관심이 많고, 독서활동 시간을 활용하여 한 달에 두 권 정도 책을 꾸준히 읽고 있으며, 저자가 전달하고자 하는 주제의 핵심을 파악하여 독서활동 시간에 발표함. 『내 영혼이 따뜻했던 날들』(포리스토 카트), 『10년 후 나』(타테미야 츠토무), 『성공한 사람들의 독서습관』(시미즈 가쓰요시) 등의 책을 감명 깊게 읽음.

- **도덕(1학기)** 이상적 사회의 조건 및 사회상에 대한 관심이 많아, 『국가론』(플라톤), 『유토피아』(토마스 모어) 등을 읽고 이 책에서 제시하는 이상적 사회의 조건을 현대 복지 사회의 조건과 연계시키는 비판적 사고 능력이 탁월함.

- **윤리(2학기)** 현대사회의 특징인 산업화 · 정보화의 긍정적 측면과 부정적 측면을 균형 있게 인식하고 있으며, 『도덕경』(노자)을 읽고 무위자연 사상이 현대사회에 주는 메시지를 이해하고 있음.

- **수학(1학기)** 수의 개념과 체계에 대해 관심이 많아 평소 관련 도서를 꾸준히 읽어옴. 『수학사냥–신비한 수의 세계』(야콥 펠렐만), 『영과 무한 사이 거침없는 숫자 이야기』(존 그리빈, 메리 그리빈), 『어떻게 수의 비밀을 풀었을까?』(안나 파리시), 『가자! 수의 세계로』(클린트 브룩하트) 등의 책을 읽고, 수의 체계에 관한 지식과 이해의 폭을 넓혀감.

- **지구과학(2학기)** 우주의 기본적인 자연법칙과 상징체계에 대한 관심이 많으며, 매일 꾸준히 독서활동을 수행하고 있음. 특히 과학소설 분야에 대한 호기심과 탐구욕이 강함. 『당신 인생의 이야기』(테드 창), 『우주전쟁』(허버트 조지 웰즈), 『투명인간』(허버트 조지 웰즈) 등의 책을 읽고 독후감을 발표함.

- **체육(2학기)** 체육과 레저 활동에 관심이 많아 그 방면의 책을 주로 읽고 있음. 『나를 부르는 숲』(빌 브라이든), 『나는 달린다』(요시카 피셔) 등을 읽고 트래킹과 마라톤에 대하여 자기 자신의 생각을 포함한 진지하고 재미있는 감상문을 제출함.

- **영어(1학기)** 『Charlie and the Chocolate Factory』(Roald Dahl)을 읽고 나서 주인공의 행동과 심리에 공감하는 능력이 돋보였고, 책에 등장하는 등장인물들의 다양한 성격과 심리를 정확하게 파악하여 비교 발표함. 이 책에 나오는 단어 정리를 성실하게 하여 영어 어휘력이 눈에 띄게 향상됨.

[학급담임교사 입력 예시]

인문 분야

- **(2학기)** 신화의 세계에 관심이 많은 학생임.『그리스 · 로마신화』(이윤기),『정재서 교수의 이야기 동양신화』(정재서),『우리 신화의 수수께끼』(조현설),『살아있는 우리 신화』(신동흔)를 읽고서 서양신화와 동양신화의 차이점을 이해하고, 아울러 우리 신화가 한국인의 의식 형성에 미친 영향에 대해 보고서를 작성하고 발표함.

사회 분야

- **(1학기)** 시사 문제에 관심이 많아 현재 한국 사회에서 쟁점이 되고 있는 현안 문제에 대한 책을 많이 읽고 있음.『소리 없는 프로파간다』(이냐시오 라모네),『블루 아메리카를 찾아서』(홍은택) 등을 읽고 국제관계에 있어서 미국의 역할과 위치에 대해 고민하며,『한미 FTA 폭주를 멈춰라』(우석훈)를 읽고 한미 FTA와 한미의 관계에 대해 심도 있게 토론함.

과학 분야

- **(1학기)** 우리 역사와 더불어 과학에도 관심이 많아『우리 과학의 수수께끼』(신동원 엮음),『우리 역사 과학기행』(문중양),『역사가 새겨진 나무이야기』(박상진),『현산어보를 찾아서』(이태원) 등을 통해 그동안 잘 알려지지 않았던 우리 선조들의 과학적 우수성에 대해 보고서를 제출하고, 과학사동호회를 만들어 활동함.

체육 · 예술 분야

- **(2학기)**여행을좋아하고세계와우리나라의풍물에관심이많아기행문을꾸준히읽고있음.『중국견문록』(한비야),『지도 밖으로 행군하라』(한비야),『나무야 나무야』(신영복),『다영이의 이슬람 기행』(정다영),『나의 북한문화유산답사기』(유홍준) 등을 읽고 전국 일주 및 세계 일주의 꿈을 키워나가고 있음.

사정관평가지표

1. 읽지 않은 책을 기록하는 경우가 많을 수 있다.(S대 8500종, 5000종 인터넷에서)
2. 고교별 독서기록장, 독서노트 등의 기록을 위한 장치가 준비되어 있다.
3. 독서경시대회, 독서퀴즈, 독서이벤트, 하루 책읽기 대회 등 행사가 다양한 편이다.
4. 많은 대학에서 3 ~ 5권의『읽은 책 소개하기』를 권하고 있는 실정이다.
5. 독서는 진로관련, 적성과 비전 관련 서적을 주체적으로 읽어야 한다. ~ 권장도서,

～ 대학 필독서 등에 얽매일 필요는 없다.

6. 입학사정관의 면접 및 발표 시 필수 질문사항이며, 깊이 있는 추가 질문이 이어진다.

7. 독서기록장, 독서 포트폴리오 등의 증빙자료는 학생 개인이 보관하되, 대학에서 증빙
   자료 요구 시 제출하도록 한다. '독서활동상황'란에는 종합서술형으로 독서활동을 기
   록하며, 학생이 감명 깊게 읽은 주요 도서명도 구체적으로 기록하여 학생의 독서활동
   상황에 대한 상세한 정보를 제공한다. 따라서 대입 전형에서 면접시험 자료나 사정 자
   료로 반드시 활용한다. 그런데 형식적으로 기입하는 경우가 있으므로 독서 내용을 확
   인하고, 결과물을 정리하는 절차가 학교와 학생에게 꼭 필요하다.

Key Points

Point 1 입학사정관들은 학생들의 지원관련 학과의 잠재적인 역량과 학과 관련 관
심의 깊이를 측정하기 위해 독서활동 내용을 매우 중요한 사정평가 요소로 판단한다. 특
히 독서활동을 통해서 학생들의 전공과 관련된 깊이 있는 지적능력의 사고력 확장과 비
평적인 자신만의 해석능력 등을 보려고 한다. 또한 독서활동은 반드시 전공과 관련된 깊
이 있는 전문적인 내용과 진로 혹은 자신의 계열과는 관련성이 없지만, 지원자의 인성이
나 가치관 형성에 도움이 되거나 자신의 꿈을 형성하는 과정 속에서 인생의 롤모델이 되
는 인물에 대한 독서활동도 매우 도움이 되며 실제 2단계 면접에서 입학사정관들은 지원
자가 독서활동이라는 간접경험을 통해서 '자아정체성'과 '진로설계' 수립에 어떤 영향을
주었는가를 가장 알고 싶어 한다.

Point 2 추천도서, 권장도서, 베스트셀러도 나쁘지는 않지만, 되도록 자신의 진
로와 관련된 도서를 읽는다. 혹, 주위에서 추천하는 인기 있는 도서를 읽을 때는 비평적
인 관점(critical reading)에서 읽거나 가장 최근의 사회현상에 대한 분석 및 문제에 대해
다양한 메시지를 던져주는 도서들을 탐독해 보고 자신만의 시각으로 독후감활동을 하
는 것도 좋은 방법이다.

Point 3 독서활동은 학교생활기록부에 있는 '독서활동상황'의 기록이 전부가 아
니다. 교내에서 연중행사로 실시되는 교내백일장, 독후감대회, 문예창작발표, 독서포트
폴리오대회, 학예회 등 여러 많은 활동을 통하거나, 혹은 저자에게 직접 회신을 보내어

의견교환 및 서평작성, 독후감을 교외대회(대학교 백일장, 문인대회 등)에 참가하는 방법 등 여러 많은 활동이 가능하다. 특히 학교에서 독서활동 관련 이력철이나 학교특색사업의 하나로 독서활동 정기적인 프로그램이 있다면 반드시 적극적으로 참여해야 의미가 더욱 새로울 것이다.

Point 4　　현재 Edupot의 독서활동은 기능이 정지되어 있는 상태이며, 독서교육종합지원시스템(www.reading.go.kr)을 적극적으로 활용하면 좋다. 담당교과 선생님 혹은 학교도서관 사서 선생님에게 자문을 구해 독서활동에 대한 의견교환 및 전공 관련 추천도서에 대한 의견을 얻는 방법도 좋을 것이다.

독서교육종합지원시스템 (www.reading.go.kr)

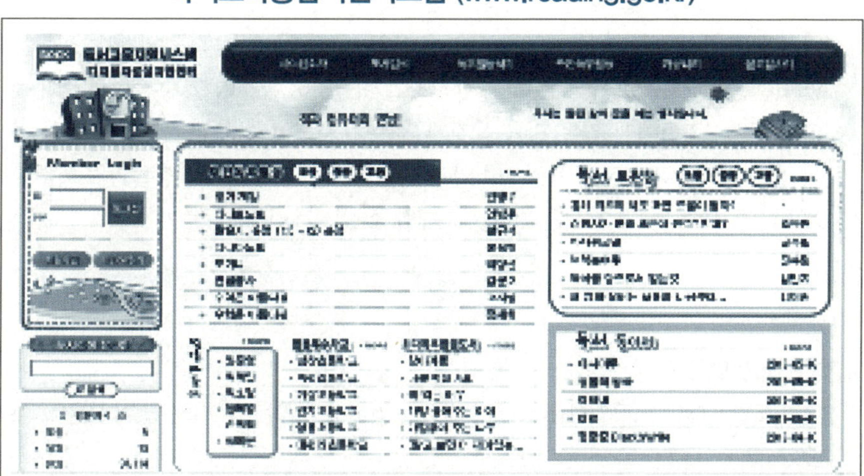

기록의 예시

어떠한 상황에서도 웃음과 여유를 잃지 않고 주위를 먼저 돌아볼 줄 아는 긍정적이고 건강한 가치관을 지녔음. 학업과 입시준비로 인해 자칫 이기적이기 쉬운 고교 시기임에도 불구하고 주위 사람들과의 관계를 충실히 돌보며 자신의 발전 또한 결코 게을리하지 않아 항상 주변으로부터 신뢰와 부러움을 받는 학생임. 스스로의 주관이 뚜렷하고 명석하지만 자신의 능력을 과시하여 드러내기보다는 겸손함으로 스스로를 낮출 줄 안다. 대인관계에 있어서 예절이 바른편으로 자신의 주장이나 생각을 조심스러우면서도 조리 있게 전달하는 능력을 가지고 있음. 일을 행함에 있어서 항상 차분하게 생각하고 판단하여 분별력 있게 행동하기 때문에 주변사람들에게 깊은 믿음을 갖게 하는 정서적인 성숙함도 지니고 있음. 성취에 대한 욕구와 동기도 강하여 앞서 기술한 자신만의 여러 장점들과 조화를 시킨다면 앞으로의 발전적인 미래를 기대할 수 있으리라 확신함.

사정관평가지표

1. 생활기록부II에만 기록되므로 학생이 내용을 검토할 수 없도록 되어 있으나, 현실적으로 그대로 노출되는 문제점이 있다.
2. '행동특성 및 종합의견'란은 학생에 대한 3인 교사의 3색 추천서이자 지도평가서라고 볼 수 있다.
3. 대학이 생활기록부를 보는 가장 결정적인 이유가 바로 이 부분에 있을 것이다. 담임 교사가 신심으로 최선의 기록을 하는 칸이다. 기록의 사실성, 공정성을 대학은 신뢰해야 한다.
4. 책임감 있는, 예의바른, 성실한, 모범이 되는, 착한, 학급 일에 적극적으로 참여하는, 봉사하는, 묵묵히 맡은 일을 하는 등의 상투적인 표현은 학생 평가에 도움이 될 수 없다.

5. 교과발달상황이 우수한 학생이라도 사정관 3인 중 한 명이라도 부정적인 평가가 있을 시 그 학생에 대한 신뢰성은 문제가 있을 수 있다.

 대부분 학생의 긍정적인 면만 서술하기 때문에 수험생의 단점이나 약점을 파악하기 어렵다는 점을 사정관이 먼저 알고 있다. 그러므로 면접과 추천서 확인 및 토론과 발표로 이루어지는 일련의 확인은 행동특성 및 종합의견을 검증하는 절차이기도 한 것이다.

Key Points

행동특성 및 종합의견 항목은 자신에 대한 선생님의 평가가 세부적으로 기술되는 교사의 추천서에 해당하는 항목이므로 평소에 선생님과의 의사소통이 매우 중요하다. 그러므로 담임선생님과 정기적인 상담 시 자신의 진로 관련 여러 교내외활동에 대한 참가계획과 준비과정, 실적 그리고 어려운 점들을 구체적이고 상세하게 전달해 자신의 진로에 대한 열정과 의지에 따른 노력의 과정들이 전달될 수 있도록 적극적인 모습을 보여야 한다.

입학사정관제 전형
합격 수기

입학사정관제 준비부터 실천까지

입학사정관제 준비과정 속에서 교내외대회 참여방법에 대해서 알려드릴게요. 교내대회는 참여하기도 쉽고 수상하기도 쉬운데다가, 생활기록부에도 기록되는 좋은 기회예요. 그래서 저는 진로와 반드시 관련되어 있지 않아도 가능한 한 많은 대회에 참가하려고 노력했는데, 개인적으로 말하는 것을 좋아해서 말하기 관련 대회에서 수상을 많이 했어요. 영어 말하기대회, 교내 토론대회 등 여러 가지 수상이 있지만 자기소개서에는 '나의주장발표대회'를 기재했어요. 초등학교 때부터 해오던 것인데 보통 교내 2위 정도였다가 고2 때 지구대회 1위로 성적이 많이 올랐거든요. 그래서 이전 대회들과 비교해서 대회에 참여하는 자세나 준비과정을 돌아볼 수 있는 기회가 되었던 것 같아요. 이전 대회보다 준비를 더 많이 했더니 스스로도 변한 걸 느낄 수 있어서 '나는 말하는 건 잘 하니까' 하고 자만했던 면을 반성하는 계기가 되기도 했어요. 교내대회와 연관된 교외대회 수상이라는 점도 소개서 작성에 도움이 되었어요.

또한 입학사정관 전형 지원을 위해서 자격증이나 인증의 경우, 생활기록부에는 텝스 1급, 한국사 능력시험 3급이 기록되어 있어요. 그런데 실제로 자기소개서에는 한국어능력시험 3급과 KBS한국어능력시험 2급을 적었어요. 텝스는 공인력도 있고, 대학이 좋아할 것 같은 시험인데다가 소개서에 적으려면 못 쓸 만한 점수는 아니었지만, 아무래도 규모가 작아도 전공과 뚜렷하게 연결되어 있는 점수를 더 기록하게 되더라고요. 영어점수의 경우는 예외이지만, 기타 인증점수는 학교 수업이나 수능 준비를 기본으로 하고 가는 것 같아요. 저는 평소에 국어를 잘 하는 편이었는데, 인증점수를 위한 준비는 따로 하지 않았음에도 점수가 나왔거든요. 물론 제 경우에는 공인점수가 반드시 필요하거나 급한 상황이 아니기는 했어요. 만일 체계적으로 점수를 올려가길 원한다면 시간 여유를 두고 여러 회에 걸쳐서 점수를 올려가는 게 좋겠어요.

제가 국어교육학과로 진로를 결정하게 된 계기는 생각해 보니 중학교 2학년 때부터 교육관련 일을 하고 싶어했어요. 토론 방과 후 학교를 들었는데 사회 문제가 사람들의 생각에서 비롯된 것 같다는 생각이 들었어요. 처음에는 교육 행정 쪽을 하고 싶었는데, 고등학교에 올라와서 생각이 바뀌었어요. 주변 친구들이나 선생님들을 보면서 직접 한 사람 한 사람에게 도움을 주고 싶었어요. 그중에 국어교사를 하고 싶다고 결정하게 된 것은 동아리활동을 하면서였어요. '청소년 참여 변화 기획단 ty별별별'이라는 학교 외부 동아리에서 활동했는데, 청소년 언어순화 캠페인을 진행했어요. 거기서 청소년들의 언어습관이 말뿐만이 아니라 생활 전반에 영향을 준다는 것을 느껴서, 때와 장소에 맞게 하고 싶은 말을 할 수 있는 법을 가르쳐주고 싶었어요.

그런데 진로를 비교적 뚜렷하게 정해 두었는데도 막상 입시가 가까워지니 흔들리더라고요. 더 낮은 과를 쓰는 게 안전하지 않을까, 아니면 더 높은 과도 쓸 수 있을 것 같은데 굳이 사범대를 갈 필요가 있을까 하는 고민들을 많이 했어요. 진로와 진학은 관련이 있지만 반드시 일치하는 부분은 아니라고 생각해요. 그런데 이때 진로가 명확하지 않으면 진학의 틀을 짜는 데 흔들리는 부분이 많고, 성적만으로 학교나 학과를 정하게 되면 만족도도 장담할 수 없어요. 그래서 진로는 반드시 입시를 시작하기 전에 충분히 생각해 두는 것을 추천해요.

입학사정관 전형은 내신관리도 무척 중요해요. 물론 기타 여러 활동으로 보완이 되기는 하지만, 그래도 신경 써서 일정 수준 이상은 유지해 줄 필요가 있어요. 내신은 학교 시험인 만큼 내신공부의 기본은 학교 수업이라고 생각해요. 뻔한 이야기지만 수업 시간에 충실하고(잠을 자지 않음), 저는 교과서와 필기한 노트를 여러 번 반복해 보았어요. 입학사정관 전형을 준비하는 친구들은 다른 여러 활동들 때문에 내신을 챙길 시간이 부족하다고 할 수도 있겠지만, 사실 내신은 그리 많은 시간을 필요로 하지 않아요. 평소 수업을 잘 들어 두었다면 개인별로 2~3주 정도 계획을 세워서 공부하는 것만으로도 효과를 톡톡히 볼 수 있어요.

특히 '학교생활기록부의 세부능력 및 특기사항'은 어떤 활동을 했느냐보다도 얼마나 열심히 챙기느냐에 따라서 내용이 바뀔 수 있는 부분이에요. 그만큼 담임선생님께 '이거 이거 적어주세요!' 하고 말씀드리는 게 좋겠죠? 학기 말이나 학년 말에 생활기록부 점검을 할 때, 기록되기를 원하는 활동을 넣어달라고 부탁드려 보는 것이 좋아요. 경우에 따라서는 활동을 기록하지 못하는 경우도 있지만, 교무실 한 번 더 간다고 손해 볼 것은 없겠죠.

입학사정관제 준비에서 독서활동을 좀 힘들어하는 친구들도 있는데 봉사활동이나 동아리활동과 마찬가지로, 독서 역시 자기소개서나 생활기록부 장식을 위해서라기보다는 '지금 내가 즐겁게 읽을 수 있는 책'을 고른다는 마음으로 책 선택을 하고 즐겁게 읽으면 돼요. 가뜩이나 공부에 지친 상태에서 독서도 전형 준비를 위한 활동으로 생각하면 힘들고 어려울 거예요. 생활기록부에 기록되기 위해서 권수를 늘리는 것도 좋지만 좋아하는 책을 여러 번 읽는 권장해요. 그리고 학교의 권장도서나 수능 기출도서, 어려운 책을 읽는 것보다는 스스로 즐겁게 읽으면서 무언가 얻어갈 수 있는 책을 고르는 것이 좋아요. 물론 자기소개서에 쓸 진로 관련 독서도 필요하죠. 주로 동화나 소설 읽기를 즐겨했다면 그쪽 분야로 찾아서 읽으세요. 관련 분야에 흥미가 있고 더 깊게 알고 싶다는 친구는 고전이나 전공 서적을 읽는 것도 괜찮아요. 읽기 힘들고 제대로 이해하기 어려운 책도 읽고 나면, 어느 정도 그 분야에 대해 큰 그림을 볼 수 있어요.

교육 쪽에 관련해서는 ‘하이타니 겐지로’의 책들을 추천하고 싶어요. 쉬운 동화면서도 교육 현장에 대해 현실감 있게 그리고 있기도 하고, 소외된 학생들의 이야기가 많다 보니 다양한 학생들에게 어떻게 대해야 할지 생각할 거리도 많이 주는 책이었어요.

마지막으로 교내외 활동의 경우, 저는 공부도 좋지만 이것저것 경험하는 것도 좋다고 생각해서 자율활동에 열심히 참여한 편이에요. 그 중에 가장 기억에 남는 건 위에서 말했던 ‘청소년 참여변화 기획단 ty별별별’ 이에요. 이름에서 알 수 있듯이 청소년의 입장에서 사회 이슈를 바라보고, 개선하려고 노력하는 동아리예요. 고등학교 1학년, 2학년 2년간 활동하면서 비속어, 에너지 절약 등을 주제로 여러 활동을 했는데, 저는 그중 방학 때 개최했던 교육프로그램이 가장 기억에 남아요. 특정 주제를 정해서 3일 정도 또래 친구들을 모아서 PPT 강의도 하고, 체험활동도 하고, 조별 활동도 했는데 큰 행사가 아니었는데도 신경 쓸 부분이 많았어요. 저는 PPT 강의나 전체 진행을 주로 맡았는데 제가 주제에 대해서 확실히 알 때와 어렴풋이 알 때 스스로 느끼는 것부터 차이가 커서 놀랐던 기억이 나요.

봉사활동이나 동아리를 정할 때는 굳이 ‘이게 나한테 무슨 도움이 되지?’

를 생각하지 않는 것을 추천할게요. 지금 당장은 도움이 안 돼 보여도 느낄 수 있는 점들이 많은 활동들도 있어요. 다만 활동에 있어서 어느 정도의 시간이 소요되는지, 내가 즐겁게 할 수 있는 활동인지는 한 번쯤 고민해 보는 게 좋겠어요. 그리고 이왕 참여했다면 되도록 장기간, 성실하게 하는 것이 좋아요. 그래야 자신이 하는 활동이 어떤 의미가 있는지도 더 잘 알 수 있을 것이고, 스스로도 더 많이 성장할 수 있어요. 그리고 봉사활동이나 동아리활동을 하면서 봉사시간이나 대회 참여 기회까지 챙겨둔다면 입사제 전형에 많은 도움이 될 거예요.

자기소개서 작성부터 완성까지

자기소개서는 쉬워 보이면서도 어려운 일 중에 하나라고 생각해요. 언뜻 보면 스펙이나 성적이 더 중요한 것 같지만, 자기소개서는 자신이 지금까지 해왔던 것에 의미를 부여하는 가장 중요한 서류이기도 해요. 그렇지만 자소서 작성 때문에 1, 2학년 때부터 골치 아파할 것은 없어요.

저는 여름방학 기간 동안 3~4주가량을 자기소개서 쓰는 데에 할애했어요. 인터넷을 뒤져서 2~3편 정도의 다른 사람들이 쓴 자기소개서를 읽어 본 이후에 초안을 잡기 시작했는데, 생각보다 글이 쉽게 나오지 않아서 고생도 많이 했어요. 서울대의 경우 7000자 가량의 소개서를 써야 하는데, 주변에서 보면 차라리 그 시간에 수능공부를 더하겠다며 원서 지원을 포기하는 경우도 봤어요. 글이 제대로 풀리지 않을 때는 같은 문항이라도 주제를 달리해서 여러 버전으로 써 보는 것도 괜찮은 것 같아요. 사실 쓰다 보면 글자 수는 한정되어 있는데 버리기 아까운 활동들에 매여 있게 되는 경우도 있거든요. 그럴 때 저는 활동들을 한 문항에 구겨 넣어 버리기보다는 하나씩 하나씩 따로 써 보고, 그 중에 잘된 것을 골랐어요.

그리고 자기소개서 작성 시 주의해야 할 사항들이 있어요. 자기소개서 문항에서 요구하는 것을 파악하고, 자신만의 이야기를 만들어가는 것이 중요해요. 저는 '지적 호기심'에 대해 묻는 문항에 가장 신경을 썼어요. 고등학교 3년 동안 교과과정에서는 특별히 요구하지 않던 부분이었거든요. 그래서인지 막상 문항을 받았을 때 무엇을 써야 할지 감이 오지 않았어요. 처음에는 교과 간의 연계나 교과와 생활 간의 연계성을 찾았다는 내용으로 썼는데, 명료하지도 않고 저만 특별히 한 것 같지도 않아서 포기하고 새로운 주제를 찾았어요. 그래서 나온 것이 '비속어 개선활동'이었어요. 사실 처음부터 비속어라는 주제에 호기심을 가지고 시작한 활동은 아니었지만, 제가 국어과에 관심을 더 가지게 한 활동이긴 했지요. 마침 적절한 시기에 본 토클과 KBS 한국어 능력시험이 이 점을 뒷받침해 주기도 했어요. 소개서에서는 특히 어학부분에서 높은 점수를 받은 점을 명시해 주었어요. 이렇게 누구나 쓸 수 있는 것보다는 자신이 했던 독특한 활동을 살려서 작성해 주는 것이 좋아요.

제가 생각하는 잘된 자기소개서라면, 무엇보다 소개서에 자신과 지원 분야가 잘 맞는다는 것을 드러낼 수 있어야 한다고 생각해요. 자신이 해온 활동들로 뒷받침이 되어야 하고요. 저는 처음부터 교사를 목표로 하고, 그 이후에 국어과를 선택했기 때문에 국어교사보다는 교사에 초점을 두고 서술했어요. 그런데 소개서를 고쳐 나가는 과정에서 왜 '국어교육과'인지를 더 정확히 해줄 필요가 있을 것 같아서 국어과의 의미를 더 부각하려고 노력했어요. 그리고 생활기록부를 바탕으로 하는 것도 중요하지만, 생활기록부에 얽매이는 것은 좋지 않은 것 같아요. 제 경우 처음에는 생활기록부에 있는 모든 활동들을 자기소개서에 끼워 맞춰 보려고 했어요. 그랬더니 글이 뒤죽박죽이 되어 버리고, 요구하는 방향과도 잘 맞지 않아서 결국 새로 쓰게 되었어요. 소위 말하는 '스펙 나열식' 소개서가 된 거였지요. 또 변명 식으로 작성한 자기소개서도 바람직하지 않아요. 희망 직업으로 써 놓은 것이 전공과 맞지 않는다거나 성적이 나쁜 과목, 선생님들의 불리한 평가까지 소개서에 구구절절 해명할 필요는 없어요. 물론 왜 바뀌었는지, 왜 성적이 나빴는지에 대해 간단히 언급을 하고 특정 계기나 극복 이야기를 써 주는 것이 좋아요. 그리고 분량이 한정되어 있는 만큼 글의 흐름을 해치지 않는 선에서 그치는 것이 바람직해요.

끝으로 자기소개서를 실제로 작성하는 것은 여름방학 정도가 적당하다고 생각해요. 개인마다 차이는 있겠지만, 수능공부와 자기소개서 작성을 병행하는 것은 쉬운 일이 아니거든요. 한 달 정도 열심히 작성한다면 어느 정도 완성도 높은 글을 쓸 수 있을 거예요. 대신 평소에 자신의 진로와 특성에 대해 많이 생각해 보라고 권하고 싶어요. 스스로에 대해 제대로 알지 못하면서 자신을 소개할 수는 없잖아요. 이렇게 스스로를 탐색하는 과정에서 봉사활동이나 동아리활동, 자율활동 등을 한다면 굳이 짜맞추지 않아도 자신만의 이야기가 돋보이도록 할 수 있을 거예요. 저는 '소개서를 잘 쓰려면 어떻게 해야 할까'보다 '내가 좋은 선생님이 되려면 지금 무엇을 해야 할까'를 주제로 고민하고 활동한 부분들이 많았어요.

나만의 학습 비법

저는 무슨 과목이든 학교공부에서 할 수 있는 것들을 최대한 많이 활용하라고 권하고 싶어요. 실제로 저는 사회탐구 과목의 경우, 경제와 근현대사(지금은 한국사로 통합되었죠)를 학교수업만으로 준비할 수 있었어요. 선생님께서 나눠주신 프린트로 열심히 공부하고, 수업 진도 잘 따라가고, 수능 기출문제를 여러 번 풀었더니 다른 특별한 공부로 보충하지 않아도 수능과 내신을 동시에 준비할 수 있었어요.

물론 수학이나 영어처럼 학교에서 배우는 내용만으로는 부족한 과목들도 있지요. 이 경우에도 역시 제일 먼저는 학교수업에 충실해야 해요. 본수업과 여름, 겨울 방과 후 학교 수업을 모두 들으면 경우에 따라서는 같은 개념을 3번까지 들을 수도 있거든요. 물론 스스로 충분한 복습과 문제풀이를 통해 자신의 것으로 만드는 과정이 있어야겠지요.

입학사정관제 준비부터 실천까지

여러분은 꿈을 가지고 있나요? 누구나 어릴 때 장래희망은 하나씩 갖고 있었을 거예요. 그런데 그 장래희망이란 게 꽤 뻔합니다. 대통령, 국회의원, 의사, 판사 등 어른들이 좋다고 손꼽는 직업들이 대부분일 것입니다. 이렇게 외부에서 주입된 꿈을 막연하게 가지고 살다가 대부분의 친구들은 커가면서 꿈을 잃은 채 살아가고 있을 거예요. 그러다가 주위에서 자신의 꿈을 품고 이를 위해 달려가는 친구들을 보면 뭔가 불안해합니다. 나만 뒤처지는 것 같아서…… 저도 그랬습니다. 그렇지만 크게 걱정할 필요는 없어요. 막연하게 자신이 좋아하는 걸 찾아가다 보면 진로를 결정하는 계기가 찾아옵니다.

저는 막연하게 영어가 좋아서 외국어 고등학교로 진학했습니다. 그런데 막상 외국어 고등학교에 입학하고 나서 저는 언어가 아닌 수학에서 기질을 발견했습니다. 그리고 일반사회 수업 시간에 처음으로 경제 수업을 들었는데 너무 재밌는 거예요. 경제를 배우면 합리적인 의사결정에 크게 도움이 될 거라고 생각했어요. 그래서 그때부터 혼자 경제 서적을 읽고, 경제 관련 기사를 읽고, TESAT을 공부하기 시작했습니다. 경제 시사 동아리에 들어가서 이슈에 관해 토론하는 활동도 했어요. 재미있어서 혼자 경제공부를 하기는 했는데 고등학교 1,2학년 때는 이를 자기소개와 관련지을 생각이 없었습니다. 그리고 꿈이 없어서 생활기록부 장래희망 란에는 막연하게 '교수'라고만 적었어요. 그러다 3학년 때 자기소개서를 쓰면서 그동안 갖고 있었던 경제에 대한 열정에 확신을 가지고 경제 연구원이 되겠다는 진로를 잡게 되었습니다. 자기소개서를 쓰기 전까지는 입학사정관제에 대한 준비를 해본 적이 없어서 막막했는데 막상 자기소개서를 쓰다 보니 제가 찾은 진로와 제가 했던 활동이 연결이 되는 것이었어요. 여러분도 지금 당장 명확한 진로가 없더라도 자신이 좋아하는 걸 찾아가는 과정이라 생각하고 열심히 학교생활을 한다면 불안해하지 않아도 됩니다.

저는 서울대 사회과학대학에 특기자전형으로 입학했습니다. 제가 1차에 합격할 수 있었던 이유는 교과내신이 좋았던 게 결정적이라고 생각해요. 저는 지방의 한 외고를 다녔습니다. 저희 학교에서는 한 학년 선배로 두 명이 서울대 수시에 합격했는데, 한 선배는 내신 1등급이었고, 한 선배는 책을 정말 많이 읽어서 똑똑하고 스펙이 화려한 선배였어요. 제가 3학년이 되자 삼십 명 가까운 친구들이 서울대 수시에 지원을 했습니다. 솔직히 저는 지원을 할 때 자신이 없었어요. 내신이 1등급도 아니었고 이렇다 할 스펙도 없는데 가장 쟁쟁한 학생들이 노릴 서울대 사회과학대학에 경제학과로 지망했기 때문입니다. 그런데 제 기수에서 수시합격 결과는 특기자 전형 2명, 기회균형 선발 1명이었어요. 내신 1등급이었던 친구는 우선 선발로 면접 없이 합격되었고 저는 면접을 본 뒤 합격되었습니다.

앞서 말했듯이 저는 대회 수상경력은 전무하다고 할 수 있고, 텝스 895점에 임원 경력, 봉사활동 경력도 전무했어요. 그래도 내신은 2등급이었습니다. 다만 자기소개서에 제가 얼마나 경제학에 대한 비전과 열정이 확고한지를 적었는데 아쉽게도 이를 입증할 수 있는 스펙도 거의 없었습니다. 저는 내신공부에 대한 부담이 커서 대외활동을 별로 하지 못했습니다. 혼자 관련 책을 읽고, 기사를 스크랩하고, 독서감상문을 열심히 적었지만 그것만으로는 객관성을 입증할 수 없었을 거예요. 제가 뛰어난 학생임을 입증할 수 있는 객관적 자료가 있다면 그건 내신 성적이었을 것입니다. 서울대에서는 내신이 학생의 성실성과 지적 능력을 말해 주기 때문에 내신을 많이 신뢰한다고 들었어요. 대학에 입학할 때 특기자전형으로 합격했다고 하면 친구들이 무슨 특기가 있냐고 묻는데 외고에서 내신 2등급을 했다는 것 말고는 정말 특기가 없었어요. 특기자전형이란 이름이 자꾸 이런 오해를 불러일으키니까 전형 이름도 일반전형으로 바꾼 것 같아요. 학생의 뛰어남을 입증할 수 있는 다른 특별한 경력이 있다면 모르지만 그런 게 없다면 서울대는 내신을 많이 보는 것 같습니다.

독서활동의 경우 저는 사회과학도서를 좋아해서 사회과학도서를 많이 읽었습니다. 특히 한국 경제나 자본주의의 문제점을 지적하는 책들을 좋아했어요. 그런 책을 읽으면 경제문제에 대한 문제의식이 확고해집니다. 신문에서 쪽자 글로 경제문제를 논하는 기사를 읽는 것과는 차원이 다릅니다. 예컨대 『나쁜 사마리아인들』이라는 책을 읽은 후 교과서로 긍정적으로만 수용했던 세계화의 어두운 면을 알게 되었고, 『지방은 식민지다』

라는 책을 읽고 한국 경제의 수도권 집중이 언론, 교육 등 매우 다양한 면에서 문제를 일으킨다는 점을 알게 되었습니다. 또『88만원 세대』를 읽고 청년들이 모험에 뛰어들 수 없는 대기업 중심의 경직된 경제 구조의 문제점을 알게 되었고, 『꾸리찌바 에필로그』를 읽고 대안 경제에 대해 생각하게 되었습니다. 이렇게 저는 제가 관심 있는 분야의 책을 읽으면서 진로를 찾게 되었습니다.

좋았던 활동은 제가 다닌 고등학교에서는 윤리 과목이 없고, 관련 내용을 접할 기회도 별로 없어서 제 스스로 인문학적 소양이 부족하다고 생각하고 있었는데 학교에서 방과 후 활동으로 '고전강독반'이 열려 참여했습니다. 수업은 학생들이 지정된 책을 읽어 온 후, 수업 시간에 토의해 보고 지정된 부분을 학생들이 강의해 보기도 하는 능동적인 지적 활동을 하는 수업이었어요. 고전강독반 수업에 참여하면서 평소에 잘 읽지 않던 인문학 교양서적을 읽으면서 제게 부족한 점을 채워나갈 수 있어서 무척 좋았습니다.

자기소개서 작성부터 완성까지

저는 서울대 특기자전형 자기소개서를 고등학교 3학년 여름방학부터 쓰기 시작했습니다. 수능 전에 미리 완성해서 수능 공부에 부담을 덜려고 했는데 결과적으로 자기소개서를 쓰는 데 아주 오랜 시간을 소비했어요. 그전까지는 자기소개서를 한 번도 써 보지 않아서 처음 자기소개서를 앞에 두고 쓸 말이 없어서 참 막막했지요. 그런데 겨우겨우 완성해서 여러 사람한테 보여줬는데 혹평만 듣고 말았습니다. 여러 사람한테 보여줬던 이유는 자기소개서를 쓸 때는 여러 사람에게 보여주고 최대한 많은 의견을 수렴하는 게 좋다는 한 선생님의 조언을 들어서였습니다. 그래서 가

족, 친척들한테 보여줬는데 충고가 너무 많아서 혼란스러웠어요. 여러분
은 너무 많은 조언을 다 수용하려 하지 말고 버릴 건 버리는 태도도 필요
하다고 생각해요. 많은 비전문가의 의견을 듣는 것보다는 자기소개서를
많이 접해 본 소수의 선생님에게서 지도받는 것도 좋습니다.

도움이 되었던 것은 친구들과 자기소개서를 바꿔 읽는 것이었습니다. 나
와 똑같이 자기소개서를 완성해 가는 과정에 있는 친구들의 글을 읽다
보면 어떤 점이 잘 되었고 어떤 점이 부족한지를 찾을 수 있었어요. 친구
들의 자기소개서를 읽고 수정한 다음에 또 합격한 잘 쓴 선배들의 자기
소개서를 읽어 보면 새로운 느낌을 받게 돼요.

그렇게 계속 글을 수정하다 보니 저는 결국 마감 직전에 자기소개서를
완성해서 제출할 수 있었습니다. 그런데 제 자기소개서를 읽고 이렇게는
절대 합격할 수 없다고 대필을 받으라는 얘기도 들었지만 저는 소신껏
직접 자기소개서를 썼습니다. 솔직히 자기소개서를 쓰면서 시간이 너무
많이 걸려서 후회되는 마음이 들기도 했지요.

그렇지만 대필하는 사람이 제 진심을 어떻게 다 표현하겠어요. 여러 번
글을 뒤엎는 과정에서 제 글이 점점 더 나아지는 걸 느낄 수 있었고 진짜
제 얘기가 담긴 자기소개서를 완성할 수 있었습니다.

여러분에게 제안하고 싶은 것은 자기소개서 작성을 좀 더 빨리 시작하라
는 것입니다. 저보다 한 학기 빨리, 2학년 겨울방학 때 시작하면 좋을 것
같습니다. 자기소개서를 쓰는 과정에서 글을 여러 번 엎을 수도 있어요.
하지만 포기하지 말고 노력하면 더 좋은 자기소개서가 나올 수 있습니다.
잘 된 자기소개서는 여러 항목이 유기적으로 연결되는 자기소개서입니
다. 저 같은 경우는 경제 연구원이 되고 싶었기 때문에 저의 어떤 특성이
나의 진로에 적합한지를 여러 항목에서 제시했어요. 그리고 자기소개서

첫 번째 문항이 "지원동기와 진로계획을 중심으로 서울대학교가 지원자를 선발해야 하는 이유에 대하여 기술하여 주십시오."였는데 저는 한국 자본주의의 병폐에 대한 해결책을 제시하고 싶었습니다. 그런데 첫 번째 문항에 하고 싶은 말을 다 담을 수가 없어서 다섯 번째 문항인 "읽었던 책 중 자신에게 가장 큰 영향을 준 책을 순서대로 3권 이내로 기술하여 주십시오."에서 첫 번째 문항에 쓰고 싶었던 말을 보충하기도 했습니다.

나만의 학습 비법

저는 공부할 때 손을 게을리하지 않았습니다. 수업 시간에는 선생님의 말씀을 쉴 새 없이 받아 적고, 시험공부를 할 때도 배운 내용을 노트에 빽빽이 적어가면서 공부하는 스타일이에요. 길게 쏟아지는 말과 글을 선택적으로 옮겨 적는 과정에서 자연스럽게 학습내용이 정리되기도 하고, 쓰면서 하는 공부가 집중이 잘 되기도 합니다. 국어공부는 특히 해설지를 많이 활용했어요. 빠른 시간 안에 문제를 풀다 보면 지문을 제대로 이해하지 못한 느낌이 들기도 하고 선택지들 중에 답이 헷갈리기도 해요. 그러면 문제를 풀고 채점한 다음에 꼭 다시 한 번 지문과 문제를 보고 이해를 하고 넘어갔어요. 이때 해설지를 보면 해설지에는 지문과 문제에 대한 해설이 나와 있으니 이를 읽고 자신의 생각을 더하면 거의 이해를 할 수 있었습니다. 이때도 단순히 머릿속으로 이해만 하는 것이 아니라, 직접 지문에 밑줄을 긋고 해설을 쓰고 정답과 오답의 근거를 필기해 두어야 이해한 내용이 제대로 머릿속에 정리됩니다.

입학사정관제 준비부터 실천까지

저는 입학사정관 전형을 준비하면서 가장 기억에 남는 동아리활동을 소개하고 싶습니다.

동아리활동을 할 때는 무엇보다 '성실함'과 '꼼꼼함'이 가장 중요하다고 생각해요. 그리고 활동에 있어서 직책도 중요하겠지만, 훨씬 더 중요한 것은 실질적인 참여도라고 생각해요. 저는 2학년 때 동아리 내에서 다른 아이들이 귀찮아하는 일들이나, 사소하게 생각하는 일들을 도맡아했어요. 그리고 대학 면접을 볼 때 입학사정관들에게 이러한 점들을 잘 피력했기 때문에 다른 지원자들보다 더 좋은 평가를 받을 수 있었습니다.

또한 어떠한 활동이든지 항상 꼼꼼하게 기록을 해두는 습관이 중요합니다. 활동만 하고 귀찮다는 이유로 기록하는 것을 자꾸 뒤로 미루다 보면 나중에 기록으로 참조하려면 잘 생각이 나지 않습니다. 활동할 때마다 사진도 찍어 보관하고 다이어리나 수첩에 날짜와 활동내용, 느낀 점을 간단하게라도 꼭 기록하세요. 그러면 분명 자기소개서를 쓸 때나 포트폴리오를 작성할 때 많은 도움이 됩니다.

교내외 활동 중에서 저는 2학년 때 유네스코부 내에서 '레인보우 세계시민 프로젝트'에 참여했던 것이 가장 기억에 남습니다. 레인보우 세계시민 프로젝트는 한국유네스코협동학교에서 주최하는 프로젝트인데, 유네스코부가 있는 학교를 대상으로 하는 프로그램이에요. 이 프로그램은 학생들이 스스로 각자의 역할을 분담해 개인, 학교, 지역사회 단위로 실천할 수 있는 항목들을 계획해서 실천해야 한다는 특징이 있습니다. 활동할 분야를 선택하는 것에서부터 계획안을 구상하고 예산을 짜는 것까지 모두 저희 스스로의 힘으로 해결해야 합니다. 저희는 8명이라는 다소 적은 인원으로 프로젝트를 구성했고, 그렇기에 개별적으로 분담했던 일들도 많았습니다.

저희 프로젝트 팀은 '환경'을 주제로 약 8개월간 활동했는데, 최대한 추상적이지 않고 구체적으로 액션플랜을 짜느라 고민을 많이 했습니다. 구성원들 모두가 바쁘다 보니 시간을 내는 것이 힘들었지만 가능한 한 서로 배려하면서 자주 모일 수 있도록 했습니다. 특히 활동하는 중에 중간점검 차 전국적으로 프로젝트 팀들의 대표 학생들이 모여 서로 프로젝트 내용을 공유하면서 회의도 하고, 지역별로 모여서 캠페인도 벌이고, 마지막으로 프로젝트 마무리로 직접 청소년 세계시민선언문을 만들기도 했습니다.

프로젝트 활동은 수동적으로 참여만 했던 것이 아니라, 저희들이 하나부터 열까지 모든 부분에서 주체적으로 활동했기 때문에 훨씬 더 값진 경험들로 남길 수 있었던 것 같습니다. 이런 활동을 통해 좀 더 자신을 절제하고 주도적으로 학습을 하는 태도를 가지게 되었으며, 다른 아이들과의 관계를 통해 리더십도 기를 수 있었습니다. 그래서 지금도 특별한 기억으로 남아 있나 봅니다.

자기소개서 작성부터 완성까지

자기소개서를 쓸 때 가장 중요한 것은 지망하는 학과와 학교에 대한 정확한 이해라고 생각해요. 많은 학생이 자신이 원하는 학과와 학교에 대해서 막연하게만 알고 있는 것 같습니다. 정확한 이해를 위해서는 인터넷과 책을 적극적으로 활용해야 해요. 저는 학과에 대한 정보를 찾기 위해서 워크넷과 커리어넷 홈페이지를 많이 활용했습니다. 이 사이트들은 관련학과, 전공 세부과목, 장래직업 등 학과에 대한 많은 정보들을 소개해 줍니다. 물론 학교 홈페이지에 들어가도 학과에 대한 정보를 얻을 수 있죠. 저는 소개서에서 학업계획을 쓸 때 학교 홈페이지에서 얻은 정보를 활용했는데, 저의 진로계획과 연관성이 큰 전공 세부과목을 몇 가지 선택해서 작성했더니 훨씬 더 자세한 학업계획서로 만들 수 있었습니다. 또 저는 자기소개서를 쓸 때 『MT정치외교학』이라는 책을 참고했는데, 제가 지망했던 정치외교학과에 대해서 아주 세세한 것까지 소개되어 있어서 자기소개서와 면접 모두에서 정말 유용하게 활용할 수 있었습니다. 지원하는 학교에 대해 알기 위해서는 무엇보다 지원학교의 홈페이지에 들어가 보는 게 가장 빠를 것 같습니다. 여기서 꼭 확인해야 할 것은 각 학교의 인재상, 동아리, 그리고 각 학교에서 지원하는 프로그램들입니다. 자기소개서를 쓸 때 자신의 이미지가 자연스럽게 학교의 인재상으로 비춰질 수 있도록 써야 하기 때문이지요. 또한 학업계획을 쓸 때 자연스럽게 동아리활동이나 학교 프로그램들을 언급해도 좋아요. 내가 얼마나 지망한 학과와 학교에 대해 관심이 많은지 입학사정관들에게 어필하는 것이 가장 중요해요. 특히 무엇보다도 자기소개서를 위한 준비는 평소에 꾸준히 해야 자신이 원하는 자기소개서를 완성할 수 있습니다.

나만의 학습 비법

이제 막 중학생에서 벗어나 고등학생이 된 후배님들! 아직 고등학교 생활이 어색하기도 하고 무엇을 어떻게 해야 할지 막막하기도 할 텐데요. 후배들의 생활을 살펴보면 안타까운 부분이 있습니다. 많은 후배들이 중학 생활 패턴에 너무 익숙하게 젖어 있어서 입학 초 3,4월의 시간을 허비하는 경우가 많더군요. 1학년 1학기 초반부터 시간을 도둑질당하지 않고 계획성 있게 시작하는 것은 정말 중요합니다. 1학년 때는 문제풀이 위주의 공부를 할 것이 아니라, 방대한 양의 기초개념을 잡는 데에 몰두하는 것이 좋습니다. 개념 설명이 찬찬히 잘 되어 있는 문제집을 골라 꼼꼼하게 내용을 파악하세요. 또 학교에서 주최하는 대회는 가능하면 참여하는 게 좋습니다. 공부를 핑계로 교내대회에 소홀히 하는 학생들이 많은 것 같은데 후회를 할 수도 있습니다. 가장 중요한 것은 1학년 때부터 자신의 현재 위치를 정확히 파악하고 준비하는 것이에요. 막연하게 자신을 판단하지 마세요. 지금 성적으로 어느 대학의 어느 과에 지망할 수 있고, 내가 어느 과목의 어느 부분에서 취약한지 구체적으로 파악해야 성적을 체계적으로 올릴 수 있을 것입니다.

입학사정관제 준비부터 실천까지

저는 입학사정관제를 준비하면서 가장 먼저 생각해 봤던 것이 '지원동기'입니다.

초등학교 6학년 1학기 때 아파트 단지를 돌아다니다가 우연히 매미 허물이 나무에 붙어 있는 것을 보고 신기해서 하나둘 모으기 시작했습니다. 그러다 모은 매미 허물을 가지고 작품을 만들어보고 싶어져서 작은 매미

허물들을 이용해 큰 매미 모양을 만들었습니다. 날개는 하얀 스타킹을 찢어서 만들고, 더듬이는 하얀색 1~2령 매미허물로, 몸통은 갈색 3~5령 매미허물로 만들었습니다. 다 완성한 후 뿌듯한 마음으로 담임선생님께 보여드렸는데 제 기대와는 달리 특별한 관심을 보여주지 않는 것이었습니다. 그러던 중 2학기 때 전학을 가게 되었습니다. 새로운 담임선생님께 매미 작품을 다시 보여드렸는데 정말 창의적인 작품이라고 칭찬하시며 반 친구들과 함께 매미의 한살이에 대해서 공부해 보는 시간을 갖자며 좋아하셨습니다. 저는 그 순간 선생님이 사소한 것에서 아이들의 가능성을 발견해 주는 것에 감동을 받았고 그때부터 초등학교 선생님이 되기를 꿈꾸게 되었습니다.

교내외활동 가운데 기억에 남는 활동은 '한톨 나눔축제'입니다. 이 활동과 관련해서는 13학년도 서울교육대학교 수시와 정시 면접에서, 두 번 다 입학사정관으로부터 질문을 받았던 봉사활동입니다. 이름부터 약간 특이하고, 3년 연속으로 봉사활동란에 있었기에 질문해 주셨던 것 같습니다.

저는 한비야의 『지도 밖으로 행군하라』라는 책을 읽고 한비야 작가에 대해 관심을 가지게 되면서 월드비전의 세계시민교육에 대해서도 알게 되었습니다. 그때 학교에서 한톨 나눔축제를 한다는 포스터를 보았고, 자연스럽게 참가하게 되었습니다. 활동을 하면서 구호물품을 제작하고, 글로벌 시민교육을 받으며 미래에 내가 초등학교 교사가 된다면 내가 가르치는 학생들에게도 이런 것들을 가르쳐주고 싶다는 생각도 하게 되었습니다. 이처럼 어떠한 봉사활동을 선정함에 있어서도 나름대로의 짧은 스토리가 있는 것이 큰 도움이 될 것입니다. 봉사활동에 참가하게 된 동기와, 그 속에서 느꼈던 점이 자연스럽게 연결되도록 생각해 보기 바랍니다.

또 다른 기억나는 활동은 수능 끝나고 했던 '시각장애인을 위한 도서워드 입력'입니다. 평소에 존경하는 롤모델들이 다들 있으시죠? 저는 '헬렌켈러'입니다. 자기 자신을 극복하면서 그것에 그치지 않고 시각장애인들을 위해 봉사까지 하는 모습이 미래의 초등교사를 위해 필요한 덕목으로 비춰졌습니다. 또한 교사도 학생들을 위해 끊임없이 자기계발을 하고, 봉사해야 하기에 비슷한 점이 많다는 생각이 들었습니다. 이처럼 봉사할 때도 자신이 존경하는 사람이나 역할 모델을 설정하고 시작하는 것이 도움이 될 것입니다. 봉사활동에도 지원동기와 엮어질 수 있는 계기들을 꼭 만들어 두면 좋겠습니다.

자기소개서 작성부터 완성까지

저는 서울교육대학교에 2번이나 지원하면서 2번의 자기소개서 작성 경험을 갖고 있습니다. 서울교육대학교 자기소개서에서는 본인의 성장과정, 그에 따른 강점 부각, 지원동기 이 3가지를 물어보지만 대개의 대학들이 아마 이와 비슷한 내용을 요구할 것 같습니다.

자소서를 쓰면서 처음으로 했던 작업은 브레인스토밍을 하듯 자신의 과거를 되돌아보고 기억에 남는 사건들을 쭉 나열해 보는 것이었습니다. 이때도 막연히 생각하면 정말 막막하기 때문에 기준을 정해 놓고 회상해 보는 것이 좋습니다. 먼저 유치원, 초등, 중등, 고등 이렇게 4단계로 나누어서 각 시기마다 일어났던 사건, 경험들을 적어 보세요. 그 다음은 과목별로 나누어 생각해 보세요. 교대의 특성상 내신에서 주요 과목과 비주요 과목을 전부 반영하기에 자기소개서를 작성할 때도 전 과목에 흥미가 있고, 다양한 경험을 해봤다는 방향으로 작성했는데 그 부분이 좋은 결과로 이어지지 않았나 싶습니다. 그리고 중요한 것은 다양하게 열거된 자신의 경험 속에서 지원동기와 일관성을 가지도록 자신만의 이야기를 구성해야 한다는 것입니다. 저의 경우에는 초등학교 6학년 시절의 매미 일화 뒤에 고등학교에서의 생활을 이어지도록 작성했습니다. 고등학교 때 읽었던 책, 동아리, 봉사활동을 교사가 되려는 이유와 연결시켜서 자기소개서를 완성시켰습니다. 처음에는 서로 연관성이 없어 보이는 활동들도 여러 번 고민을 하다 보면 연결고리를 찾을 수 있습니다. 마지막 완성된 자기소개서에는 이런 다양한 활동들의 과정들이 자신의 꿈을 향한 일관성을 가지고 있었다는 점이 나타나도록 쓰는 게 중요합니다.

 저는 고등학교 3학년 때 처음 자기소개서를 쓰기 시작했는데 정말 힘들었습니다. 담임선생님이 자기소개서를 의무적으로 쓰게 한 후 이틀에 한 번씩 검사를 했기 때문에 아마도 완성할 수 있었지 않나 싶습니다. 담임선생님 외에도 국어선생님의 첨삭도 자주 받고, 종례시간에는 반 친구들끼리 우수작을 앞에 나가 발표하는 시간을 가지면서 비교도 할 수 있었습니다. 자소서 작성에서 제일 중요한 것은 평소 자기 자신에 대해서 되돌아보는 시간을 가졌었다면(일기) 이런 어려움을 겪지 않아도 될 것 같습니다.

요즘 대부분의 학생들이 핸드폰 가지고 있을 텐데 저는 핸드폰에 순간순간마다 기억나는 것들을 메모해 두는 습관을 가지고 있습니다. 제가 위에서 만들었던 매미 일화도 지하철을 타고 가다가 '그렇게 한 번 써 보면 어떨까?' 라고 메모해 두었던 것입니다. 자기소개서를 짧은 시간에 완성하기란 매우 힘들기 때문에 이렇게 평소에 자기 자신에 대해서 곰곰이 생각해 보고 사소한 것이라도 휴대폰에 메모해 두는 습관이 자기소개서 작성에 큰 도움이 될 것 같습니다. 제가 자기소개서를 쓰면서 참고했던 책은『스토리가 스펙을 이긴다』입니다. 제목에서부터 알 수 있듯이, 자신만의 스토리가 있는 자기소개서가 스펙만 나열한 자기소개서를 이길 수 있다는 걸 알게 해주었습니다.

🔖 나만의 학습 비법

수능을 준비하게 되면 언어, 수리, 외국어에 탐구과목까지 하느라 정말 공부할 시간이 부족하다고 느끼게 됩니다. 하지만 저는 탐구과목을 제가 평소에 흥미를 가지는 한국지리, 세계지리, 사회문화 과목으로 정해서 스트레스 해소용으로 사용했습니다. 약간 이상하게 들릴지도 모르겠지만 평소에 언·수·외 공부를 하다 지칠 때, 저녁 늦은 시간에 졸려서 공부에 집중이 잘 되지 않을 때 사회탐구 공부를 했습니다. 탐구과목만큼은 공부한다고 생각하기보다는 '재미있는 걸 한다', '새로운 걸 알아간다'라고 여기고 해주세요. 실제로 저의 경우에는 세계지리를 공부하면서 스트레스를 받았던 것은 시차문제 풀 때 빼고는 없었던 것 같습니다. 재미있게 느끼는 과목일수록 점수도 잘 나오고, 그날의 스트레스도 해소할 수 있어서 정말 좋습니다.

사실 저는 문과학생으로 수학을 어려워하고 잘 못합니다. 그래서 점심시간을 이용해 이과 친구에게 수학문제에 대해 질문을 하고는 했습니다. 반면 이과 친구는 수학은 잘하는데, 영어가 떨어져서 저한테 영어를 주로 물어보며 서로에게 도움이 되어 주었습니다. 이런 친구를 만드는 것도 학습에 큰 도움이 됩니다.

고3 1년간 대략적인 공부 방향은 "약점을 보완하는 것에 초점을 맞추어라."라고 말하고 싶습니다. 고3이 되면 수도 없이 모의고사 문제를 풀게 됩니다. 그때마다 틀린 문제들이 나올 텐데 대부분의 학생들은 틀린 문제를 해답지 한 번 보고 덮어버립니다. 마치 자신이 다시는 이러한 문제를 틀리지 않을 것이라고 착각하면서요. 그렇지만 자신이 정말 실수가 아닌 이상 그 부분에 대한 개념이 확실히 잡히지 않았다는 것을 인정해야 합니다. 틀린 부분의 개념은 꼭 다시 한 번 정독하세요.

그리고 9월 모의고사에서 수능 전까지 이 기간이 굉장히 중요합니다. 실제로 많은 학생들이 9월 모의고사를 보고 나서 더 이상 풀 문제집도 없고, 이미 수능은 결정되었다는 느낌을 받아서 페이스를 놓치는 경우가 많습니다.

하지만 모든 시험은 시험을 치기 전까지 긴장을 놓아서는 안 됩니다. 저는 9월 모의고사 때 언어에 감이 생겼다는 자신감에 수능 전까지 수학에만 집중했더니 결국 언어 영역을 망치고 말았습니다. 9월 모의고사까지는 개념을 다지고, 문제를 풀면서 유형을 정리했다면 이후에는 지금까지 쌓아왔던 것들을 유지시켜야 합니다. 이 시기에는 모의고사 세트를 매일 풀어보길 추천합니다. 전 범위 모의고사를 매일 풀면서 감을 놓치지 말고 틀리는 것들만 오후에 체크해 주세요.

저는 모의고사에서는 수리를 주로 4등급 받았었는데 재수 끝에 수능에서 1등급을 받았습니다. 그래서 다른 과목 공부법보다 수학 공부법에 대해 알려드리겠습니다.

저는 수능이 끝나고 12월부터 후년 3월까지 약 4개월 동안 개념정리를 다시 완벽하게 했습니다. 여기까지는 누구나 이렇게 할 것입니다. 다음은 한 문제집을 선택해서 적어도 4번 정도는 풀었습니다. 『신사고 수능 다큐』와 『자이스토리』 같은 다유형 문제집을 추천합니다. 문제집을 풀면서 저도 처음에는 정말 좌절했습니다. 고난도 문제들은 거의 다 틀렸으니까요. 그렇지만 한 문제집을 여러 번 풀다 보니 이 과정 속에서 자연스럽게 사고력이 길러지는 것 같았습니다. 수학만큼은 괜히 욕심 부리며 여러 권의 문제집을 풀려고 하지 마세요. 새로운 문제집을 풀려면 기존의 문제집을 정말 다 막힘없이 풀 수 있는지 마음속으로 생각해 보고 결정해 주세요. 그리고 주말에는 두 가지 수학공부를 하면 좋습니다. 첫 번째는 취약단원을 집중적으로 공부하고, 두 번째는 수학문제집의 목차를 외우길 바랍니다.

저만 그럴지 모르겠지만 주말에 잘 모르는 단원을 정해 풀면 성취감도 느끼고, 정말 취약점이 해결되었습니다. 매일 조금씩 취약 단원을 보충하기에는 집중도가 떨어졌습니다. 수학의 목차를 외워달라는 것은 수학문제를 잘 풀기 위함입니다. 실제로 수리영역 1등급이 되는 학생들은 문제를 보자마자 문제풀이 방법이 자연스럽게 머릿속에 떠오릅니다. '어떤 단원과 어떤 단원을 결합시킨 문제구나, 따라서 어떤 공식을 써야겠군!' 이라고 말이죠. 따라서 수학의 구조화를 위해 목차를 외워달라는 것입니다. 빈 A4용지에 수학 책의 목차를 적고 핵심 공식이나 간단한 정의 정도를 쓸 수 있게 된다면 모의고사 수리영역에서 수월함을 느끼게 될 것입니다.

끝으로 제가 고3 후배 수험생들에게 하고 싶은 얘기는 제가 재수하면서 느낀 것인데 '수능에서 100점 받을 자신이 생기면 실제로는 1등급이 나오고 수능에서 1등급을 받을 자신이 생기면 실제로 2등급이 나온다.'는 것입니다. 뭔가 너무 가혹하다고 생각할지 모르겠지만 수능장에서는 모의고사 때보다 더 긴장되고, 상위권 재수, 반수생들이 대거 유입되기 때문에 정말 평상시와는 다르다는 것을 강조하고 싶습니다.

입학사정관제 준비부터 실천까지

입학사정관 전형 준비를 위해 여러 활동을 해야 하는 것도 바쁜데, 내신까지 관리해야 하니 힘들어하는 친구들이 많을 것 같아요. 저도 내신관리에 부담을 많이 가지고 있었던 편입니다. 내신 대비에 있어서는 적어도 3~4주 전에는 다른 활동들을 제쳐두고 내신공부에 몰두하는 게 좋아요. 저는 4주 전에는 공부계획을 미리 짰는데, 시험 범위에 나올 분량을 노트에 모두 나열한 다음, 주간별로 4등분을 해서 나누고, 그것을 다시 하루에 두세 과목으로 적절히 배치해서 한 과목이라고 놓치는 부분이 없도록 했습니다.

한 가지 팁을 알려준다면 내신 시험공부 기간에는 수업시간마다 선생님을 귀찮게 하세요. 시험 출제자는 선생님입니다. 어떤 인강이나 문제집도 시험문제를 알려주지는 않아요. 교과선생님들은 열심히 수업 듣고 질문하는 학생에게 정이 가는 법입니다. 은근슬쩍 문제유출(?)을 해주시죠. "이 부분이 중요하다."라고 말씀하신 건 시험문제에 출제될 확률이 높다는 뜻입니다.

사실 저는 경영학과에 지원하고 싶었습니다. 그런데 1학년 1학기 수학 내신이 3등급이어서 다른 과목에 비해 매우 불리했어요. 특히 경영학과와 수학은 연관성이 높은데 그것 때문에 정말 고민이 많이 되었어요. 그래서 2학년 때부터 교내에 수학스터디 그룹을 만들어서 꾸준히 공부를 하고, 개인적으로도 많은 노력을 해서 결국 수학성적을 1등급으로 향상시켰습니다. 결과적으로 수능에서도 수리영역 1등급이라는 성과를 얻을 수 있었지요. 이런 부분이 입학사정관제의 관점에서 꾸준한 성적 상승세로 좋은 인상을 심어줄 수 있었다고 생각해요. 또한 자기주도적 학습을 했다는 것을 자소서에 핵심 요소로 사용할 수도 있었습니다.

저는 학교장추천전형으로 고려대학교에 합격했습니다. 전형 특성상 이미 내신이 어느 정도 뒷받침되는 학생들만 지원을 해서 그런지 내신이 절대적인 영향력을 가지고 있진 않다고 생각했어요. 왜냐하면 1.0 내신을 가진 학생도 1차 서류평가에서 떨어지는 경우도 보았기 때문입니다. 그래서 내신도 중요하지만 자기소개서나 면접도 정말 중요하다는 걸 느꼈습니다.

학교생활기록부 관리를 위해서는 일단 학교 수업을 하면서 꾸준히 선생님과 친해지는 게 가장 중요하다고 생각해요. 선생님과 친해지기 위한 가장 좋은 방법은 열심히 수업을 듣고 따로 찾아가서 교과목 선생님께 자주 질문을 하는 것이 좋아요. 내 이름도 모르시는데 선생님을 찾아가서 다짜고짜 특기사항 기록해 달라고 할 수는 없으니까요. 특히 저의 경우는 항상 생활기록부 작성 기간이 되면 종이에 교과목과 관련된 활동을 A4용지에 깔끔하게 적어서 담당선생님께 드렸어요. 그리고 선생님께 "이 내용을 생활기록부 작성하실 때 참고해서 적어주셨으면 합니다."라고 정중하게 부탁드리면 흔쾌히 받아주셨어요.

끝으로 독서활동의 경우 저는 고등학교 3학년 때는 수험생이라는 이유로 책을 그리 가까이 하지 못했습니다. 하지만 토드 부크홀츠의『죽은 경제학자의 살아있는 아이디어』라는 책은 몇 안 되는 독서 중에서 가장 기억에 남는 책입니다. 저희 학교에는 경제과목이 개설되어 있지 않아서 '경제'라는 학문에 대해 접근하기가 힘들었어요. 그래서 논술 준비를 하면서 경제와 관련된 지문을 접하면 한숨부터 나왔습니다. 그러면서 경영학과 경제학이 밀접한 관련이 있는데 경제에 문외한이면 곤란하다는 생각이 들어 이 책을 읽게 되었습니다. 경제학의 창시자라고 볼 수 있는 애덤스미스부터, 꼬리에 꼬리를 무는 경제학자들의 이론과 그 시대적 배경, 이야기를 한눈에 알 수 있게 하는 책이었어요. 이후 독서 덕분인지 경제지문에 있어서 부담감을 덜 느낄 수 있었고, 가장 좋았던 건 입학사정관제 면접을 보면서 여기서 얻었던 경제상식, 이론들을 토대로 하여 면접관들에게 더욱 좋은 인상을 남겨 줄 수 있었습니다.

경제, 경영 쪽으로 진로를 생각하는 친구들은 『죽은 경제학자의 살아있는 아이디어』를 꼭 읽어 보았으면 합니다. 논술 준비를 하고 있는 친구들에게도 도움이 될 수 있고 수능에서 언어 비문학에 '경제' 분야가 취약한 학생도 한 번쯤 가볍게 읽어 보면 전체적인 경제학 이론들의 틀을 이해할 수 있는 바탕이 될 것입니다.

자기소개서 작성부터 완성까지

그동안 착실하게 여러 활동을 해왔다고 생각했는데 막상 자기소개서를 쓰려고 하니 뭐부터 손을 대야 할지 진짜 고민이 많이 되었습니다. 그렇다고 다른 사람의 자기소개서를 예시자료랍시고 섣불리 보는 것은 개인적으로 바람직하지 않다고 생각해요. 왜냐하면 자신의 자소서 아웃라인도 잡지 않고 다른 사람의 자기소개서를 보면 선입견이 생길 수 있기 때문이죠. 자기소개서에서 가장 중요하다고 할 수 있는 자신만의 '참신성'이 사라지게 될 수도 있죠. 그래도 정 감이 안 잡히는 친구들이 있다면 어느 정도의 참고와 가이드라인만 잡는다고 생각하고 가볍게 다른 사람들의 자기소개서 읽는 것을 추천해요.

자기소개서를 작성하면서 지금까지 해왔던 활동들을 어떻게 자기소개서에 연결 짓느냐가 문제인 것 같습니다. 저는 일단 두서없이 제가 지금까지 해왔던 활동들을 죽 나열해서 적어보고, 그것을 제 학과와 어떤 연관을 지을 수 있는지, 어떤 자질을 어필할 수 있는지를 먼저 고민하고 적어봤습니다. 여기서 중요한 것은 절대 활동이 소위 '스펙'이라고 말하는 것들이 다가 아니라는 점이에요. 저의 사례를 들자면 저는 1학년부터 3학년 때까지 꾸준히 수학성적이 상승한 것을 '성실성'으로 어필하면서 자연스럽게 교내에서 친구들과 수학스터디 활동한 것을 하나의 스펙으로 만들었습니다. 소소해 보일 수 있는 교내 활동이 자기주도성이나 협동심, 리더십 같은 큰 자질을 이끌어 낼 수 있다는 점을 기억해 두었으면 합니다.

이러한 작업을 마친 후, 자기소개서 '질문'의 키워드를 체크하고 그것에 맞춰서 사례를 한두 가지 끼워 맞춘 후에 자기소개서를 적었습니다. 이때 반드시 지원하고자 하는 대학, 학과의 인재상을 염두에 두고, 그것에 초점을 맞춰서 적는 게 중요합니다. 자기소개서를 읽고 평가하는 입학사정관들이 어떤 기준을 가지고 평가를 하느냐는 대학의 인재상에 달려 있습니다. 그리고 단순히 내가 얻었던 자질을 그대로 언급하지 말고 참신한 표현을 사용해서 의미를 부여하는 것이 좋습니다. 예를 들어 봉사활동을 하고 난 후 자기가 '연탄'과 같은 존재가 되고 싶다는 생각을 했다면, 이 연탄에 의미를 부여해서 새로운 자질을 이끌어 내는 것이죠.

마지막으로 첨삭과 고쳐 쓰기 단계인데요. 첨삭을 하면 먼저 '내가 질문의 의도와 맞게 썼는가'에 초점을 맞춰서 전체적인 글의 내용을 봐야 합니다. 그 다음 글의 전개가 적절하게 이루어졌는가, 맞춤법은 틀린 부분이 없는가를 봅니다. 자신이 쓴 글이 완벽해 보여도 막상 계속 읽다 보면 고칠 게 자꾸 보입니다.

수학 때문에 고민하는 친구들이 많죠? 특히 문과라면 대부분 수학에 대한 거부감이 있을 것 같은데, 저 또한 '수학'이라는 과목을 두고 고3 끝까지 씨름했던 학생으로서 그런 고민에 절실하게 공감합니다. 그래서 어떤 방법으로 수학성적을 올릴 수 있는지에 대한 노하우를 배울 수 있었습니다. 저는 '공신닷컴'이나 '텐볼스토리' 같은 사이트의 공신들의 방법을 연구하며 제 것으로 만들어 수학 1등급이라는 결실을 맺었습니다. 다들 수학은 개념이라고 하는데 개념! 중요하죠. 하지만 개념만 주구장창 파고만 있을 수는 없어요. 제가 했던 방법은 개념서 한 권을 정해 놓고 자신이 푼 문제가 적용된 개념 중 몰랐던 내용을 추가한다는 생각으로 공부를 했습니다. '개념서'만 붙잡고 개념 자체만 외우면 문제에 어떻게 적용되는지 터득하기 힘들 수 있어요. 문제를 풀면서 역으로 개념을 확인하는 과정이 필요한 것 같아요. 이 방법 또한 여러 가지 수학공부법을 찾아보고 그 중에 저에게 맞는 방법을 찾아가는 과정에서 얻은 방법입니다.

그리고 고1,2 때는 단원별, 유형별로 정리된 문제집을, 고3 때는 모의고사 형식으로 나온 문제집을 선택하세요. 일단 고1, 고2 때에는 수능에 나오는 모든 수학 단원을 배우지 못한 상태이기 때문에 자신이 지금까지 배워온 과정의 개념을 문제에 적용하는 것이 중요해요. 그래서 유형별 문제집을 통해 이 개념이 이런 유형에서 어떻게 적용되어 풀리는가를 하나하나 꼼꼼히 확인해 가면서 훈련해야 합니다. 시중에 『쎈』이나 『RPM』 같이 그런 문제집 많잖아요. 한 권 정해서 죽 풀고 다시 풀고, 또 풀다 보면 유형들이 머릿속에 정리되는 것을 느낄 수 있을 거예요.

그리고 고3이 되어 모의고사를 보면 다양한 풀이를 통해 문제를 해결할 수 있는 경우가 많아요. 그래서 저는 고3 때는 모의고사 형식의 문제집을 풀었는데, 그 이유는 모의고사를 풀다 보면 특정한 유형에 국한되어 있지 않고 자신의 방법으로 해결할 수 있는 문제가 있기 때문에 그런 것을 훈련하고 싶었습니다. 그래서 답지에 의존하지 않고 스스로 방법을 터득해서 풀이를 생각해 냈어요. 그러려면 자신의 풀이를 깔끔하게 정리해 놓아야겠죠. 그 다음 마지막에 답지의 풀이를 비교해 보면서 내가 생각지 못했던 개념이나, 풀이과정을 내 풀이 과정 옆에 곁들여 적어주었습니다. 이렇게 헷갈렸던 문제, 몰랐던 문제를 바로바로 표시를 해두고 관련된 개념이나 풀이를 적으면 그것 자체가 오답노트가 되는 것이죠. 그래서 저는 굳이 오답노트를 따로 만들지 않고 문제집 자체를 오답노트화해서 반복해 풀었습니다.

수능장에서는 무조건 평소대로 행동하는 것이 중요합니다. 평소 모의고사 볼 때 입던 옷차림, 평소 점심 때 먹던 음식. 괜히 수능이라고 특별하게 준비하다가 괜히 예기치 못한 상황에 닥칠 수도 있어요. 그리고 수능 볼 때의 마음가짐도 '모의고사를 보는 것이다.'라고 생각하고 보면 좀 더 편하게 볼 수 있습니다. 수능장에서 화장실에 갈 때는 종이 울리자마자 바로 서둘러 가는 것이 좋아요. 화장실에 사람이 많기 때문에 빨리 다녀오는 게 그 다음 시험과목 마무리 점검할 시간도 벌 수 있어요. 그리고 수능시험장 쉬는 시간에는 무엇을 공부해야 하는지에 대해 궁금해하는 친구들이 많을 텐데요. 저는 6월, 9월에 쳤던 평가원 문제를 죽 훑고 풀었습니다. 워밍업이라고 하죠. 언어영역을 치른 후에 수학을 풀 수 있는 두뇌 상태로 재빨리 변환시킨다는 생각으로 답을 알고, 내게 익숙한 문제라도 다시 한 번 풀어 보았습니다. 놀라웠던 것은 수리영역을 보기 전에 봤던 9월 평가원 수리영역 문제가 수능에 나온 유형과 거의 유사해서 안정감을 느낄 수 있었어요. 덕분에 계산실수도 적고 시간 단축도 할 수 있었습니다.

지금쯤 올해 수능을 본다는 부담감과 눈앞으로 다가온 대학입시에 한숨을 쉬고 있을 고3 수험생들에게 이 말을 꼭 전하고 싶습니다. "피할 수 없다면 즐겨라, 이것 또한 지나가리라." 어차피 누구든지 한번쯤 겪게 되는 고3 수험생활, 이왕이면 유익하게 그리고 좋은 성과를 얻으면 좋겠습니다. 주어진 상황에 최선을 다하는 것이 가장 좋은 일이 아닐까요. 내신 시험기간이 다가오면 그 시험을 위해 최선을 다하고, 평가원 모의고사가 다가오면 그것에 최선을 다하며, 자기소개서 작성기간이 오면 자기소개서 쓰는 것에 혼신의 힘을 바치고…… 이렇게 닥치는 상황에 대처를 한다고 생각하고 지내다 보면 어느새 고3이 끝나 있을 거예요. 이제 멀지 않았어요. 원하는 대학에 합격하는 그날을 위해 파이팅합시다!

입학사정관제 준비부터 실천까지

저는 고등학교 1~2학년 동안 국제긴급구호단체 월드비전에서 봉사활동을 했습니다. 2년간 봉사활동을 하면서 '한 학급 한 생명살리기' 홍보대사, 연탄 나르기, 김장 담그기, 봉사캠프 등 여러 활동을 했지만 그중에서 가장 기억에 남는 봉사활동은 몽골에 자원봉사캠프를 갔던 일입니다. 사실 저는 봉사캠프를 가기 전까지 해외봉사활동에 약간은 부정적인 시각을 갖고 있었습니다. 경비도 많이 들고 정작 우리나라에도 힘든 사람이 많은데 굳이 외국까지 가서 봉사활동을 하는 이유가 뭔가 싶은 생각이 들었기 때문입니다. 그래도 캠프에 선발이 되고 경비 지원이 된다고 하니 막상 설레고 기대가 많이 됐습니다.

몽골에 도착해서 몽골 고아원도 방문하고 장애아동센터도 방문했는데 열악한 시설과 인력부족에 시달리고 있는 모습을 보면서 아동들의 복지 문제에 대해 어렴풋이나마 생각하게 되었습니다. 몽골 초등학교를 방문했을 때는 아이들과 문화교류 활동을 하면서 비록 언어는 잘 통하지 않지만, 소통의 중요성과 교류의 중요성에 대해서 느낄 수 있었습니다.

캠프를 다녀오고 나서 가장 먼저 변한 것은 우선 저의 진로가 사회의 복지를 위한 일을 하고 싶다는 것으로 바뀌었다는 것입니다. 두 번째는 봉사활동을 하는 데 더욱 진정성을 갖게 되었고 친구들, 주변사람들과의 소통에 관심을 갖게 되었다는 것입니다.

요즘 교내외 봉사활동의 진정성에 대한 논란이 많은 것 같습니다. '시간 때우기 용이다. 순전히 스펙을 위한 봉사다.' 그렇지만 어떤 목적을 갖고 봉사활동을 하든지 하고 나서 꼭 의미를 되새겨보고 돌이켜 생각해 보는 시간을 꼭 가지길 바랍니다.

동아리활동은 예전과는 다르게 요즘은 학교에서 참 다양하게 운영되고 있는 것 같습니다. 제가 다닌 학교는 '사교육 없는 학교 만들기' 캠페인 대상 학교였기 때문에 '1등급 프로젝트', '교과 심화학습 동아리' 등이 활발하게 운영되었습니다. 저는 친구들과 함께 '교과 심화학습 동아리'활동을 했는데, 언어, 수리, 외국어 같은 경우에는 서로 성적의 차이라든가 공부방식이 다르다고 생각했기 때문에 사회탐구 과목을 함께 심화학습 하기로 했습니다. 서로 한 과목씩 맡아서 서로에게 가르쳐 주기로 했습니다. 그런데 수업준비를 하다 보니 자연스레 제가 아는 것과 친구들이 아는 것이 달라도 너무 다르다는 것을 느껴 참고서적도 뒤적거리게 되고 선생님께 여쭈어도 보면서 공부를 하게 되었습니다. 그리고 모르는 문제나 어려운 문제는 함께 상의해 보고 토의해 보는 과정을 가지기도 했습니다. 이러한 과정을 통해 혼자 공부하면서는 그냥 넘길 수도 있었던 부분에 대해서도 자세하게 알게 되는 경우도 있고, 참고서적 혹은 선생님께 여쭈는 과정을 통해서 깊이 있고 심화된 내용도 알게 되어 결론적으로는 동아리 부원 모두 사회탐구 성적이 많이 오를 수 있었습니다. 이렇게 혼자 하는 공부도 중요하지만 동아리활동을 통한 공부도 도움이 많이 된다고 생각합니다.

자기소개서 작성부터 완성까지

자기소개서, 단어만 들어도 막막하겠죠. 저도 처음엔 그랬습니다. 언니나 오빠가 있는 것도 아니고 그렇다고 아는 선배들이 많은 것도 아니었습니다. 거기다 써야지 써야지 하면서도 차일피일 미루다 보니 막상 서울권 대학 입사제 자소서 기간 (8월)이 눈앞에 성큼 다가와 있었습니다. 그래서 저는 7월 초부터 자소서 형식을 프린트 해놓고 머릿속에 대략 내용의 아웃라인만 잡아가며 전체적으로 하나의 스토리가 되게 내용 구상을 했습니다.

그러고는 공책을 펴고 마인드맵 식으로 저의 자소서에 들어갈 이야기 소재들을 하나씩 써가며 내용을 구체적으로 정리하고, 그 마인드맵을 들고 자소서를 쓰기 시작했습니다. 처음에는 정말 한 줄 두 줄 쓰는 게 고역이었습니다. 말이 안 되는 것 같고, 이상한 것 같고 그래서 썼다가 지우고 썼다가 지우고를 무한으로 반복했습니다. 그러다가 든 생각이 '아, 이래서는 이도저도 안 되겠다.' 싶어서 일단 이야기 소재들을 가지고 떠오르는 대로 무작정 글을 썼습니다. 앞뒤 문장이 이어지지 않아도 좋고, 내용이 어색해도 그냥 일단 무작정 썼습니다. 그러고는 그 글을 프린트 하여 들고 다니면서 빨간 볼펜을 들고 시간 나는 틈틈이 고쳤습니다. 쉬는 시간, 점심시간, 석식시간의 자투리 시간을 최대한 활용해서 고치고 또 고쳤습니다. 그렇게 몇 주를 수정하고 다시 입력해서 프린트하고 또 수정하고 하는 과정을 7~8월 9월 초까지 거의 2달 반이 걸렸습니다. 길다면 정말 긴 시간이지만 진솔한 자기 이야기를 담은 자소서를 완성하려면 이 정도의 시간은 필요하다고 생각합니다.

주변에서 자소서 쓰는 기간이 되어 살펴보면 친구들이 전부 공부(수능 준비라든가 1학기 기말고사 공부)에 손을 놓고 자소서에만 매달리는 모습을 보게 됩니다. 학교 컴퓨터실에 삼삼오오 모여서 컴퓨터로 자소서를 쓴다고는 하는데, 친구끼리 있으면 말 안 해도 알겠죠? 아무래도 집중이 떨어지게 되고 누구는 어디 원서를 낸다더라, 나는 어디에 내는데 이런 얘기하느라 정작 한 줄도 못 쓰고 컴퓨터실에서 나오게 됩니다. 그러니 저는 여러분들에게 웬만하면 자소서를 쓰느라 공부에서 손을 놓는다거나 공부를 뒷전으로 해놓고 자소서에만 매달리지는 않았으면 좋겠습니다.

📰 나만의 학습 비법

저는 1학년 때 수리영역 5등급에서 수능당일 수리영역 2등급(84점)을 받기까지 많은 어려움이 있었습니다. 여러분, 특히 문과 후배님들은 일명 '수포자'(수학 포기자)들이 많으리라 생각합니다. 저도 그중 한 명이었으니까요. 중학교 때부터 다른 과목은 좋아했지만 수학은 정말 진절머리나게 싫었습니다. 그래서 중학교 때는 그냥 완전 찍는 수준이었습니다. 그러다 고등학교에 간다는 약간의 두려움(?) 때문에 혼자 집에서 고등학교 수학 예습을 했습니다. 그래서 그런지 다행히 1학년 때 수리 내신등급은 3등급을 받을 수 있었습니다. 그러나 문제는 모의고사, 내신은 비교적 한정된 범위 내에서 정형화된 문제들이 나오는 반면, 모의고사는 다들 아시죠? 그래서 1학년 내내 수리영역은 4~5등급에서 맴돌았습니다. '모의고산데 뭐 어때.' 하는 낙관적인 생각 때문에 특별히 공부를 하려고 하지도 않았습니다. 그러다 고1, 2학기 삼각함수를 공부하며 수학 인생 최대의 위기를 맞았습니다. 그래서 내신까지 다 포기해 버리려고 할 때쯤 지푸라기라도 잡는 심정으로 EBS에 들어갔고 정OO 선생님의 인강을 듣게 되었습니다. 그때 제 기분은 정말 "Destiny!"가 머릿속에 맴도는 기분이었습니다. 그 후로 정OO 선생님의 인강을 들으며 선생님이 추천하는 공부법은 곧이곧대로 그대로 다 따라했습니다. 같은 문제집 5번 이상씩 풀기, 공부하고 나서 자기 혼자 개념설명 해보기 등등. 고1 겨울방학 일주일 동안 수학 연습장 1권 이상을 쓸 정도로 정말 미친 듯이 수학만 공부했습니다. 그 결과 고2가 되면서 안정적인 3등급대로 올라서는 것이었습니다. 물론 가끔 4등급이 나오기도 했지만, 고2 때도 같은 문제집 5번 이상씩 무조건 풀고 혼자 집에 가는 길에 수학 개념을 입으로 중얼거리며 공부했습니다. 그랬더니 고3, 6월 모의고사 때 태어나서 처음으로 수학 2등급을 받아봤습니다. 그것도 딱 3문제만 틀려서! 그때부터 점점 더 자신감이 붙어 수학은 어느새 애물단지 과목이 아니라 효자 과목이 되었고 수능 때도 4문제만 틀려서 2등급을 받을 수 있었습니다. 여러분 절대로 끝까지 포기하지 마세요!

입학사정관제 준비부터 실천까지

2010년, 학생인권조례가 가장 뜨거운 이슈일 때였어요. 그에 맞춰서 저희 학교에서는 학생인권조례에 관한 UCC 공모전을 열었습니다. 당시 저는 신문을 매일 읽었기 때문에 시사적 이슈에도 관심이 많았고 어떤 직업이 되었든 교육계 안에서 종사하고 싶었기 때문에 교육과 관련된 이슈에 특히 관심이 많았습니다. 저는 당연히 그 공모전에 참여를 하게 되었죠. 마음이 잘 맞는 친구와 학생인권조례를 어떤 시각에서 바라볼지, 그 시각을 어떤 식으로 UCC 안에 드러내 보일지에 대해 상의하며 준비를 했습니다. 최종 결정된 것은 '학생인권조례를 긍정적인 시각으로 바라보자.', 'EBS의 지식채널e 스타일로 영상을 만들자'라는 것이었습니다. UCC를 만들어 본 친구들이라면 알겠지만 이 주제를 어떻게 말할 것인지에 대한 맥락만 잡고 나면 그 뒤는 어렵지 않잖아요. 저희도 그 뒤로는 무척 쉬웠습니다. 스토리보드를 짜고 UCC에 사용될 사진과 영상 그리고 음악을 고르고 촬영한 뒤 스토리보드에 맞게 영상으로 만들었죠.

그렇게 영상이 완성되고 완성된 UCC를 제출한 뒤에 저와 제 친구는 우리가 1등을 차지할 게 분명하다면서 좋아했습니다. 공도 많이 들였고 영상도 생각한 만큼 나와 주었기 때문입니다. 그런데 결과는 우수상이었고 최우수상은 다른 팀에게 돌아갔습니다. 처음에는 인정하기가 싫었습니다. '우리가 만든 게 영상도 탄탄하고 전개도 자연스러운데 왜 최우수상이 아닐까?'라고 생각을 했죠. 그런데 막상 1등을 한 팀의 영상을 보고 나니 왜 우리가 1등이 아닌지 느낄 수 있었습니다. 1등을 했던 팀의 영상은 학생의 입장에서 학생인권조례를 보지 않은 겁니다. 그 당시에는 학생인권조례가 교권을 침해한다는 얘기가 거의 나오지 않았을 때인데 그 팀은 벌써 그때부터 학생이 아닌 교사의 입장에서 학생인권조례가 어떻게 보일지에 대해 생각을 했던 것입니다. 학생부장 선생님부터 담임선생님까지 학교의 거의 모든 선생님들을 찾아가 학생인권조례에 대한 입장과 의견을 묻는 인터뷰도 실려 있었습니다. 그때 역발상의 중요성에 대해서 처음으로 느꼈습니다. 어떤 주제에 대해서 조금만 더 깊이 생각을 해보고 조금만 발걸음을 옮겨서 다른 면도 보는 것이 같은 주제를 다룬 영상 두 개를 이렇게 다르게 만들 수 있구나 싶었습니다.

공모전을 준비하는 친구들에게 말하고 싶은 것은 바로 이것입니다. 주어진 주제를 조금만 비틀어서 생각해 보라는. 내 입장과 내가 말하고 싶은 것이 분명하고 그것을 멋지게 영상으로 표현해 낼 자신이 있다고 하더라도 다시 한 번 생각해 보세요. '자신만의 시각'을 갖도록 해보세요. 작품에 그 시각을 적절히 녹여낸다면 아마 1등은 여러분의 차지가 될 거라고 생각합니다.

입학사정관 준비 기간 동안 가장 기억에 남는 독서는 고등학교 2학년 때 읽었던 『딥스』라는 책입니다. 솔직히 이 책을 읽게 된 계기는 그리 이상적이지 못했던 걸로 기억해요. 교육학을 공부하는 사람들이 읽으면 좋은 책으로 손꼽히는 딥스를, 저는 순수하게 좋은 교육자가 되고 싶다는 의지 때문에 읽은 게 아니었어요. 저는 이 책을 단지 서울교대 논술 기출문제의 예문 중 하나라서 읽었지요. 막연히 교대 기출 문제의 예문이니 교육 관련 도서라고 생각했고 그래서 생활기록부에 적기도 좋을 것 같았어요. 하지만 저는 책을 읽어 나가면서 불순했던 제 의도를 반성했을 정도로 경건해졌습니다.

부모의 섣부른 기대로 인한 압박으로 마음의 문을 닫게 되어서 결국 부모에게 '바보' 취급까지 받게 된 아이가 있었어요. 그 아이가 바로 '딥스'입니다. 그런데 이 아이가 좋은 선생님을 만나고 난 뒤 점차적으로 마음을 열게 되면서 결국 잠재되어 있던 능력을 펼치고 영재로 바뀌게 된다는 줄거리입니다. 저에게는 딥스가 선생님의 노력에 의해 바뀌어 나가는 모든 과정이 감동으로 다가왔고 '진정한 교육자'의 의미에 대해 다시 한번 생각하게 만들어 주었습니다.

만약 교육 관련 학과나 학교를 지망하는 친구라면 꼭 한 번 읽기를 추천해요. 생활기록부에 적기도 좋을 뿐더러 교육에 대한 마음가짐을 새롭게 다지는 좋은 기회가 될 것이라고 확신합니다. 그리고 교육 관련 학과나 학교가 아니더라도 한 번쯤 읽기 좋은 책이라고 생각합니다. 실화를 바탕으로 한 것이기 때문에 인간의 가능성과 교육의 상관관계를 철학적으로 탐구하는 계기가 될 수 있을 것입니다.

자기소개서 작성부터 완성까지

그동안 착실히 스펙을 쌓아왔다고 하더라도 자기소개서를 처음 쓰려면 겁도 나고 막막하기도 할 것입니다. 그럴 때 합격한 선배들의 자기소개서를 보면 감이라도 잡힐 것 같은데 솔직히 합격한 선배들의 자소서를 구한다는 게 결코 쉬운 일이 아니지요. 학교에서 합격한 선배들의 자기소개서를 모아 놓는다고는 하지만 내가 가고 싶은 학교의 학과를 합격한 선배의 자소서를 찾기란 하늘의 별따기 수준이라고 봐야 해요. 그래서 저는 '수만휘 입시검색' 사이트(http://ipsi.10ball.net/)의 '입시정보 뽀개기'에서 '자기소개서 뽀개기'를 추천해 주고 싶습니다. 자소서에 대한 감이 전혀 안 올 때는 자기소개서 가이드라인을 보면 되고 어느 정도 알겠다 싶으면 자기소개서 모범예시를 보면 실질적으로 어떻게 써야 할지에 대한 아웃라인을 잡을 수 있습니다.

그렇게 어느 정도 아웃라인을 잡고 나면 어떤 내용을 넣어야 할지가 또 고민이 될 거예요. 이때 말하고 싶은 건 굳이 대외 활동이나 외국어 공인 성적 같은 화려한 스펙이 아닌 학교에서 소소하게 했던 활동 하나하나가 바로 스펙이 될 수 있다는 겁니다. 실제로 대학에서는 의미 없이 화려한 스펙보다는 교내활동에서 의미를 발견한 것에 더 가치를 둔다고 합니다. 예를 들어서 교내 중국어경시대회에 1,2학년 때 모두 연속으로 참가했다는 기록이 있다고 해봅시다. 그 기록을 매년 참가했다는 꾸준함을 성실성과 연관시키면서 제2외국어로 배운 중국어가 좀 더 심화된 문제로 자신을 평가해 봅니다. 비록 입상은 못했지만 나를 반성할 수 있는 기회였다라는 식의 시사점을 두는 거죠. 대충 감이 오나요?

이렇게 아웃라인에 내용까지 넣고 나면 마지막으로 퇴고와 첨삭이 남습니다. 우선 퇴고는 시간을 두고 이루어져야 합니다. 자신이 쓴 글은 처음에는 모자란 점이 보이지 않다가도 이틀이 지나고 사흘이 지나면 군데군데 부족한 점들이 눈에 띄게 되어 있습니다. 이틀에서 사흘의 시간을 갖고 퇴고가 이루어진 다음에는 첨삭을 받으면 좋습니다. 자기소개서를 첨삭 받을 때 여러 선생님들께 첨삭을 받는 친구들이 있는데 저는 차라리 마음이 맞는 한 선생님과 꾸준히 첨삭을 할 것을 권하고 싶어요. 왜냐하면 선생님들마다 원하는 스타일이 다르기 때문에 여러 사람에게서 첨삭을 받게 되면 이도 저도 아닌 결과가 나올 확률이 높기 때문입니다. 그리고 선생님들께 첨삭을 받을 때에도 전반적인 내용이나 전개 그리고 맞춤법을 점검받는 것일 뿐 글을 매끄럽게 다듬어 주려고 한다면 과감하게 말릴 것을 추천합니다. 대학에서는 완벽하게 만들어진 인재를 뽑는 것이 아니라 20년, 30년 뒤까지 내다보고 성장할 인재를 뽑는 것이라고 해요. 그런 이유에서 자소서 또한 너무 완벽하게 잘 써진 글보다는 풋풋한 학생의 느낌이 나는 글이 더 낫다고 합니다.

나만의 학습 비법

요즘 스토리텔링에 대해 많이들 강조하잖아요. 스토리텔링은 상대방에게 알리고자 하는 바를 재미있고 생생한 이야기로 설득력 있게 전달하는 능력을 말하는데 저는 주변에서 이런 스토리텔링 능력이 꽤 뛰어나다는 소리를 듣는 편입니다. 그런데 전 그게 역사를 공부하며 붙은 습관 때문이 아닌가 싶어요. 꽤 많은 사람들이 역사는 암기과목이라고 생각합니다. 하지만 사건 하나, 연도 하나, 인물 하나가 각자의 이야기를 갖고 있는 게 바로 역사고, 그 인과 관계들을 이해하면 자연스럽게 통달하게 되는 게 역사예요. 그래서 공부를 할 때도 이야기를 생각하고 만들며 했어요. 예를 들면 "1920년대 사회주의의 유입으로 독립운동 노선이 분열되었는데 이광수나 최린, 최남선을 비롯한 일제와 타협한 타협적 민족주의자들이 등장하면서 사회주의 노선과 비타협적 민족주의 노선이 점차 힘을 합치게 되었다. 그리고 비록 6·10 만세 운동은 실패했지만 운동을 준비하는 과정에서 손을 잡게 된 것을 계기로 조선민흥회와 정우회선언을 거쳐 신간회가 창립되게 된다." 하는 식으로요. 그러면 사건 간의 인과 관계를 이해하는 데도 쉽고 이야기를 만드는 과정에서 낯선 단어들이 익숙해지기도 합니다. 많은 사건과 인물과 단체가 나왔지만 명확한 인과 관계가 있는 하나의 이야기로 정리가 되는 거죠.

그리고 그런 식으로 정리된 내용을 시험기간에 노트로 한 번 더 정리합니다. 노트 정리는 시간과 수고는 꽤 들지만 시간이 드는 만큼 기억에 남습니다. 단, 이게 단순히 참고서나 교과서의 내용을 베끼는 것이 되면 안 돼요. 내용을 쓰면서 한 번 더 되새기고 내 나름대로 이해한 바를 조그맣게 적어요. 그리고 저는 교과서와 학교에서 나눠준 프린트의 내용을 토대로 참고서나 인터넷 강의에서 알게 된 사실들을 덧붙이는 식이었는데 그 결과물이 나중에는 나만의 알짜배기 참고서가 되더군요. 어떤 곳에는 나온 자료가 다른 곳에는 안 나오는 경우도 있어서 '아, 이게 어디 있던 거더라?' 하고 교과서랑 참고서를 뒤질 시간에 정리해 두었던 노트를 펴면 바로 찾을 수 있어서 정말 좋았던 걸로 기억해요.

마지막으로 가장 중요한 건 역시 문제풀이입니다. 그렇게 내용을 정리하고도 예제를 풀다 보면 틀리는 문제가 생길 수 있거든요. 문제를 풀면서 빈틈을 파악하고 채워나가는 거예요. 그리고 그런 문제를 풀 때 저는 보기에 나온 그림이나 자료들이 어떤 장면 또는 유적이고 사료인지 쓰고 객관식인 경우에는 객관식 보기들 중 틀린 보기들은 맞는 말로 바꾸면서 풀었어요. 평소에 덜렁대는 성격이라서 아는데도 실수로 틀리는 문제가 많았는데 조금만 신경 써서 푸는 방식을 위에서 말한 대로 바꾸었더니 실수가 거의 없어졌어요. 그리고 문제를 푸는 것보다 중요한 게 있는데 바로 채점입니다. 채점을 할 때는 최대한 냉정해져야 해요. 특히 저는 감으로 풀었는데 맞았던 것들은 맞았다고 표시하지 않고 별표를 했어요. 그 뒤 확실히 알도록 해설집의 풀이를 꼭 정리하고 넘어갔죠. 틀린 문제도 마찬가지였어요. 다만 틀린 문제에는 틀린 이유까지 꼭 짚고 넘어갔어요. 특별히 오답 노트를 만들지는 않았지만 문제집을 꼭 채워서 쓰는 걸 좋아했어요. 문제집에 오답 노트를 만들었다고 생각하면 됩니다.

솔직히 여기까지 말씀드린 제 공부법 중에 유별나거나 특이한 건 하나도 없습니다. 흔하고 뻔한 공부법일수록 많은 사람이 체험했고 효과를 봤던 공부법이라고 생각해요. 그만큼 그 누가 시도해도 성공 확률이 높다는 거죠. 그게 바로 정석인 것입니다.

입학사정관제 준비부터 실천까지

나는 경인교육대학교 수시전형에 합격했어. 1차는 서류전형 100%였고 2차는 구술면접 100%였어. 1차에서 서류전형이면 '자기소개서'와 '교과 내신'을 말하는 거야. 지원했을 당시에는 전 과목 내신이 1.7을 밑돌았기 때문에 1차에서 떨어지지는 않을까 엄청 불안했었어. 근데 막상 합격해 보고 또 주위에서 합격자, 불합격자 후기를 들어보니까 내신이 큰 비중을 차지했던 건 아닌 것 같아. 어떤 친구는 내신이 1점 초반대였지만 1차 탈락한 반면에 따로 준비한 스펙이 있어서 내신이 1점 후반대였음에도 합격한 친구를 봤거든. 대학마다 전형의 차이가 있기 때문에 '이렇다'라고 명확하게 결론을 짓기는 어렵겠지만, '자신이 이 과에 혹은 대학에 합격하기 위해서 꾸준히 노력했다'라는 증거, 소위 스펙을 착실히 준비해 놓는다면 교과 내신이 큰 폭으로 떨어지지 않는 한 크게 불리할 건 없는 것 같아. 더군다나 학교마다 아이들의 수준차가 크기 때문에, 교과 내신이 학생을 평가하는 가장 중요한 기준이 되어버린다면 정확한 평가가 안 될 수도 있지. 절대 교과 내신을 포기해서도 안 되지만 너무 좌절할 필요도 없어. 자신의 내신 성적이 조금 불리하다는 생각이 든다면 교과 내신 외에 강조할 수 있는 스펙이나 수상경력을 꼭 준비하도록! 혹시 교대 지망생인 친구들이나 교대를 준비하는 과정 중에 고민스러운 부분이 있다면 내 전자우편 주소인 studymate4u@naver.com 으로 메일을 보내줘. 교대를 가기 위해서 준비해야 할 스펙이나 자기소개서 준비, 혹은 가장 중요한 예상 질문에 초등학교 교사처럼 답변 만들어보기, 구술면접 프로그램 등 모두 큰 도움을 줄 수 있을 것 같아. 나도 교대 준비하면서 2년 동안 그런 분야에만 관심을 가졌더니 이제는 거의 모든 시사 문제나 학교 내에서 일어나는 문제들에 대해서 바람직한 선생님처럼 생각하게 될 수 있게 된 것 같거든. 물론, 교육대학교 교수님들에게 좋은 인상을 남길 수 있는 답변이겠지. '이런 질문에는 어떠한 답변이 가장 바람직할까?' 고민하고 있는 친구들은 나한테 주저 말고 메일 보내줘.

나에게 기억에 남는 봉사활동이 있다면 당연히 지역아동센터 '샘터'라는 곳에서 초등학생 아이들과 고등학교 2학년 '배윤정'이라는 멘티와 함께 언어 공부를 했을 때야. 처음에는 윤정이가 너무 숙제를 해오지 않아서 같이 공부를 할 수 있을까? 심각하게 고민도 많이 했지만, 어떻게 모든 학생들이 숙제 잘해 오고 착실할 수가 있겠어. 1달, 2달 지나면서 부드럽게 달래도 보고 화도 내 보고 하면서, 윤정이라는 친구가 눈에 보이는 순간부터 서로 교감도 잘 되었지. 이후에는 숙제도 완벽하지는 않지만 최대한 자신이 할 수 있는 선에서 해오고 언어 성적도 점차 향상되어 가는 모습을 보면서 정말 뿌듯했어. 그 뿐만이 아니라 내 덕분인지는 몰라도 영어나 수학, 국사 등 다른 교과목에서도 관심을 드러내게 되었고 나도 종종 팁을 주고는 했지. 봉사활동을 하면서 가장 크게 깨달은 점은 멘토로서 갈피를 못 잡는 멘티들에게 방향을 알려주고, 방황하는 친구들에게 당근과 채찍을 번갈아 사용하면서 그들로 하여금 '스스로 할 수 있다!' 라는 자신감을 주는 것이 정말 중요하다고 생각했어. 조금 오글거리는 말이기는 하지만 난 정말 가슴 깊이 느꼈거든. 세상에는 머리가 좋아서 공부를 시작하기만 해도 잘 따라와 주는 친구들이 있는가 하면, 공부하는 것에 대해서 버거워하고 힘겨워하는 친구들도 있기 마련이야. 후에 내가 초등학교 교사가 되어서도 절대 잊지 말아야 하는 교훈을 얻은 셈이지.

자기소개서 작성부터 완성까지

자기소개서는 지원자의 첫인상이라고 할 수 있을 만큼 정말 중요한 첫 단계야. 자기소개서에서 살짝 엉켜버리면 출발이 좋지 않은 입시과정이 될 수도 있지. 지금부터 내가 여름방학 동안 지원 대학의 자기소개서 쓰느라 고민했던 경험과 더불어 스스로 터득한 자기소개서 작성요령을 알려줄게.

첫 번째, 망각하지 마라. 나는 고등학교 2학년 때부터 목표하는 대학이 명확했기 때문에 평소에도 '어떤 질문이 나올까? 이러한 질문에는 어떤 대답이 가장 바람직할까?' 식으로 항상 예상하고는 했어. 덕분에 자기소개서를 쓰는 과정이 그렇게 어렵지는 않았어. 너희들도 목표하는 과나 대학을 빠르게 정하는 게 입시를 준비하는 데 있어서 큰 도움이 될 거야. 이후에는 습관처럼 평소에도 예상해 보는 게 꼭 필요하고. 가령, '이런 사회 이슈를 내가 하고자 하는 전공과는 어떻게 연관지을 수 있을까?' 혹은 '이런 질문에는 어떤 식으로 답변을 해야 좋은 인상을 남길 수 있을까' 식으로 말이지. 명심할 것! 평소에 가고자 하는 진로와 관련된 사회 이슈에 대해서 자신의 생각을 정리해 보고, 예상 질문을 만들어 보는 습관은 자기소개서 작성 때뿐만 아니라 후에 치를 면접과 논술 시험에도 아주 큰 도움이 된다는 사실!

두 번째, 자기 얘기만 하라! 교수님들은 수많은 학생의 자기소개서를 보고 추리는 작업을 하셔. 교수님도 사람인지라 재미없는 자기소개서는 길게 읽어 보지도 않고 쿨~하게 패스해 버리시지. 그렇기 때문에 교수님들의 이목을 끌기 위해서는 자신의 경험담이나 간단한 에피소드를 바탕으로 자기를 소개하는 것이 효과적이야.

간단하게 예를 들어볼까?

항목 ⑴. 최근 사회 이슈가 되고 있는 학교폭력에 대하여 자신의 생각을 말하시오.

학생 A : 학교 폭력의 원인은 교육의 문제라고 생각합니다. 폭력은 폭력을 만든다는 말이 있듯이 교사들이 학생들을 지도하는 과정에서 체벌과 폭력을 사용한다면 폭력의 뿌리는 뽑을 수 없다고 생각합니다. 결국 가장 큰 책임은 아이들로 하여금 폭력에 길들여지게 한 어른들과 교사에게 있다고 생각합니다.

학생 A의 답변이야.

그렇지만 나라면 이렇게 내 생각을 말하겠어. (아래 답변은 사실에 기초한 답변은 아니야.)

학생 B : 제가 지역아동센터에 다닐 때, 저는 '이 새끼' '꺼져' 등 거친 언행과 종아리를 때리거나 뺨을 때리는 선생님을 보았습니다. 그 선생님께 지도받은 아이들은 결국 학생들 간의 문제도 대화로 해결하지 못하고 폭력을 사용해서 해결하려고 하였습니다. 힘 센 또래아이는 자신이 하고 싶은 것을 마음대로 하고, 힘이 약한 아이는 폭력에 아무 저항도 하지 못했습니다. 일부 교사들이 아이들에게 사랑과 신뢰를 주어야 하는 의무를

망각한 채 폭력으로 학생들을 지도하고 있기 때문에 학생들도 폭력성이 커진다고 생각합니다. 폭력에 길들여지지 않은 아이들을 양성하고 교육하는 것이 제 교육관이자 신념입니다.

간략하게 두 학생의 답변을 예로 들어봤어. 너희들은 교수님처럼 몇 백 개의 자기소개서를 보지 않은 채 위의 답변을 보아서 큰 차이를 못 느낄 수도 있어. 하지만 그런 상황을 전제했을 때도, 첫 문장부터 자신의 경험을 바탕으로 글을 풀어나간 학생 B의 답변에 더 관심이 가지 않을까? 자기소개서는 자신을 소개하는 글이야. 학생들이 자기소개서를 쓰면서 범하는 가장 큰 실수 중의 하나는 너무 추상적으로 글을 풀어나간다는 것이지. 보다 명확하고 구체적으로 자신의 경험을 얘기할 때 교수님들의 이목을 끌 수 있고 더 좋은 인상을 남기지 않을까?

나만의 학습 비법

언어는 우리말이다 보니까 문제 수준이 타 과목에 비해서 상당히 높아. 어떤 친구는 언어영역을 정말 못 하는 친구가 있는가 하면, 또 어떤 친구는 특별히 공부하지 않았는데도 매번 좋은 성적을 얻기도 하지. 근본적인 이유는 바로 어릴 때의 독서 습관에 기인한다고 생각해. 유년시절부터 보통 중학교 때까지는 독서 시간이 충분하다고 생각이 되는데 이때 얼마나 책에 관심을 갖느냐. 이것이 고등학교 때 좋은 언어 성적을 얻는 데에 관건인 것 같아. 왜냐하면 나도 어릴 때 책을 많이 읽지 못해서 중학교와 고등학교 1,2학년 때 언어 공부를 하는 데 큰 어려움을 겪었거든. 특히, 모의고사 등급 같은 경우는 변동의 폭이 매우 심했어. 더구나 고3 때는 문제 수준이 고1,2 때와 비교할 수 없을 만큼 높아지기 때문에 어떻게 공부할까 심각하게 고민한 적도 많고. 고심 끝에 내린 결론은 아주 전략적으로 공부를 해야 한다는 것!

지금부터 내가 고3 수험생활 동안 어떻게 언어를 공부했는지 그 전략을 알려주려고 해. 어릴 때의 독서습관의 부재를 이 전략적 공부법으로 극복해 보도록.

언어 공부법에 있어서 부정할 수 없는 단 하나의 명제가 있다면 바로 '기출문제의 유형화'가 아닐까. 여기서 기출문제라 하면, 역대 수능시험지와 6월 9월 모의평가 시험지를 말하는 거야.(시간이 남는 친구들은 3월, 4월, 7월, 10월 학력평가 시험지를 참고해도 무방해. 그렇지만 우선순위는 앞서 언급한 3가지 시험지)

우리는 수능을 잘 봐야 하는 거고, 수능 출제자들은 아주 유사한 출제 기법으로 문제를 내거든. 그러니까 역대 수능 기출 6월 9월 수능을 반복적으로 풀면서, 문제들을 또 지문에 사용된 '표현기법'들을 유형화해 보는 거야.

전 세계 해양의 평균 수심은 4,000미터 가까이 되며, 심해저에는 태양 에너지가 도달할 수 없어서 광합성을 하는 일차 생산자가 생존할 수 없다. 심해저에 서식하는 동물은 결국 바다의 표면에서 해저로 떨어져 내리는 유기물에 의존할 수밖에 없다. 그것들은 해양 생물들이 분해되고 남은 잔존물로서 '바다의 눈(marine snow)'이라 불린다. 해양 생물이 죽게 되면 다른 생물의 먹이가 되거나 미생물에 의해 분해되어, 심해저에 도달할 때쯤이면 거의 남는 것이 없다. 그런 까닭에 심해저에 많은 수의 생물이 살기란 매우 어렵다. 하지만 생물은 항상 새로운 생존 방법을 찾아오지 않았던가?
1977년 생물학 역사상 가장 흥분되는 발견 중의 하나가 있었다. 일단의 해양학자들은 잠수정 앨빈 호를 이용하여 동부 태평양의 갈라파고스 제도 부근 해저 산맥에 있는 심해 열수구 지역을 탐사하고 있었다. 그들은 태양 에너지가 전혀 도달하지 못하는 그곳에서 뜻밖에 많은 생물의 군집을 발견하였는데, 모두가 처음 보고되는 새로운 생물이었다.

수천 미터 깊이의 심해저에 있는 열수구 지역은 지각 활동으로 인해 흘러나오는 뜨거운 용출수 때문에 주변의 해수에 비해 온도가 높다. 곳에 따라서는 열수구로부터 섭씨 350도가 넘는 해수가 뿜어져 나오기도 한다. 지각 틈새에서 흘러나오는 고온의 해수에는 다양한 광물질이 녹아 있으며, 다량의 황화수소가 포함되어 있다. 그 지역에서는 검은색의 매연을 내뿜는 굴뚝과 같은 구조가 광물질의 침전으로 형성된다. 심해 열수구 지역의 우점종은 '리프티아'라고 불리는 커다란 관벌레인데, 매우 독특하게 진화된 영양 방식을 갖고 있어서 입이나 소화 기관이 없다. 그 대신에 관벌레는 '영양체(trophosome)'라고 불리는 매우 특수한 기관이 있는데, 그 안에는 ㉠세균이 가득 차 있다. 리프티아의 몸통은 기다란 관의 안쪽에 들어 있다. 관의 바깥쪽으로 돌출된 밝고 붉은색의 깃털구조는 아가미와 같은 역할을 하며, 이산화탄소와 산소, 그리고 황화수소를 교환한다. ㉡관벌레의 순환계는 매우 잘 발달되어 있고, 순환계 속의 혈액은 황화수소와 화학적으로 결합하는 특수한 헤모글로빈을 포함하고 있다. 그래서 관벌레는 황화수소를 세균에 충분히 공급할 수 있다. 그 세균들은 화학 합성을 통해서 관벌레에게 먹이가 될 유기물을 공급하며, 관벌레는 세균이 필요로 하는 황화수소를 비롯한 무기물을 공급한다.

이와 같이 심해 열수구에서는 화학 합성 세균이 해양의 표층에서 광합성을 하는 식물성 플랑크톤과 같은 일차 생산자의 역할을 하고 있었다. 수천 미터 깊이의 심해에서 태양 에너지에 전혀 의존하지 않는 새로운 생물이 진화되어 왔던 것이다.

1. 위 글의 내용을 근거로 하여 〈 보기 〉의 천문학자가 ⓐ와 같이 추론했다고 할 때, 이 추론의 개연성을 높여 줄 수 있는 증거로 가장 적절한 것은? [3점]

〈 보기 〉

목성의 위성 유로파는 태양에서 너무 멀리 떨어져 있어 광합성에 충분한 태양 에너지가 도달하기 어렵다. 유로파의 표면은 두꺼운 얼음 층으로 덮여 있으며, 그 아래에는 물이 있는 것으로 생각된다. 1990년대 후반 우주 탐사선 갈릴레오 호는 유로파의 표면 사진들을 지구로 전송하였다. 이 사진들을 조사한 천문학자들은 ⓐ유로파의 밝은 얼음 층 밑의 물에 생명체가 존재할 가능성이 있다고 말하였다.

① 유로파에 소행성이 충돌했다는 증거

② 유로파가 지각 활동을 하고 있다는 증거

③ 유로파의 대기에 산소가 포함되어 있다는 증거

④ 유로파가 태양에 점점 가까워지고 있다는 증거

⑤ 유로파의 얼음 층 밑의 물이 지구의 바다만큼 깊다는 증거

어느 공장에서 길이가 7미터인 제품을 생산하고 있다고 하자. 이때 가장 이상적인 제품의 길이는 7미터이다. 하지만 아무리 공정이 안정되고 설비가 우수하다 하더라도 생산된 모든 제품의 길이가 하나같이 7미터가 되게 하는 것은 ㉠ **어렵고**, 7미터를 중심으로 약간씩 오차를 갖기 마련이다. 일반적으로 제품의 품질 특성값은 평균을 중심으로 가장 많이 분포되어 있으며, 특성값이 평균에서 멀리 떨어진 제품일수록 생산될 가능성은 점차 줄어든다. 여기서 품질 특성값들이 그 평균에서 떨어져 흩어져 있는 정도를 산포도라고 하며, 산포도를 측정하는 척도로 표준 편차를 이용한다. 시그마(σ)는 표준 편차를 나타내는 기호로 그 값이 작다는 것은 평균을 중심으로 품질 특성값이 덜 흩어져 있음을 의미하며, 이는 곧 생산된 제품의 품질이 상대적으로 균일하다는 것을 의미한다.

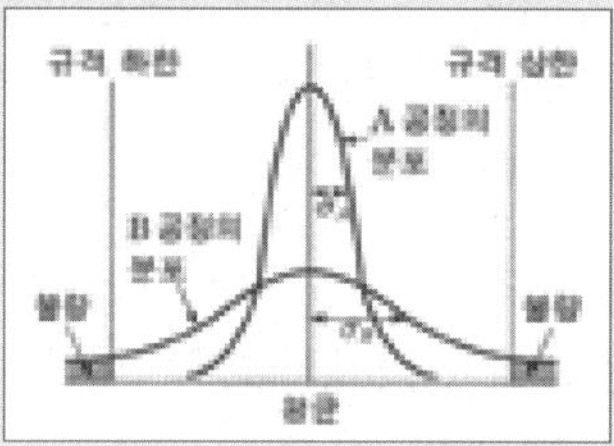

모든 제품에는 나름대로의 규격이 있는데 이 규격은 일반적으로 규격 하한과 규격 상한으로 주어진다. 규격을 벗어나는 제품은 모두 불량품이 된다. 왼편의 그림처럼 두 공정 A, B에서 생산된 제품들의 품질 특성값 평균이 규격 하한과 규격 상한의 중간인 목표값에 모두 일치하였다고 가정하자. A 공정에서 생산된 제품은 산포도가 작아서 규격을 벗어나는 것이 거의 없으나, ⓐ **B공정에서 생산된 제품은 산포도가 커서 규격을 벗어나는 불량품이 발생하고 있다.** 평균에서 규격 하한 혹은 규격 상한까지의 거리를 시그마의 배수로 표현할 때, A공정은 시그마가 작아 그 배수가 큰 반면,

B공정은 시그마가 커서 A공정에 비해 그 배수는 작다. 이와 같이 평균에서 규격 하한 혹은 규격 상한까지의 거리가 시그마의 몇 배가 되느냐에 따라 불량률이 작아지기도 하고 커지기도 하는 것을 알 수 있다.

미국의 한 회사가 천명한 6시그마 품질 향상 계획은 기본적으로 규격 하한과 규격 상한이 제품의 규격 평균으로부터 각각 6시그마의 거리에 위치하도록 공정을 관리하겠다는 것이다. 이 수준은 10억 개 중에서 2개만이 불량인 것으로 거의 무결점에 가까운 것이다.

그러나 현장에서는 기계나 원자재의 특성, 작업 환경 등의 원인에 의하여 품질 특성값의 평균이 목표값과 정확히 일치하지 않고 대략 ±1.5시그마까지 흔들릴 수 있다고 알려져 있다. 그렇다 하더라도 6시그마 수준이 성취되면 불량률은 100만 개 중에서 3.4개 이하로 관리될 수 있게 된다. 이 수치도 충분히 작은 값이기 때문에 6시그마 수준은 새로운 품질 기준으로 각광을 받고 있는 것이다.

이와 같은 통계적 개념인 6시그마를 조직이 도달해야 하는 품질 목표로 설정하는 것이 최근에 널리 보급되고 있는 6시그마 경영의 출발점이다. 6시그마는 매우 높은 수준이기 때문에 6시그마 경영은 아주 적은 불량에 대해서도 그것의 발생 원인을 근본적으로 제거하는 활동에 초점을 둔다. 따라서 특정한 공정을 바꾸는 것처럼 ⓑ **부분적인 처방**보다는 주로 시스템 자체를 개선의 대상으로 삼게 되는데, 필요하다면 6시그마 수준을 달성하는 데 적합하도록 아예 시스템 전체를 새로 설계하기도 한다. 6시그마를 도입한 세계적인 기업들은 공통적으로 품질 문제로 야기되는 비용이 감소하였으며, 제품과 서비스의 품질이 개선되었고, 고객 만족도가 향상되었다고 보고하고 있다.

2. 위 글의 내용을 바탕으로 강연을 할 때, 강사가 〈 보기 〉의 자료를 가지고 설명할 내용으로 적절한 것은?

시그마 수준	면적	비용	시간	거리
〈 보 기 〉				
3시그마	동네 슈퍼마켓	$\dfrac{270만\ 원의\ 부채}{10억\ 원의\ 자산}$	$\dfrac{3.5개월}{100년}$	미국 대륙 횡단 거리
4시그마	가정집 거실	$\dfrac{63,000원의\ 부채}{10억\ 원의\ 자산}$	$\dfrac{2.5일}{100년}$	고속도로 45분 거리
5시그마	공중전화 박스	$\dfrac{570원의\ 부채}{10억\ 원의\ 자산}$	$\dfrac{30분}{100년}$	가까운 주유소까지의 거리
6시그마	다이아몬드 반지 알	$\dfrac{2원의\ 부채}{10억\ 원의\ 자산}$	$\dfrac{6초}{100년}$	네 걸음

① 시그마 수준에 따른 규격의 변화

② 시그마 수준에 따른 불량률의 크기

③ 시그마 수준을 구현하기에 적합한 장소

④ 시그마 수준의 차이에 따른 공정의 분류

⑤ 시그마 수준을 높이는 데 필요한 시간과 비용

위의 2008학년도 6월 모의 평가 1번 문제(유로파)와 2007학년도 6월 모의 평가 2번 문제(시그마)는 정말 비슷한 문제 유형이지. 지문의 '맥락'을 파악해서 문제를 푸는 거야. 지문에서 사과의 색깔만을 얘기했는데 선지에 사과의 재배 방법을 얘기했다면 볼 것도 없이 잘못된 거지. 두 문제도 똑같아. 근데 정답률은 30~40%에 불과했었어. 왜 그럴까? 정말 단순한 문제잖아. 그 당시 수험생들이 범했던 가장 큰 문제는 지문의 중심내용, 즉 맥락만을 이용해서 문제에 접근해야 하는데 수험생들은 다들 자의적인 해석으로 문제에 접근했기 때문이야. '이렇게 하면 관련이 되겠지?' 이런 식으로 말이지. 사실 볼 것도 없이 다른 선지들은 아예 지문과는 관련이 없거든.

이번에는 앞서 말했던 '표현 기법'에 관한 예야. 2012학년도 수능 17~20번 지문 가운데의 한 문장이야. "'그림 이론'에서 명제에 대응하는 '사태'는 '사실'이 아니라 사실이 될 수 있는 논리적 가능성을 의미한다." 주의해서 봐야 할 건 'A가 아니라 B다'의 문장 구조에서 보통 학생들은 A를 간과하고 B에만 집중해 버려. 그렇지만 분명히 'A가 아니다'라는 것도 지문에서 주어진 사실 정보이기 때문에 절대 놓쳐서는 안 돼. 그리고 또 하나, 무엇이 논리적 가능성을 의미한다고? 1초 만에 답이 나온 학생들은 아주 바람직한 독해법을 가지고 있는 학생이야. 바로 '사태'이지. 그렇다면 무슨 '사태'일까? 바로 '그림이론'에서 명제에 대응하는 '사태'인 거지. 주어와 주어를 수식하는 내용도 절대 간과해서는 안 된다는 거 명심해!

수능 출제자들은 출제 경험이 아주 많기 때문에 어떤 유형으로 내면 학생들이 쉽게 느끼고 어렵게 느끼는지를 알아. 그렇기 때문에 다양한 출제자의 기법들을 유형화하고 정리해 본다면 우리는 출제자의 생각을 읽을 수 있어. 내가 방금 말한 문제 유형은 수십 가지 문제 유형 중에 한 가지에 불과해. 그런데 가장 출제자들이 즐겨 쓰는 방법이기도 하지. 이런 유형을 항상 의식하면서 문제를 푼다면 정말 예측이 돼. '어떤 한 문장만 봐도 이런 문제가 나오겠다. 이런 문제는 지문의 이 부분으로 풀어야겠다.' 이렇게 말이지. 내가 터득한 수능 출제자의 문제 유형을 여기서 다 알려주고 싶지만 분량상 3가지 정도로 압축했어. 시간이 된다면 모두 알려주고 싶어.

결론으로 시중에 나온 문제들을 푸는 것보다는 기출문제를 푸는 걸 추천할게. 나는 고등학교 2학년 2학기 때부터 수능 볼 때까지 기출문제만 거의 10회독을 했던 거 같아. 물론 중간 중간에 EBS문제도 풀었지만 그렇게 목을 매달지는 않았어. 어차피 EBS지문도 수능 출제 기법을 이용한 새로운 문제로 다시 출제될 테니까 말이야. 결국 답은 기출이다!

🎁 **수학** │ 수학, 이름만 들어도 치가 떨리는 수학. 난 고3 수험생활 동안 이 망할 '수학' 때문에 웃고 울고 그랬어. 갑자기 모의고사 수학 난이도가 너무 어렵게 나와 버리는 바람에 나같이 내공이 없는 친구들은 낙엽처럼 우수수, 4등급. 그 성적표를 받았을 때 학교에서는 태연한 척, 의연한 척, 일희일비 하지 말자 스스로 수없이 되뇌었지만 몰래 울기도 했지. 내가 지금 공개할 수학 공부법은 우선 특정 학생들은 더 유심히 봐둬야 할 거야. 1번 유형, 수학 시험을 잘 볼 자신이 없거나 배짱이 없는 친구들. 그래서 시험 도중에 수없이 흔들리고 패닉상태가 오고, 한 문제라도 안 풀리고 막히면 시험 도중에 포기해 버리는 그런 약한 정신력을 가

진 친구들. 2번 유형, 2등급 후반에서 심지어는 4등급까지 시험마다 성적이 매우 큰 폭으로 변동하는 학생들. 3번 유형, 고1 때 수학공부를 열심히 하지 못해서 항상 모의고사 성적이 5~3등급에 머물렀던 학생들. 나는 이 3가지 모두에 해당되는 정말 수학 성적을 얻기에는 최악의 학생이었지. 나 같은 학생은 어떻게 해야 할까? 뒤늦게 깨달은 그 비법에 대해서 공개하도록 할게.

우선, 조금 배짱을 갖자. 이건 1번 유형과 2번 유형 모두에게 효과가 있는 비결이야. 막연하게 배짱이라고 하면 잘 모르겠지? 내가 말하는 배짱은 공부 안 하고 펑펑 놀면서 난 수학 잘해!라는 근자감(근거 없는 자신감)을 말하는 게 아니야! '내가 정말 공부를 열심히 했고 노력을 했으니까 이번 시험은 내가 공략한 부분에서 문제가 나올 것 같고, 수월하게 풀 수 있을 것 같다!'라는 배짱을 말하는 거지. 시험 문제 나오기도 전에 내가 문제를 못 풀어버리고 포기해 버리는 상상을 하지 마!

두 번째는 우리에게 있어서 해설지는 절대 열어서는 안 될 판도라의 상자라는 걸 명심해. 이건 정말 절대불변의 피타고라스 정리와 같은 명제니까. 혹시 이러지는 않니? "아, 갑자기 무한급수 푸는 데 왜 로그가 나오고, 짜증나 ~ 어, 해설지 보니까 알겠네 뭐, 이거 배웠던 거잖아. 오케이, 문제 클리어! 그냥 시험 보기 전에 한 번 더 봐야지."

공감하는 친구들은 반성해! 정말 자신 있게 얘기할 수 있는 건 수학공부하는 3년 내내 절대 답안지 펼쳐보지 않았다는 것. 수학시험 더군다나 수능시험은 한 문제마다 학생 개인이 충실하게 생각하고, 또 생각해서 천천히 응용력이 길러질 때야 비로소 좋은 점수를 얻을 수 있어. 해설지를 외우고, 이해하는 것은 결코 공부가 아니야. 내가 한 문제에 제일 오래 매달려 봤던 건 24시간(?) 정말 그때는 하루 내내 밥 먹는 도중에도 생각하고, 생각했었지. 물론 해결하지는 못해서 선생님께 조언을 얻었지만. 그런 과정을 겪고 나서 조언을 얻는 건 차원이 다를 정도로 이해력과 흡수력이 빨라. 물론 다음에 그런 문제가 나왔을 때도 자신 있게 접근할 수 있겠지. 아, 그런데 이럴 때는 해설지를 봐도 좋아. '도저히 이건 접근 방법조차도 모르겠다.' 싶을 때 해설지를 살포시 열어서 접근을 어떻게 해야 할지 알려주는 첫 번 째 단계만 봐. 그 후에는 또 스스로 생각해 보는 거지. 융통성을 발휘해서 수학공부를 하면 더 좋겠지?

세 번째 '선행학습'은 과연 도움이 될까? 최상위권이나 1등급을 받는 우수한 학생들이야 선행학습을 해도 배웠던 거 잊어버리지 않고, 혹은 잊어버렸다 해도 다시 보면 금방 떠올릴 수 있겠지만, 나는 절대 그렇게 못 했어. 내 친구 중에는 수학을 그다지 잘하지도 못 하면서 진도만 가락 국수 뽑듯이 쭉~쭉 뽑는 애가 있었어. 뭐라 말은 못했지만 조금 안타까웠지. 그렇게 공부하면 이전에 공부했던 건 물론이거니와 선행학습을 통해 배웠던 내용들조차도 머리에 깊이 들어오지 못해. 차라리 모의고사 진도에 맞춰서 모의고사 대비를 할 수 있을 정도로만 진도를 나가고 꼼꼼하고 철저하게 복습을 하는 게 훨씬 효율적이야. 나 같은 경우는 좀 극단적이기는 했지만, 내신 시험 1주일 전에 그제서야 진도를 마치고 1주일 동안 배운 내용 복습만 했었어. 그럼에도 불구하고 2등급이라는 개인적으로 만족한 성적을 얻었거든. 혹시 자신이 의미 없이 학원 혹은 학교 선생님이 쭉~쭉 뽑는 진도에 매달려서 따라가지는 않았는지 성찰해 보도록!

외국어 | 영어는 독해 방법에서 한글을 해석할 때와는 차이점이 있어. 다들 알겠지만 한글은 주어 ⇒ 목적어 ⇒ 동사의 순서대로 문장이 진

행되는데 반해서 영어는 주어 ⇒ 동사 ⇒ 목적어의 순서로 문장이 진행돼. 영어를 잘 해석할 수 있는 가장 큰 포인트가 바로 여기 있어. 주어 다음에 동사 순으로 문장이 진행된다는 걸 항상 의식하면서 주어가 나오면 바로 동사가 어디있는지 찾는 거지. 그런 후에는 문장의 구조가 보이기 때문에 나머지 부분은 '목적어'라고 생각하면 돼. 그러니까 핵심은 누가 먼저 주어와 동사를 잘 파악하냐 이거지.

첫 번째, 항상 기억하자 '문장의 새로운 시작!'

문장이라는 건 '주어+동사' 라고 생각하면 돼. 둘 중 하나라도 생략되면 그건 문장, 즉 절이 아니라 구인 거지.(물론, 명령문에서는 주어가 생략되어도 된다는 예외가 있기는 하지만.)

그럼 우리는 문장의 처음과 끝이 어디인지, 또 마침표는 하나겠지만 이 긴 문장에 실질적으로 문장이라고 말할 수 있는 건 몇 개인지를 파악해서 문장 구조를 파악하는 거야. 예를 들어서,

In monkey colonies, where rigid dominance hierarchies exist, beneficial innovations do not spread quickly through the group unless they are taught first to a dominant animal.

꽤 긴 문장으로 된 '한' 문장이지만, 실질적으로 문장(주어+동사)이라고 말할 수 있는 건 몇 개나 있을까?

1번 : rigid dominance hierarchies(주어) 와 exist(동사)

2번 : beneficial innovations (주어) do not spread (동사)

3번 : they (주어) 와 are taught(동사)

이렇게 무려 3개나 있네.(참고로 주어의 품사는 무조건 명사, 그렇기 때문에 주어를 동사를 활용해서 쓰고 싶을 때 동명사를 사용함.)

눈치 빠른 친구들은 알겠지만 저 '한' 문장에서 공식적으로 '주어, 동사'

라고 말할 수 있는 건 2번이지. 그렇지만 내가 1번 3번을 문장이라고 부르는 이유는 의미상으로 봤을 때 문장이라는 구조가 성립되기 때문이야. 그렇지만 의미상 문장이라는 구조가 성립되는 것만으로는 부족해. 그래서 항상 1번과 3번같이 가짜 주어, 가짜 동사 앞에는 '접속사'라는 게 붙어. 1번 앞에 where이랑 3번 앞에 unless가 되겠네. 그리고 우리는 접속사를 '새로운 시작'이라고 부를 거야.

자 그럼 우리가 두 번째로 할 일은 바로 접속사(새로운 시작)들을 외워서 접속사가 나왔을 때 바로 주어와 동사를 찾는 일이야.

간단하게 접속사를 적어두자면, 대표적으로는 that과 wh로 시작하는 단어들(where, when, which, whom……)을 포함해서 although, as if, as though, though, until 등등 상당히 많은 새로운 시작들이 있어. 이렇게 문장구조를 체계적으로 파악하면 훨씬 영어 문장 해석이 잘 돼. 그리고 절대 문장 끝까지 갔다가 앞으로 되돌아오는 일이 없지. 왜냐하면 앞에서부터 차근차근 주어와 동사를 체크해 나갔기 때문이야.

두 번째, '단어'는 영어의 전부다.

다들 공감하겠지만 문장 구조는 파악이 되는데 단어를 몰라서 해석이 안 되는 경우가 상당히 많을 거야. 나는 개인적으로 단어는 영어의 90%를 차지하고 있다고 생각해. 그 만큼 수능 전날까지도 긴장을 놓지 않고 공부를 해야 할 부분이 '영단어 암기' 라는 거지. 지금부터 효율적으로 영단어를 암기하는 방법을 간단하게 소개할게.

STEP 1 ▶ 시간은 내지 마라

영단어는 짜투리 시간을 절대적으로 활용해야 해. 아침에 일어나서 한 번, 학교 가는 버스 안에서 한 번, 학교 도착해서 한 번, 쉬는 시간마다 한 번, 점심시간에 한 번, 집에 도착해서 한 번, 저녁 먹기 전에 한 번, 자기 전에 한 번 이렇게 3분에서 길게는 10분까지 짜투리 시간을 이용해서 외우는 게 훨씬 부담이 적고 기억에 오래 남아. 결국 영단어 책을 달고 살아야겠지.

STEP 2 문장과 함께 공부하라

난 고3 후반에는 따로 영단어 책으로 암기하지는 않았어. 대신에 문제를 풀다가 모르는 단어들이 있으면 나만의 공책에다가 영단어와 뜻을 적었지. 그리고 그걸로 암기를 했어. 그렇게 공부하면 공부한 문장이 함께 떠오르면서 단어가 훨씬 또렷하게 기억이 돼. 물론 영단어 책이랑 문제집을 풀면서 몰랐던 단어들을 정리한 나만의 공책 둘 다 공부하면 효율은 배가 되겠지?

마지막으로 듣기에 관한 팁이야. 이제 수능시험 유형이 바뀌면서 기존 17문제에서 25문제로 증가했어. 무려 영어시험 문제의 50%에 달하는 양이니만큼 한 문제도 놓쳐서는 안 돼. 그런데 여느 공부도 마찬가지겠지만 특히 듣기는 인내심을 갖고 꾸준하게 공부해야 하는 부분이야. 짧게는 6개월에서 길게는 1년까지 듣기 공부를 소홀히 하지 않는다면, 그 다음부터는 듣기 공부를 따로 하지 않아도 문제 푸는 데 수월함이 없는 경지에 오르게 될 거야. 어느 정도 독해가 가능한 친구라면 그 기간도 물론 단축되지.

입학사정관제 준비부터 실천까지

저는 지역균형선발 전형으로 서울대학교에 합격했어요. 물론 통합 전형이라 내신의 반영비율이 정해져 있진 않지만 저는 정말 내신이 중요한 부분이라고 생각해요. 입학사정관제에서 내신의 비중이 적다고 생각하는 후배들이 많을 것 같아서 내신이 입학사정관제에서 왜 중요한지 얘기할게요. 저는 내신성적 하나만으로도 입학사정관제에서 요구하는 여러 요소를 충족시킬 수 있다고 생각해요. 첫 번째로 인성과 태도라는 측면에서 내신성적이 우수하다는 것은 학생의 성실성과 열정을 잘 보여줄 수 있어요. 3년간 꾸준히 노력을 해왔다는 증거물이잖아요. 여러분이 스펙을 쌓더라도 자신의 꿈을 이루기 위해 이보다 더 지속적으로 한 활동은 찾기 힘들지 않을까요. 아, 내신 산출할 때 반영되지 않는 과목에 대한 공부도 필요하다는 걸 알아두었으면 좋겠어요. 실제로 다른 교과에 비해 제2외국어 등급이 매우 낮아서 면접 시 그것을 지적받은 사례도 있거든요. 그렇게 된다면 학생으로서의 태도에 좋은 인상을 주진 못하겠죠.

두 번째로 자신이 전공하고자 하는 분야와 관련된 교과의 성적이 좋거나 향상된다면 전공적합성 측면에서 매우 좋은 점수를 받을 수 있을거라고 생각해요. 세 번째로 잠재력 또한 충분히 보여줄 수 있어요. 성적이 꾸준히 상승하는 경우 입학사정관들은 학생에게서 앞으로의 발전 가능성을 볼 거예요. 모든 과목의 성적을 올리기는 쉽지 않다는 것을 저도 알고 있어요. 그래도 포기하지 말고 여러분의 전공과 관련된 과목이나 평소 관심이 있었던 것부터 집중적으로 공부해 보는 건 어떨까요. 저는 경제학과에 진학하길 희망했기 때문에 수학과목에 시간을 많이 투자했어요. 학교에서 친구들과 스터디그룹을 만들어 함께 공부하기도 했어요. 스터디그룹 활동은 여러분의 리더십과 자기주도성도 보여줄 수 있는 좋은 활동이라고 생각해요.

교외활동으로는 고등학교 2학년 때부터 봉사활동을 해왔어요. 대구지역 학생들끼리 봉사동아리를 만들어서 '나눔공동체'라는 장애인 보호기관에서 2주마다 활동했어요. 일요일 아침에 봉사를 하면서 늦잠도 덜 자게 되고 재충전의 시간도 가질 수 있었어요. 흔히 봉사활동을 스펙 중 하나로 생각하는데 봉사를 할 때만큼은 입시를 위해 하지 말고 정말 진심을 담아 보세요. 우리는 잠깐 시간을 내서 하지만 그분들은 우리의 손길을 정말 필요로 하거든요. 저는 봉사를 하면서 누군가에게 필요한 존재가 되었다는 느낌을 많이 받았는데 그런 게 나중에는 저한테 공부하는데 동기부여도 되고 스스로의 가치에 대해 더 생각해 볼 수 있었던 시간이었어요. 주말에 공부를 하는 것도 좋지만 본인에게 의미가 있는 활동을 해보는 것도 추천해요.

자기소개서 작성부터 완성까지

자기소개서는 입학사정관제에서 정말 중요한 부분이에요. 저는 자기소개서를 작성하면서 너무 힘들어 차라리 수능을 두 번 치는 게 낫겠다고 생각한 적도 있었어요. 자기소개서를 일찍부터 쓰기 시작하지는 않았어요. 대신 쓸 거리들을 많이 모아두는 데 시간을 투자했지요. 여러분도 나중에 알겠지만 글을 쓰는 건 크게 어렵지 않아요. 본인의 경험과 활동들을 미리 정리해 두고, 어떤 스토리를 만들 것인지를 고민해 두기만 한다면. 자기소개서가 힘든 것은 자신만의 스토리가 없기 때문이라고 생각해요. 분명 많은 활동을 했지만 어떻게 조합하고 쓸 것인지를 잘 모르기 때문이라고 봐요. 자기소개서를 쓸 때가 되면 선배들의 글을 참고해 보세요. 그대로 적으라는 게 아니라 어떤 형식으로 적었는지 살펴보면서 어떤 글이 잘 되었고 어떤 글이 별로인지 생각해 보는 거예요. 그리고 이를 바탕으로 자신의 자기소개서는 어떤 글이 되어야 하는지 정하는 거죠. 그리고 자기소개서에서 중요한 것은 구체성이에요. 구체적으로 적으세요. 마지막으로 제일 중요한 것은 자기소개서는 생활기록부를 보완해 줄 수 있어야 한다는 것이에요. 생활기록부에서 부족하다고 느껴지는 부분을 자기소개서에서 강조하는 게 좋아요. 입학사정관들은 여러분의 글을 통해 판단할 수밖에 없어요. 그리고 그것을 바탕으로 면접도 이루어지고요. 그렇기 때문에 생활기록부와 자기소개서에 자신의 최대 역량을 나타낼 수 있어야 해요. 저는 생활기록부에 리더십이 거의 드러나 있지 않았어요. 그래서 자기소개서에는 리더십을 강조하는 활동을 많이 적었어요. 또 저는 진로가 변경되어서 그것 또한 약점이라고 생각했었어요. 그래서 자기소개서에 진로설정 과정이 잘 드러나게 적었죠. 이처럼 자기소개서는 자신의 약점을 채울 수 있는 기회라고 생각해요. 후배님들도 어떻게 자신을 드러낼 것인지 잘 생각해 보기 바랍니다!

나만의 학습 비법

저는 입학사정관 준비를 하는 후배들을 위해서 학습법 외에 '학년별 마음가짐과 자세'에 대해서 얘기해 드릴게요. 아직 대학입시와는 거리가 멀어 보이는 1학년 후배들, 항상 처음이 중요하다고 생각해요. 처음을 어떤 마음가짐으로, 어떻게 시작하느냐가 미래의 결과를 바꿀 수 있어요. 공부량이 많아지고 학교에 있는 시간도 길어져 힘들 테지만 학교생활을 열심히 하면서 자신의 꿈을 계속 키워나갔으면 좋겠어요. 앞으로의 진로에 대해 고민해 보고 어떤 삶을 살아가고 싶은지 생각해 보는 시간을 많이 가지세요. 꿈 설계가 여러분이 앞으로 할 여러 활동과 경험의 기반이 될 거예요.

고등학교 2학년이라는 시간은 정말 중요한 것 같아요. 이때가 제일 공부하기 좋은 시기가 아닌가 싶네요. 2학년 후배들은 조급해하지 말고 부족한 부분을 채우는 한 해를 보냈으면 좋겠어요. 3학년이 되면 개념정리를 할 시간이 부족해요. 그리고 모든 과목을 놓을 수 없기 때문에 부족한 과목을 집중적으로 공부하기 힘들죠. 2학년 때는 자신에게 부족한 것을 찾으세요. 그리고 그것에 집중투자 하는 게 좋을 것 같아요. 단어를 잘 모른다면 단어를 많이 외우고 문법이 헷갈린다면 어법공부를 처음부터 다시 해보고. 수능공부를 위한 준비단계라고 생각하면 좋겠네요. 하고 싶은 공부를 할 수 있다는 게 이 시기의 가장 큰 장점이 아닐까요. 저는 2학년 때 부족했던 수학 개념을 완벽히 정리하는 것을 목표로 했어요. 정말 3학년 때는 EBS 연계문제집과 기출문제를 푸느라 정신이 없더군요. 미리 준비해 둔 게 도움이 됐던 것 같아요.

고3 후배들에게는 공부에 대한 조언보다는 마음가짐에 대해 말해 주고 싶어요. 이제 모두 나름의 공부법은 가지고 있을 것 같은데요. 제가 고3 때 제일 중요하게 생각했던 것은 '평정심'이에요. 수험생활이 시작되고 모의고사를 치면 성적이 오르거나 떨어지거든요. 그럴 때 성적이 오르면 자기도 모르게 나태해질 수 있어요. 그리고 성적이 떨어지면 또 마음이 조급해지고 불안해져요. 그렇게 시간을 보내기는 너무 아깝잖아요. 그러므로 후배님들은 잠깐의 성적에 신경 쓰기보다는 마음을 크게 가지세요.

힘든 시기지만 마음에 여유를 가지고 자신만의 취미생활을 위한 시간도 있어야 한다고 생각해요. 늘 긴장하고 불안해하면 장기간 버틸 수가 없어요. 결국 수능은 누가 끝까지 포기하지 않느냐가 중요하다고 생각해요. 쉬는 것을 시간낭비라고 생각하지 말고 그것 또한 다음을 위한 하나의 공부과정이라고 생각하는 게 좋을 것 같네요.

입학사정관제 준비부터 실천까지

저는 고2, 3때 학생회 예절부장으로 활동했습니다. 학생회활동의 좋은 점은 학급회장과 달리 학교 규모의 행사를 주도할 수 있다는 것입니다. 가장 중요한 것은 역시 학교축제! 축제를 기획하고 진행하면서 리더십을 배울 수 있었습니다. 1학년 때는 그냥 즐겁게 참여만 했던 축제를 기획부터 참여하니 같은 축제지만 정말 다른 느낌을 받았습니다. 대의원 회의 때는 요즘 학생들이 선생님을 만나도 인사를 잘 안 한다는 의견에 '인사하기 캠페인'을 실시하였습니다. 학생회활동은 자기소개서를 쓸 때 가장 중요한 경력 중의 하나라고 생각합니다. 주체적이고, 주도적인 활동을 하는 리더가 될 능력이 있다는 것을 증명할 수 있는 의미 있는 활동이기 때문입니다.

기억에 남는 활동 중에는 모의법정 동아리활동으로 모의재판 경연대회에 나갔던 일입니다. 관심 있는 친구들과 함께 만든 동아리였는데 대회

출전도 처음이어서 모든 과정이 힘들었습니다. 대회에서는 비록 본선에 진출하지 못했지만 저희가 스스로 만든 동아리로 예선에 나간 것만으로도 큰 의미가 있기에 뿌듯했습니다. 입학사정관제도에서는 자주적이고 주체적인 모습을 중시하기 때문에 관심 있는 분야에 도전하기 위해 동아리를 만든 게 큰 장점이 되었다고 생각합니다. 그래서 자기소개서에 동아리를 만드는 과정, 대회 준비를 하는 과정에서 힘들었던 일들과 그 과정을 극복해 나가는 과정을 자세하게, 느낀 그대로 쓰려고 노력했습니다. 자기소개서에 무조건 멋지고 성공한 일만 쓸 필요는 없습니다. 실패한 경험을 쓰고 그런 경험을 하면서 자신이 어떻게 바뀌고, 어떤 것을 느꼈는지 쓰는 게 좋을 것 같습니다.

자기소개서 작성부터 완성까지

우선 자기소개서를 쓰기 위해서는 자신이 지원하는 학과와 잘 맞는 과목 선생님과 친해지는 것이 좋다고 생각합니다. 독서란에 어떤 책을 쓸지, 자신의 성격이나 특성 중 어떤 면을 강조하는 것이 유리한지에 대해서 가장 자세한 답을 주실 수 있기 때문입니다. 물론 지원하는 학교, 지원하는 과를 졸업하신 선생님을 찾을 수 있다면 더 좋을 것입니다. 같은 학과라도 대학마다 학풍이 다르기 때문에 좋아하는 경향의 책이 있다고 들었습니다. 이러한 자세한 정보는 학과와 잘 맞는 선생님이나 지원학과를 다니는 선배를 수소문해 듣는 게 좋겠습니다.

저는 3학년 때 저를 가르쳐주셨던 선생님의 도움을 정말 많이 받았습니다. 선생님께서 좋은 책도 추천해 주시고, 어떤 자격증이 필요한지도 자세히 알려주셨습니다. 그리고 추천서도 써주셨습니다. 자신을 가장 잘 아는 사람은 학교 선생님들이라고 생각하기 때문에 제가 생각하는 자기소개서 작성 노하우는 바로 학교 선생님들과 친밀하게 지내서 선생님들의 도움을 많이 받는 것입니다.

그렇다고 선생님과 친해진다고 해서 자기소개서가 완성되는 것은 아닙니다. 처음 자기소개서를 쓰려고 하면 막막한 기분이 들 것입니다. 저도 그랬습니다. 그럴 때는 우선 빈 백지에 자신을 표현할 수 있는 단어들을 나열해 보는 것이 도움이 됩니다. 순서를 생각하지 말고 그냥 떠오르는 대로 나열을 하다 보면 잊고 있었던 에피소드가 생각나기도 하고 단어들 간에 연관성이 떠오르기도 합니다. 그리고 나면 연결사 등을 완벽하게 쓰려고 노력하기보다는 생각나는 대로 이야기하듯이 한번 써 보는 것입니다. 문맥을 매끄럽게 하거나 더 적절한 단어를 쓰는 건 마지막에 해도 충분합니다.

나만의 학습 비법

저는 항상 목표가 서울대였기 때문에 학교 다니면서 내신에 가장 많은 신경을 썼습니다. 다른 대학들보다 서울대에서는 입시에서 내신이 차지하는 비중이 높은 편이기 때문입니다. 너무 뻔한 말이겠지만 내신시험은 학교수업이 가장 중요하다고 생각합니다. 수업을 제대로 듣지 않는 학생들이 많은데 그러면 어떤 부분을 암기해야 하는지 잘 알지 못할 수 있습니다. 선생님께서 강조하는 부분을 잘 체크해 놓지 않을 경우, 시험에 출제될 확률이 낮은 부분까지 외우느라 더 힘들게 공부하게 됩니다.

저는 1학년 때 공부하는 방법을 잘 몰라서 선생님께서 중요하다고 하는 부분을 무조건 암기하는 식으로 공부했었습니다. 그런데 사회과목이나 과학과목은 암기만 해도 어느 정도 점수를 받을 수 있지만 영어 같은 경우는 암기만 해서는 절대 높은 점수를 받을 수 없습니다. 교과서에 있는 지문이 나온다고 해도 문제가 바뀌어서 나옵니다. 그러므로 선생님의 수업 중 필기를 잘 분석해 보면 처음 보는 지문도 선생님의 수업 방식대로 따라할 수 있게 됩니다. 2학년 1년 동안 이렇게 연습하다 보니 3학년 때는 EBS에 있는 지문들도 스스로 분석할 수 있게 되었습니다. 2, 3학년이 되어서는 수능에서 응시하지 않는 과학이나 제2외국어, 사회탐구 과목도 내신관리를 해야 하느라 힘들었습니다. 그래서 그런 과목들은 가급적 수업시간에 충실하게 듣는 것만으로도 시험공부가 되게 했습니다. 수업시간만으로 부족할 때는 자습시간을 활용했더니 충분했습니다. 그리고 한 가지 팁을 얘기하자면 2학년 같은 경우 사회탐구나 과학탐구는 그 해에 나온 EBS교재에 있는 도표나 자료들이 시험에 많은 도움이 됩니다.

그렇게 내신관리를 한 결과 3학년 때까지 평균 내신이 1.13이었고 지역균형 전형에 지원할 기회를 얻게 되었습니다. 입학 전형에서 수시는 내신의 중요성이 상대적으로 떨어진다고 생각했는데 준비하면서 알게 된 것은 우선 내신이 좋아야 지원할 기회를 얻게 된다는 것입니다. 또한 서울대는 정시에서도 2차에 내신이 40%나 들어가기 때문에 내신관리는 중요하다고 생각합니다. 주위에서 수능에 집중하겠다며 내신을 포기하는 친구들을 많이 봤는데 특히 3학년 때는 내신이 수능에 모두 포함되기 때문에 내신을 위해서도 열심히 해야 합니다.

저는 고등학교 1학년 때부터 3학년 때까지 학습 플래너를 작성했습니다. 학습 플래너를 쓰기 시작한 계기는 나름 공부를 잘 하고 있다고 생각했는데, 두 번째 모의고사에서 점수가 너무 낮게 나와 새로운 변화가 필요했습니다. 학습 플래너라는 게 모든 학생들이 신학기가 되면 '올해는 꼬박꼬박 써야지.' 하고 다짐하지만 잘 지켜지지 않습니다. 저도 변덕을 잘 부리는 성격으로, 제 다짐이 쉽게 약해질 거라는 걸 알고 있었기 때문에 3학년 때는 담임선생님께 매일 플래너를 검사해 달라고 부탁을 드렸습니다. 담임선생님은 날마다 제 공부 계획과 결과를 체크하고 짧게나마 코멘트까지 달아주셨습니다. 덕분에 힘든 고3 생활에서 정말 큰 힘이 되었습니다.

담임선생님께 부탁드리는 것이 부담스럽다면 친구들끼리 매일 플래너를 바꿔 읽으면서 서로 검사하는 것도 좋은 방법입니다. 그리고 플래너 뒤편에 친구들과 서로 응원하는 말을 써 주면 힘들 때마다 읽으면서 큰 힘을 얻을 수도 있을 것입니다.

고3 때는 공부할 과목도 많고 공부 분량도 엄청나기 때문에 플래너가 꼭 필요합니다. 몇 시부터 몇 시까지 어떤 과목의 공부를 해야겠다는 구체적인 플랜이 없으면 지키기가 정말 힘듭니다.

그리고 제가 플래너를 쓸 때 가장 중요하게 생각한 건 무조건 구체적으로 쓰는 것이었습니다. 한 단원을 기준으로 할 때도 있었지만 페이지까지 나눠서 쓴 경우가 많았습니다. 한 항목을 실천할 때마다 체크를 하기 때문에 성취감이 높아져서 더 열심히 공부를 할 수 있었습니다.

부록

- 전형별 주요대학 자기소개서 양식
- 2012년 연간 공모전 리스트(계열별 구분)
- 입학사정관 전형의 평가요소 및 평가기준 모형(예시)
- 입학사정관 전형 요소 및 평가기준 예시
- 경시대회 및 인증 시험 안내
- 대학교 선정 추천도서 목록(서울대, KAIST, 전남대)
- 2009개정교육과정에 따른 학교생활기록부
- 대학별 학교생활기록부 평가지 루브릭 예시
- 입학사정관제 전형 지원을 위한 자가진단표
- 학교생활기록부 영역별 입력 가능 최대 글자 수

서울대학교 자기소개서 양식

◉ 자기소개서 제출 전형 ◉

* 지역균형 선발 전형, 일반 전형, 기회균형선발 특별 전형

1. 지원동기와 진로계획을 중심으로 서울대학교가 지원자를 선발해야 하는 이유를 기술하여 주십시오.

▶ 띄어쓰기를 포함하여 1,000자 이내로 작성해야 합니다.

2. 고등학교 재학 기간 또는 최근 3년간(단, 초등학교, 중학교 재학 기간 제외) 지적 호기심을 가지고 학업능력을 향상시키기 위해 노력한 내용을 기술하여 주십시오.

▶ 띄어쓰기를 포함하여 1,000자 이내로 작성해야 합니다.

3. 고등학교 재학 기간 또는 최근 3년간(단, 초등학교, 중학교 재학 기간 제외) 학내외 활동 중 가장 의미가 있다고 생각하는 활동을 3개 이내로 기술하여 주십시오.

▶ 학교생활기록부에 기록되어 있지 않은 내용은 반드시 증빙서류를 첨부해야 합니다.

▶ '의미 있는 이유'는 각 활동별로 띄어쓰기를 포함하여 700자 이내로 작성해야 합니다.

▶ '활동기간' 및 '활동횟수' 기재 예시: 2011년 3월~2012년 5월(총 1년 2개월) 주 2회,
  20110302~20110320(총 19일)/활동횟수(수시), 2011년 4월 20일/활동횟수(1회)

학내외 활동		의미있는 이유
활동명		
활동영역	( )학내 ( )학외	
활동기간		
활동횟수		
활동명		
활동영역	( )학내 ( )학외	
활동기간		
활동횟수		
활동명		
활동영역	( )학내 ( )학외	
활동기간		
활동횟수		

4. 다음 주제 중 자신에게 해당하는 주제를 선택하여 구체적으로 기술하여 주십시오.

▶ 띄어쓰기를 포함하여 1,000자 이내로 작성해야 합니다.

☐ 자신의 장단점이나 특성

☐ 특별한 성장과정이나 가정환경(생활여건 등)

☐ 고등학교 시절 겪었던 어려움과 그것을 극복하기 위한 노력

※ 소년.소녀가정(또는 가정위탁보호아동)의 경우, 반드시 지방자치단체에서 발행한 확인서를
서류제출 기간에 제출해야 합니다.

**5. 고등학교 재학 기간 또는 최근 3년간(단, 초등학교, 중학교 재학 기간 제외) 읽었던 책 중 자신에게
가장 큰 영향을 준 책을 3권 이내로 기술하여 주십시오.**

▶ '선정 이유'는 각 도서별로 띄어쓰기를 포함하여 500자 이내로 작성해야 합니다.

▶ '선정 이유'에는 단순한 내용 요약이나 감상보다는 읽게 된 계기, 책에 대한 긍정적 또는 부정적
평가, 이 책이 자신에게 준 영향을 중심으로 기술하면 됩니다.

선정 도서		선정 이유
도 서 명		
저자/역자		
출 판 사		
도 서 명		
저자/역자		
출 판 사		
도 서 명		
저자/역자		
출 판 사		

◉ 자기소개서 제출 전형 1 ◉

* 연세입학사정관제 전형(창의인재, 학교생활우수자, IT명품인재, 사회공헌 및 배려자, 연세한마음,
 농어촌학생, 특수교육대상자, 전문계고교출신자, 새터민 트랙)

* 특기자 전형(과학인재, 예체능인재트랙, 예체능 기회균등 트랙)

1. 지원자가 고등학교 재학 중(검정고시 합격자는 합격일로부터 과거 3년 이내)에 했던 활동 중에서
 가장 중요하다고 판단되는 교과 외 활동(봉사, 자치, 동아리, 연구, 취미, 기타활동 등)을 선택하여
 3개 이내로 작성하여 주십시오.

※ 특기자 전형의 과학인재 트랙 지원자는 수학, 과학 분야와 관련된 활동을 포함하여 작성할 것을
 권합니다.

번호	활동명활동명	역할 및 내용	활동시기					
			1학년		2학년		3학년	
			1학기	2학기	1학기	2학기	1학기	2학기
1			☐	☐	☐	☐	☐	☐
2			☐	☐	☐	☐	☐	☐
3			☐	☐	☐	☐	☐	☐

위에서 작성한 활동 중에서 자신에게 가장 중요했던 활동 하나를 선택하여 활동을 시작하게 된
동기와 본인의 역할 및 활동 내용을 설명하고, 활동을 하면서 갖게 된 생각과 지원자 개인 또는
주변에 미친 영향을 기술하여 주십시오.

2. 고등학교 재학 중(검정고시 합격자는 합격일로부터 과거 3년 이내) 진로선택을 위해 노력한 과정을
   바탕으로 지원학과 선택의 계기를 설명하고, 연세대학교 입학 후 자신의 진로를 발전시키기
   위한 계획을 기술하여 주십시오.

3. 지원자의 개인적 자질 중 가장 뛰어나다고 생각하는 자질(학업능력 제외)에 대해 설명하고,
   고등학교 재학 중(검정고시 합격자는 합격일로부터 과거 3년 이내)그 자질을 계발하기 위해 노력한
   경험을 구체적으로 기술하여 주십시오.

4. 다음 두 질문 중 하나를 선택하여 □ 안에 V표를 한 후 작성하여 주십시오.

□ 지원자의 개인적 환경(가정, 학교, 지역, 국가 등)에 대해 설명하고, 그 환경적
   특성이 지원자 자신의 삶에 미친 영향을 경험적 사례를 들어 구체적으로 기술하여
   주십시오.

□ 지원자의 삶에서 경험했던 가장 큰 위기와 좌절 상황이 무엇이었는지 설명하고,
   그것을 극복하는 과정에서 새롭게 발견한 자신의 가치에 대해 경험적 사례를 들어
   구체적으로 기술하여 주십시오.

* 특기자 전형 언더우드학부(UD), 아시아학부(ASD), 테크노아트학부(TAD) 트랙 지원자는
영문자기소개서를 작성하여 주십시오.

Essay Question 1(400-500words)

Essay Options : Select from one of the following.

1. **Describe a personal, non-academic experience or achievement in which you had to make a difficult decision, and relate the ways in which this experience changed you as a person.**

2. **We are bombarded with news every dau, ranging from the frivolous to the catastrophic. Take one current national or international issue and explain why it is important to you.**

3. **Choose a real person with whom you have or had a direct relationship(relative, teacher, friend, etc.) or a character that is either fictional or historical. Describe in detail how that person or character changed the way you look at the world around you or at life in general.**

4. **Diversity is not only important but also a fact of life in an international college such as UIC. Describe how your own personal background would add to that diversity.**

5. **Topic of your choice.**

Essay Question 2(250 words or less)

The Underwood Interantional College (UIC) is an all-English liberal arts college located within a Korean university. UIC offers a truly multinational experience, with students and faculty from all over the world. As a relatively new college, UIC is always thinking of ways to define itself and its educational mission. In your wiew, what makes UIC an interesting or unique place? As a potential student here, what would you bring to UIC, and why is UIC your college of choice?

고려대학교 자기소개서 양식

⊙ 자기소개서 제출 전형 ⊙

* 추천전형 : 학교장추천, 자기추천(유형1, 유형2)

* 특별전형 : 국제, 과학, OKU미래인재

※ '고등학교 졸업학력 검정고시' 등 정규 고등학교에 재학하지 않고 고등학교 학력을 취득한 경우 고등학교 학력을 취득하기 위해 준비했던 기간을 중심으로, 외국고 졸업자의 경우 국내 고등학교 3년에 해당하는 기간을 중심으로 기술하십시오.

1. **고등학교 재학 기간 동안 교내 · 외에서 자기주도적으로 꾸준히 수행한 활동**(학습활동 및 교과외 **활동 등) 중 본인의 우수한 성과가 나타난 활동과 그 결과를 얻기 위한 노력을 3개 이내로 기술하세요**(각 활동별 띄어쓰기 포함 200자 이내로 기술).

활동학년			활동기간		활동시기		활동명	활동내용
1학년	2학년	3학년	1주당 시간 수	1년당 시간 수	학기 중	방학 중		
☐	☐	☐	___	___	☐	☐		
☐	☐	☐	___	___	☐	☐		
☐	☐	☐	___	___	☐	☐		

위의 세 가지 활동 중, 자신에게 가장 의미 있다고 생각되는 활동 하나를 선택하여 활동의 동기, 과정 및 결과, 자신에게 미친 영향 등을 구체적으로 기술하세요(띄어쓰기 포함 700자 이내).

2. 고등학교 생활 중 (1)배려와 나눔, (2)협력과 갈등관리를 실천한 사례를 각각 들고, 그 과정을
   통하여 배우고 느낀 점을 구체적으로 기술하세요.(띄어쓰기 포함 1,000자 이내)

3. 지원 분야와 자신이 어떤 면(흥미, 적성, 소질 등)에서 부합한다고 생각하는 지를 기술하고,
   지원을 위한 준비과정과, 향후 포부에 대해 기술하세요(띄어쓰기 포함 1,000자 이내).

4. 다음 세 질문 중 하나를 선택하여 □ 안에 V표를 한 후 작성해 주세요(띄어쓰기 포함 1,000자 이내).

□ 자신에게 가장 큰 영감을 준 것(사람, 사물, 사건 등)은 무엇이며, 그것이 자신의
  삶에 어떠한 영향을 주었는지 기술하세요.

□ 자신의 강점과 약점은 무엇이며, 강점이 가장 잘 드러났던 사례를 기술하세요.

□ 현재 자신이 학업 이외에 가장 관심이 있는 것은 무엇이며, 왜 관심이 있는지 기술하세요.

서강대학교 자기소개서 양식

◉ 자기소개서 제출 전형 ◉

* 일반서류전형(수능우선), Art & Technology 전형, 알바트로스인재 전형(인문사회계열–1단계합격자,
자연계열), 학교생활우수자 전형, 자기추천전형, 카톨릭지도자추천 전형, 기회균형선발 전형

1. 자신의 성장과정 및 환경이 지원자의 삶과 진로계획에 미친 영향에 대하여 기술하여 주십시오. (1,000자)

**2. 서강대학교가 지원자를 선발해야 하는 이유를 본교에 대한 지원동기와 지원전공을 중심으로
기술하여 주십시오. (1,000자)**

3. 고교 재학 중 대표적인 교내·외 활동 및 실적을 3가지 이내로 기술하여 주십시오. (각 500자 이내)

※ 고교 재학 중 교내·외 동아리, 예술·체육 체험활동이 있다면 구체적인 참여 성과 및 느낀 점에
대해서도 기술하여 주십시오.

※ 활동 중 배려, 나눔, 협력, 갈등관리 등을 실천한 사례가 있다면 그 과정을 통하여 배우고 느낀 점에
대해서도 기술하여 주십시오.

1	활동명		
	활동기간		
	학생부	기재 □, 미기재 □	
	활동기관		
2	활동명		
	활동기간		
	학생부	기재 □, 미기재 □	
	활동기관		
3	활동명		
	활동기간		
	학생부	기재 □, 미기재 □	
	활동기관		

◉ 자기소개서 제출 전형 ◉

* 입학사정관전형(성균인재, 지역리더, 나라사랑) : 증빙자료 미제출

  단, 성균인재전형의 사회복지학 지원자는 '봉사활동 목록표' 제출

* 특기자전형(인문 · 사회 · 예체능), 글로벌전형 : 증빙자료 목록표 및 증빙자료 제출

(A4 규격, 총15페이지 이내)

1. 고교 재학 기간 중 본인의 역량을 가장 잘 드러내는 활동(성취)을 중요한 순서대로 기술하시오.

☞ 활동(성취) 중 가장 중요한 3개는 구체적인 내용과 의미를 기술함(1~3번 항목)

☞ 4~10번 항목은 활동(성취)명과 내용을 간략하게 작성함

☞ 1~3번 항목의 시기는 중복선택 가능함

번호	구분		구체적인 내용과 의미
1	활동명	30자 이내 (띄어쓰기 및 문장부호 포함)	☞ 300자 이내(띄어쓰기 및 문장부호 포함)
	학생부 기재여부	기재(O) 미기재(O)	
	교내 · 외 구분	교내(O) 교외(O) 교내 · 외(O)	
	시기	1학년 □ □ 2학년 □ □ 3학년 □ □ (1 2 1 2 1 2)	
2	활동명		
	학생부 기재여부	기재(O) 미기재(O)	
	교내 · 외 구분	교내(O) 교외(O) 교내 · 외(O)	
	시기	1학년 □ □ 2학년 □ □ 3학년 □ □ (1 2 1 2 1 2)	
3	활동명		
	학생부 기재여부	기재(O) 미기재(O)	
	교내 · 외 구분	교내(O) 교외(O) 교내 · 외(O)	
	시기	1학년 □ □ 2학년 □ □ 3학년 □ □ (1 2 1 2 1 2)	

번호	활동(성취)명	내용	학생부 기재여부
4	☞ 30자 이내(띄어쓰기 및 문장부호 포함)	☞ 100자 이내(띄어쓰기 및 문장부호 포함)	O / X
5			O / X
6			O / X
7			O / X
8			O / X
9			O / X
10			O / X

2. 고교 재학 기간 중 학업능력 함양 및 향상을 위해 노력한 사례와, 그 활동을 통해 경험한
   변화상을 구체적으로 기술하시오.

☞ 500자 이내(띄어쓰기 및 문장부호 포함)

3. **다음 중 한 가지 주제를 선택하고 해당 내용을 구체적으로 기술하시오**(반드시 1개만 선택).
   □ 지원 모집단위를 선택한 이유와 학업 및 진로계획
   □ 스스로 뛰어나다고 생각하는 자질 또는 성취
   □ 본인의 잠재력을 발휘한 경험 또는 실현 계획
   □ 성장과정이나 가정환경이 자신의 삶에 미친 영향
   □ 학교생활 중 배려, 나눔, 협력, 갈등관리 등을 실천한 사례 및 느낀 점

☞ 500자 이내(띄어쓰기 및 문장부호 포함)

◉ 사범대학 지원자만 작성 ◉

4. 교육 관련 진로 및 직업에 요구되는 본인의 자질 및 장점에 대하여 사례를 들어 구체적으로
   기술하시오.

☞ 500자 이내(띄어쓰기 및 문장부호 포함)

한양대학교 자기소개서 양식

⊙ 자기소개서 제출 전형 ⊙

* 학업우수자 전형, 브레인 한양 전형, 미래인재 전형,

* 사랑의 실천 전형, 농어촌 학생 전형, 특성화고졸재직자 전형

1. 지원하는 학과와 관련된 학업능력과 적성을 개발하기 위하여 본인이 참여한 교내 활동(학생부에 기재된 교외활동은 작성 가능) 중 의미 있는 활동을 5가지 이내로 기술하고, 그 중 한 가지를 선택하여 구체적으로 기술하세요.

순번	활동	활동내용(100자 이내)	활동기간	활동기관
1				
2				
3				
4				
5				

[본인에게 가장 의미 있는 활동 1가지] (500자 이내)

※ 지원전공과 관련된 외부활동 기재 및 증빙서류 제출 대상자

① 미래인재 전형(제출 희망자) ②사랑의실천 전형(학생부 미제출자) ③특성화고졸재직자 전형(제출 희망자)

2. 지원학과에 대한 지원동기를 설명하고, 입학 후 학업계획과 향후 진로 계획에 대해 기술하세요.(500자 이내)

3. 본인이 속했던 공동체에서 배려, 나눔, 협력, 갈등 관리 등을 실천한 사례를 들고 그 과정을
   통해 배우고 느낀 점을 구체적으로 기술하세요. (3-1, 3-2. 모두 작성)

[3-1. 배려 또는 나눔의 실천사례] (500자 이내)

[3-2. 협력 또는 갈등관리의 실천사례] (500자 이내)

4. 자신의 성정과정과 이러한 환경이 자신의 삶에 미친 영향에 대해 기술하세요.(500자 이내)

⊙ 자기소개서 제출 전형 ⊙

* 이화미래 인재전형(이화인문 · 과학 인재), 사회기여자

PART 1 **공통양식**

※ 문항 1~4번은 한국대학교육협의회가 지정한 공통지원양식 문항입니다.

1. 자신의 성장과정과 이러한 환경이 자신의 삶에 미친 영향에 대해 기술하세요(500자 내외).

2. 학교생활 중 배려, 나눔, 협력, 갈등 관리 등을 실천한 사례를 들고 그 과정을 통해 배우고 느낀 점을 구체적으로 기술하세요(500자 내외).

3. 지원동기와 지원한 분야를 위해 어떤 노력과 준비를 해왔는지 교과 및 교내 · 외 활동 중 본인에게 가장 의미있다고 생각되는 내용을 기술하세요(500자 내외).

4. 입학 후 학업계획과 향후 진로 계획에 대해 기술하세요(500자 내외).

※ 문항 5번은 본교 이화사정관 전형을 위한 자체 문항입니다.

5. 교과활동을 포함하여 교내 · 외 활동의 우수성을 설명할 수 있는 대표적인 활동 및 실적을 3개
   이내로 기술하세요(활동 및 실적 내용, 활동 및 실적의 의미, 동기, 활동과정에 대한 구체적인 설명, 각
   활동별 300자 내외).

활동번호	활동명	활동기간	활동 및 실적내용	증빙여부
1		년 월~ 년 월		□ 학생부 기록 □ 추가 증빙
2		년 월~ 년 월		□ 학생부 기록 □ 추가 증빙
3		년 월~ 년 월		□ 학생부 기록 □ 추가 증빙

6. 증빙서류 목록(해당자에 한함)

5번 문항과 관련된 교내 · 외 활동 중에서 학교생활기록부에 기록되어 있는 내용은
추가증빙서류가 필요 없으며, 학교생활기록부에 기록되어 있지 않은 활동 및 실적에 관한
내용은 증빙서류를 우편으로 제출해야 합니다. 증빙서류를 각 활동 당 3개 이내로 제한합니다.
증빙서류를 제출하는 학생은 입력 후에 증빙서류를 출력하여 표지로 하고, 증빙서류와 함께 묶어
직접 혹은 우편 제출해야 합니다.

활동번호	연번	증빙서류 내용	비고 (발급기관명, 일자 등)
1	1—①		
	1—②		
	1—③		
2	2—①		
	2—②		
	2—③		
3	3—①		
	3—②		
	3—③		

2012년 연간 공모전 리스트(계열별 구분)

공모전명	개최기관	개최일	웹사이트	비고
지자체 아이디어 공모전	중앙정부 및 각 지자체	연중수시	www.epeople.go.kr	전계열
청소년 발명아이디어 경진대회	한국대학발명협회	'12.4.5~'12.5.5	www.invent21.com	전계열
전국 초중고등학교 교훈, 급훈 Contest	아름다운교육 신문사	'12.3.15~'12.4.10	www.helloedu news.com	전계열
소셜벤처 경연대회	고용노동부	'12.6.11~'12.6.27	www.socialenter prise.or.kr	문과
늘푸른 우리 땅 공모전	국토해양부	'12.8.16~'12.8.31	www.contest.kcsc.or.kr /kcsc	문과
스포츠산업 진흥 아이디어 공모전	국민체육진흥공단	'12.10.22~ '12.10.31	http:// www.kspo.or.kr	문과
시니어 창업 인식개선 공모전	중소기업청	'12.8.13~'12.9.28	www.senior.or.kr	문과
경북관광 아이디어 공모전	경상북도	'12.4.30~'12.8.31	www.touridea.net	문과
전통시장 활성화 아이디어 공모전	시장경영진흥원	'12.7.16~'12.8.31	www.sijang.or.kr	문과
스마트&오픈 거버먼트 경진대회	행정안전부	'12.7.27~'12.9.30	www.data.go.kr/ mashup.do	문과
한중일 3국 협력 아이디어 공모전	외교통상부	'12.7.16~'12.8.31	www.mofat.go.kr	문과
녹색 미래를 선도하는 경인 아라뱃길 아라문화축제	경인 아라뱃길	'12.3.22~'12.4.18	www.giwaterway.kr	문과
지식재산 분야 신규사업 아이디어 공모전	한국발명진흥회	'12.7.2~'12.7.31	www.kipa.org	문과
장애인복지일자리 아이템 공모전	보건복지부	'12.3.2~'12.3.27	www.koddi.or.kr	문과
창조관광사업 공모전	한국관광공사	'12.2.15~'12.3.30	www.venture- visitkorea.com	문과
대 · 중소기업 동반성장 아이디어 공모전	동반성장위원회	'12.3.20~'12.4.30	www.winwin growth.or.kr	문과
유권자의 날 기념 강연 콘테스트	중앙선거관리위원회	'12.3.19~'12.4.22	www.civicedu contest.co.kr	문과
시흥사랑 UCC 공모전	시흥시	'12.3.28~'12.5.25	blog.naver.com/ siheunglove	문과
CJ ONLYONE Idea Fair	CJ	'12.4.1~'12.4.30	ads.crossmedia.co.kr	문과
홍삼 창업아이디어 콘테스트	전주대학교	'12.4.2~'12.5.15	sanhak.jj.ac.kr	문과
용인 600년 사업 공모전	용인시	'12.4.25~'12.5.25	www.yongin.go.kr	문과
보증상품 아이디어 공모전	서울신용보증재단	'12.5.2~'12.6.15	www.seoulshinbo.co.kr	문과
공정하고 투명한 스포츠 환경을 위한 대국민 아이디어 공모전	스포츠토토	'12.4.30~'12.7.31	www.sportstoto. co.kr	문과
우유소비 촉진을 위한 아이디어 콘테스트	농협중앙회	'12.6.1~'12.7.31	www.imilknonghy up.com	문과
우정문화 콘텐츠 스토리텔링 공모전	한국우편사업진흥원	'12.6.1~'12.7.10	www.cultureposa.com	문과

공모전명	개최기관	개최일	웹사이트	비고
대구광역시 청년창업지원사업 청년창업 아이템발굴 경진대회	대구디지털 산업진흥원	'12.6.4~'12.6.25	www.dip.or.kr	문과
사회공헌 프로그램 공모전	한국사회복지협의회	'12.6.19~'12.8.31	http:// www.crckorea.kr	문과
문화콘텐츠 아이디어 공모전	인천광역시	'12.7.2~'12.7.24	www.iitpa.or.kr	문과
미스터피자 그녀들의 피자컨테스트	MPK그룹	'12.7.2~'12.7.31	www.mrpizza.co.kr	문과
통일토크 콘서트 소재 공모	통일부	'12.6.22~'12.7.8	www.facebook.com/ unikorea	문과
한강 여류저수지및 강천섬 활용 아이디어 공모전	국토해양부	'12.7.9~'12.9.7	waterside.kwater. or.kr	문과
본도시락 쿠킹 콘텐스트	본아이에프	'12.7.6~'12.8.3	www.bonif.co.kr	문과
새마을금고 금융신상품 아이디어 공모	새마을금고	'12.7.16~'12.8.10	www.kfcc.co.kr	문과
서울시민 희망홍보 소재 공모	서울시	'12.7.1~'12.7.31	wow.seoul.go.kr	문과
입법 및 정책 제안대회	국회입법조사처	'12.8.6~'12.9.21	www.nars.go.kr	문과
JDC 면세점 창립 10주년 기념 쇼핑백 디자인 공모전	JDC 제주국제 자유도시 개발센터	'12.8.24~'12.9.20	www.jdcdutyfree.com	문과
KT 새로운 비즈니스 아이디어 공모전	KT	'12.8.31~'12.9.14	www.econovation. co.kr	문과
휴먼시티 수원 정책공모전	수원발전연구센터	'12.8.13~'12.10.26	www.suri.re.kr	문과
국가지식DB 한국가사문학 앱공모전	담양군청	'12.9.3~'12.10.12	www.gasa.go.kr	문과
새만금 사업지역 내 노출부지 활용방안 도민제안 공모	전북도청	'12.10.25~ '12.10.29	idea.jb.go.kr	문과
새만금 랜드마크 아이디어 공모	국토해양부	'12.10.9~'12.11.9	smglandmarkidea. krihs.re.kr	문과
부산 MICE 콘텐츠개발 공모전	부산광역시	'12.10.2~'12.11.16	www.mice.or.kr	문과
보험사기 방지 홍보아이디어 공모전	금융감독원	'12.9.26~'12.11.5	www.knia.or.kr	문과
Win-Win 아이디어 공모전	㈜HS하이테크	'12.10.19~'12.11.4	www.hs- ideamarket.co.kr	문과
외국어한식 표기 통일 방안 공모전	농림수산식품부	'12.11.1~'12.12.5	www.koreanfood.net	문과
한글사랑 글짓기 공모전	환경보전협회	'12.10.4~'12.11.19	www.epa.or.kr	문과
중소기업 체험리포트 및 논문 공모전	중소기업진흥공단	'12.6.18~'12.7.13	www.sbc.or.kr	문과
인권작품 공모전	국가인권위원회	'12.8.20~'12.9.14	www.humangongmo.kr	문과
썬스타문구 6.1 아이디어 콘테스트	썬스타문구(주)	'12.1.7~'12.2.29	www.sun-star-st.jp	문과
장애인복지일자리 아이템 공모전	보건복지부	'12.3.2~'12.3.27	www.koddi.or.kr	문과
Korea Top Brand 가치 향상 아이디어 공모전	한국지속경영평가원	'12.3.26~'12.4.30	www.koreasme.or.kr	문과
수화게임대회 아이디어 공모전	KT&G 복지재단	'12.4.10~'12.5.9	www.ktngwelfare.org	문과

공모전명	개최기관	개최일	웹사이트	비고
SK C&C "행복+사랑÷" 사회공헌 아이디어 공모전	SK C&C	'12.4.27~'12.5.25	blog.skcc.com/534	문과
씨티은행 신상품개발 경연대회	한국시티은행	'12.5.14~'12.6.15	www.citybank.co.kr	문과
아이디어가 세상을 바꾼다	IBK 기업은행	'12.8.1~'12.9.30	www.finance.asiae.co.kr	문과
행복마켓 서포터즈 창의제안 아이디어 공모전	서울시농수산물공사	'12.7.1~'12.8.10	www.garak.co.kr	문과
새마을금고 금융신상품 아이디어 공모	새마을금고중앙회	'12.7.16~'12.8.10	www.kfcc.or.kr	문과
희망나눔 미디어 공모전	대한적십자사	'12.8.27~'12.9.7	www.bloodinfo.net	문과
중·고·대학생 UCC 공모전	CJ엔터테인먼트	'12.7.18~'12.8.8	www.art-service.co.kr	문과
한국축구리그 활성화방안 아이디어 공모전	(사)한국실업축구연맹	'12.7.16~'12.10.31	www.n-league.net	문과
자업자득 일자리창출 아이디어 공모전	대구상생고용포럼	'12.7.25~'12.8.24	www.dgi.re.kr	문과
공정사회 정책제안 공모전	국무총리실	'12.8.6~'12.9.17	www.fairsociety.or.kr	문과
고객감동 아이디어 공모전	한국공항공사	'12.8.20~'12.9.14	www.airport.co.kr	문과
어린이 안전 포스터 공모전	한국생활안전연합	'12.9.1~'12.9.27	www.slog.org	문과
청년에게 내일은 있다 UCC 공모전	고용노동부	'12.11.1~'12.11.12	www.moelucc.co.kr	문과
시화호 UCC 공모전	시흥 YMCA	'12.10.23~'12.11.23	www.shymca.org	문과
학교폭력근절을 위한 립던 UCC 동영상 공모전	한국청소년상담원	'12.7.9~'12.8.31	www.cyber1388.kr	문과
음식물 쓰레기 줄이기 아이디어 공모전	환경부	'12.6.1~'12.6.30	www.zero-foodwaste.or.kr	이과
유니소재 아이디어 공모전	지식경제부	'12.8.27~'12.10.26	www.compass.or.kr	이과
내가 꿈꾸는 미래녹색도시 공모전	녹색성장진흥원	'12.10.4~'12.11.4	www.kgg.or.kr/mygreencity	이과
미래기술발명 스마트홈 아이디어 경진대회	고용노동부, 지식경제부	'12.8.6~'12.10.5	smartidea21.blog.me	이과
신재생에너지 36.5℃아이디어·제품 공모전	지식경제부	'12.8.1~'12.9.9	365.energy.or.kr	이과
전국 초·중·고 상상공모전	아름다운교육신문	'12.8.1~'12.9.30	www.helloedunews.com	이과
공간정보 아이디어 경진대회	국토해양부	'12.8.1~'12.9.14	www.smartkorea.or.kr	이과
웨어러블 컴퓨터 경진대회	지식경제부	'12.5.17~'12.8.17	www.ufcom.org	이과
기상기후 신사업 및 신기술 아이디어를 위한 제2회 '기찬 생각' 공모전	기상청	'12.3.5~'12.4.6	www.kmipa.or.kr	이과

공모전명	개최기관	개최일	웹사이트	비고
미래코 "내가 GREEN 아이디어" 공모전	한국광해관리공단	'12.5.21~'12.7.1	contest.mireco.or.kr	이과
생활 속 표준화 체험 수기공모	지식경제부	'12.4.2~'12.5.4	www.consumerskorea.org	이과
전기 모으기 아이디어 공모전	에너지관리공단	'12.2.1~'12.3.31	www.powersave.or.kr	이과
전국과학전람회	국립중앙과학관	~'12.7.12	www.science.go.kr	이과
전국학생과학발명품경진대회	국립중앙과학관	~'12.6.1	www.science.go.kr	이과
대한민국학생발명전시회	특허청	'12.7.26~'12.7.30	www.ip-edu.net	이과
실전창업리그-슈퍼스타 V	중소기업청	'12.4.16~'12.5.11	rtbiz.changupnet.go.kr	이과
시민체감형 U-city서비스 공모전	국토해양부	'12.12.18~'13.2.28	u-cityservice.org	이과
원전하나줄이기 "에너지 도둑을 잡아라" UCC공모	서울시	'12.3.22~'12.4.21	www.seoul.go.kr	이과
2012 다빈치 아이디어 공모 – 테크놀로지기반 창작아이디어 지원	서울시	'12.3.8~'12.3.29	www.seoulartspace.or.kr	이과
SW서비스 신사업 아이디어 공모전	지식경제부	'12.4.18~'12.5.17	www.ihub.or.kr	이과
전국 메카트로닉스 경진대회	대구기계부품연구원	'12.6.1~'12.8.24	www.dmi.re.kr	이과
AAR 창작 애니메이션 아이디어 공모전	강원정보문화진흥원	'12.7.2~'12.8.31	www.gimc.or.kr	이과
생활공감 녹색기술 국민제안 공모	농촌진흥청	'12.7.10~'12.8.8	www.rda.go.kr	이과
LASA 디스플레이 아이디어 공모전	한국전자통신연구원	'12.9.1~'12.9.25	www.lasa.kr	이과
우수방음시설 및 정온한 생활환경조성 공모전	환경부	'12.7.30~'12.9.25	www.noiseinfo.or.kr	이과
연구실안전 공모전 및 우수사례 발표대회	교육과학기술부	'12.8.1~'12.10.5	www.labs.or.kr	이과
대한국민 에너지 R&D 성과전시회 공모전	지식경제부	'12.10.1~'12.10.24	e-rndkorea.net	이과
스마트폰 앱 사용의견(개선사항) 공모전	전라북도	'12.10.20~'12.11.30	km.jeonbuk.go.kr/notice.apps	이과
당신의 끼와 아이디어로 승부하라!	슈나이더 일렉트릭	'12.3.19~'12.4.30	www.energyforum.co.kr	이과
Earoph Competition on Human Betterment	earoph Korea	'12.3.27~'12.4.30	www.earoph2012.or.kr	이과
승강기 안전 UCC 공모전	행정안전부	'12.7.16~'12.9.10	www.kesi.or.kr	이과
더 나은 주거문화 만들기 아이디어	아시아경제	'12.11.5~'12.12.3	www.asiae.co.kr	이과
절전의식 고취 및 절전문화 정착을 위한 UCC 공모전	에너지경제연구원	'12.12.3~'12.12.28	www.keei.re.kr	이과
환경사랑을 위한 나만의 활동과 아이디어 공모전	(사)자연사랑	'12.11.12~'13.1.25	www.youtheca.com	이과
SK E&S와 함께하는 에너지 절약 Idea 경진대회	SK E&S	'12.10.1~'12.10.31	www.skensidea.com	이과
글로벌 소프트웨어 공모대전	지식경제부	'12.5.1~'12.8.31	www.ipak.or.kr	이과

입학사정관 전형의 평가요소 및 평가기준 모형(예시)

평가영역	평가요소	평가지표 및 내용	평가자료
교과 관련 활동	교과성적	• 교과 내신등급 또는 수능성적	학생부, 수능성적
	학년별 성적 추이	• 학년별 학업성취도의 등락 추이 및 정도	학생부
	학업 관련 탐구활동	• 활동의 내용 및 기간 • 참여의 적극성	학생부, 자기소개서 창의적 체험활동 시스템
	교과 관련 교내 수상실적	• 수상내용 • 수상의 난이도 등(상의 권위 및 참여자 수)	학생부
	방과 후 학교활동	• 동기와 목적, 소감　• 학습 분야	학생부, 창의적 체험활동 시스템
창의적 체험 활동	독서활동	• 독서량 • 내용 이해도 등	학생부, 자기소개서창의적 체험활동 시스템
	자격증 및 인증	• 자격증 및 인증획득 목적, 분야, 활용계획 등	학생부, 창의적 체험활동 시스템
	진로탐색 · 체험활동	• 진로 · 체험활동의 영역 • 참여의 적극성	학생부, 자기소개서창의적 체험활동 시스템
	동아리활동	• 동아리활동에서의 역할 • 참여도 및 성실성	학생부, 창의적 체험활동 시스템
	봉사활동	• 봉사활동의 내용 등	학생부, 창의적 체험활동 시스템
	방과 후 학교활동	• 동기와 목적, 소감 • 참여 분야 및 참여 정도	학생부, 창의적 체험활동 시스템
학교 생활 충실도 및 인 · 적성	공동체 의식	• 사회활동에 대한 참여 • 공동목표를 위한 협동	자기소개서, 면접, 학생부, 교사추천서
	리더십	• 리더십을 발휘한 경험 및 내용	자기소개서, 면접, 학생부, 교사추천서
	학업의지	• 해당 모집단위에 대한 관심도	자기소개서, 면접, 학생부, 교사추천서
	특별활동	• 자치/적응/행사활동의 내용 • 참여도 및 성실성	학생부, 교사추천서
	출결상황	• 결석 일수　• 결석 사유	학생부, 면접, 교사추천서
	교사의 평가	• 소질과 적성 • 학교생활 충실도 • 평가내용	교사추천서 창의적 체험활동 시스템 (교사 총괄 의견)
	교우관계	• 교류활동 및 내용	자기소개서, 교사추천서
학습 환경	가정환경과 자기극복의지	• 사회 · 경제적 여건 고려	자기소개서
	학교 여건	• 학교의 특성 및 프로그램	학교 프로파일
	지역의 교육여건	• 지역사회의 교육여건	관련 자료

(출처: 한국대학교육협의회, 입학사정관제 운영 공통기준 (2010. 4. 6.))

입학사정관 전형 요소 및 평가기준 예시

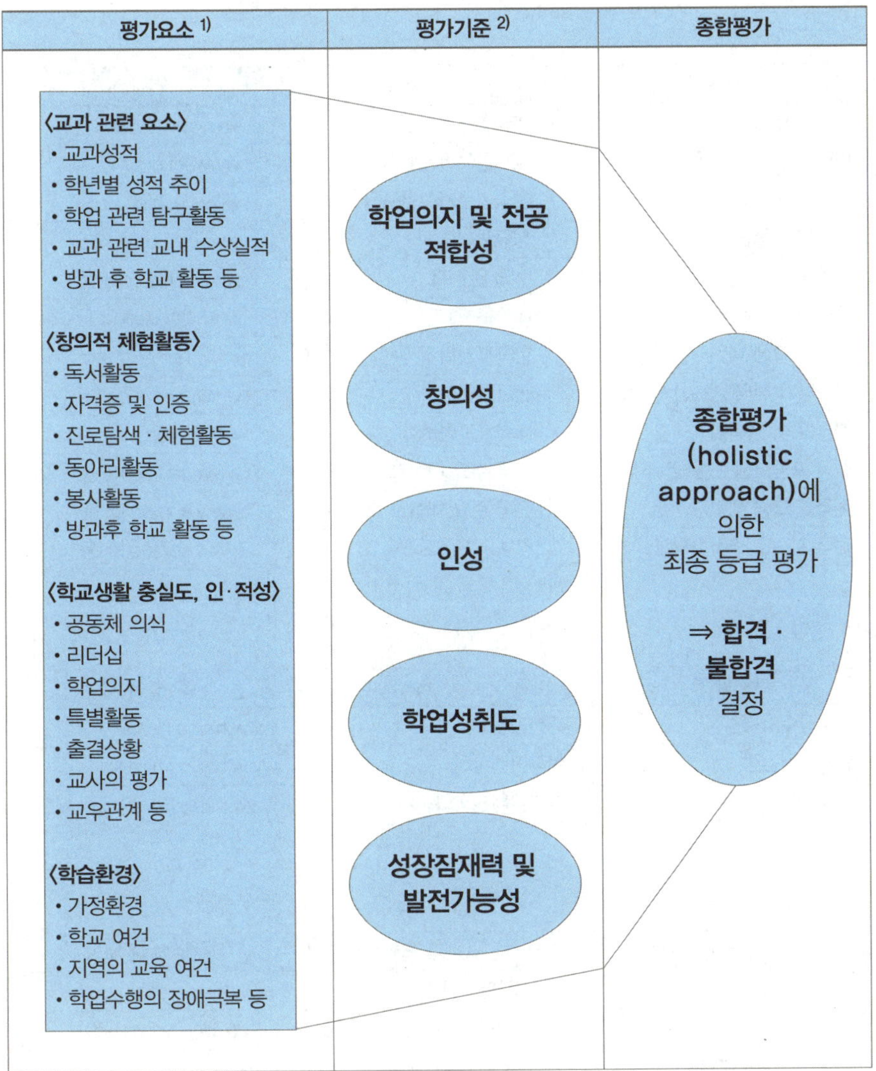

(출처: 한국대학교육협의회, 입학사정관제 운영 공통기준 (2010. 4. 6.))

1) 평가요소 중 해당 전형 및 모집단위의 특성에 맞는 요소를 선택하거나 타 요소를 추가하여 활용 가능

2) 해당 대학 및 모집단위가 추구하는 인재상에 맞는 평가기준을 선택 또는 조정하여 사용 가능

<h2 style="text-align:center">경시대회 및 인증 시험 안내 (참조 : 김영일 교육 컨설팅)</h2>

◉ 국어/논술 ◉

대 회 명	주 최	홈 페 이 지
국어능력인증시험	한국언어문화연구원	www.tokl.or.kr
KBS한국어능력시험	KBS한국어진흥원	www.klt.or.kr
전국학생논술경시대회	한국인문사회연구원	www.kish.co.kr
전국고교백일장	성균관대	www.skku.ac.kr
신춘문예	주요 일간지	www.joins.com 등
대산청소년문학상	대산문화재단	www.daesan.or.kr
전국 고교생 백일장	한국작가회의	www.hanjak.or.kr
마로니에 전국 청소년 백일장	한국문인협회	www.mcmb.co.kr
전국 만해 백일장	대한불교청년회	www.kyba.org
전국 고등학생 논술 경시대회	전국 주요 대학교	www.snu.ac.kr 등
전국 고교생 백일장	전국 주요 대학교	www.snu.ac.kr 등
전국 시 · 도 국어경시대회	각 시 · 도 교육청	www.sen.go.kr 등

◉ 한자 ◉

대 회 명	주 최	홈 페 이 지
한자급수자격검정	대한검정회	www.hanja.ne.kr
한자능력검정	한국어문학회	www.hangum.re.kr
한자자격검정	한자교육진흥회	www.hanja114.org

◉ 사회 분야 ◉

대 회 명	주 최	홈 페 이 지
한국사능력검정시험	국사편찬위원회	www.historyexam.go.kr
전국고교생 경제 한마당	한국개발연구원	http://click.kdi.re.kr/
고교 증권경시대회	전국투자자교육협의회	www.kcie.or.kr
고교생 생활법 경시대회	법무부	www.lawedu.go.kr/
전국고교생 모의재판 경연대회	법무부	www.lawedu.go.kr/
고등학생 경제논술 경시대회	조선일보	http://essay.chosun.com/
전국 지리 올림피아드	대한지리학회	www.kgeography.or.kr

⊙ 영어 ⊙

대 회 명	주 최	홈 페 이 지
TOEFL IBT	미국 ETS사	http://korea.etsasiapac.org
TOEIC	한국TOEIC위원회	http://exam.ybmsisa.com
TOSEL	한국교육방송공사	http://www.tosel.org
TEPS	TEPS 관리위원회	www.teps.or.kr
PELT	한국외국어평가원	www.pelt.or.kr
FLEX	한국외국어대학교	http://flex.hufs.ac.kr
ESPT	ESPT 평가위원회	www.espt.org
G-TELP	G-TELP 한국위원회	http://www.gtelp.co.kr/
국제영어대회(IET)	고려대학교 등	www.ietcentre.org
국제영어논술대회(IEEC)	고려대학교 등	www.ietcentre.org/ieec
국제영어글쓰기대회(IEWC)	연세대학교, 중앙일보	www.iewc.co.kr
국제영어경시대회	코리아타임즈	www.timesenglishtest.com
전국 외국어 경시대회	한국외국어대학교	www.eflex.co.kr
전국 영어 스피치 콘테스트	헤럴드 코리아	http://esc.heraldm.com

⊙ 제2외국어 ⊙

대 회 명	주 최	홈 페 이 지
HSK 중국어	HSK 위원회	www.hsk.or.kr
JPT 일본어	국제교류진흥회	http://exam.ybmsisa.com/jpt/jpt01_1.asp/
JLPT 일본어	JLPT 위원회	www.jlpt.or.kr
ZD 독일어	독일문화원	www.goethe.de/seoul
TestDAF 독일어	TestDaF 연구소	http://www.daad.or.kr/
ZMP 독일어	독일문화원	www.goethe.de/seoul
DELF 프랑스어	프랑스교육성	www.afcoree.co.kr
DALF 프랑스어	프랑스교육성	www.afcoree.co.kr
DELE 스페인어	스페인문화원	www.spain.or.kr
TORFL 러시아어	러시아교육부	www.edulang.co.kr
FLEX 중국어, 일본어, 프랑스어, 독일어, 스페인어, 러시아어	한국외국어대학교	http://flex.hufs.ac.kr
SNULT 중국어, 일본어, 프랑스어, 독일어, 스페인어, 러시아어	서울대학교	www.teps.or.kr/html/snult/j_snult_01.htm

⊙ 수학 ⊙

대 회 명	주 최	홈 페 이 지
아시아태평양수학올림피아드(APMO)	APMO위원회	www.kms.or.kr
한국수학인증시험(KMC)	한국수학교육학회	www.kmath.co.kr
한국수학올림피아드(KMO)	대한수학회	www.kmo.or.kr
전국 수학 학력경시대회	성균관대학교 등	www.edusky.co.kr
전국 중·고등학교 수학경시대회	각 지역 교육청	www.sen.go.kr 등

⊙ 과학 ⊙

대 회 명	주 최	홈 페 이 지
한국물리올림피아드(KPhO)	한국물리학회	http://kpho.kps.or.kr
한국화학올림피아드(KChO)	대한화학회	www.kcsnet.or.kr
한국생물올림피아드(KBO)	한국생물교육학회	www.bioedu.kr
한국지구과학회(KESS)	한국지구과학회	http://kess64.net/
한국천문올림피아드(KAO)	한국천문학회	http://www.kasolym.org
전국학생창의력올림피아드	특허청, 삼성전자	www.koci.or.kr
전국학생과학발명품경진대회	교육과학기술부	www.science.go.kr
전국학생과학논술대회	동아일보	http://essay.dongascience.com/essay/index.asp
물리 학력 경시대회	포항공대	http://olympiad.postech.ac.kr/
화학 학력 경시대회	포항공대	http://olympiad.postech.ac.kr/
미래도시 아이디어 공모전	KAIST	http://neometro.kaist.ac.kr

⊙ 정보·컴퓨터 ⊙

대 회 명	주 최	홈 페 이 지
한국 정보올림피아드(KOI)	정보통신부	www.kado.or.kr/koi
전국 정보과학 경시대회	교육과학기술부	www.kise.or.kr
전국 컴퓨터 경시대회	숭실대학교 등	www.ssu.ac.kr
서울시 컴퓨터 경시대회	컴퓨터교육협의회	www.seoul.or.kr

⊙ 영상·미디어 ⊙

대 회 명	주 최	홈 페 이 지
대한민국 청소년 미디어대전	서울특별시	www.mediacontest.net
한국청소년 영상제	맥지청소년사회교육원	www.macji.or.kr
청소년 영상 페스티벌	서울YMCA	www.yvf.or.kr
과학기술 UCC 공모전	한국과학기술단체총연합회	www.kofst.or.kr
대한민국 국제청소년 영화제	한국청소년문화연구소	http://www.kiyff.com
서울환경작품 공모전(사진,UCC등)	서울특별시	www.seoul.go.kr
전국 고등학생 광고 공모전	한신대학교	www.hs.ac.kr

〈 부 록 4. 대학교에서 선정한 추천도서 목록 〉

서울대학교에서 선정한 고등학교 필독도서 100선

문학편

한국문학(26)

1.수이전 / 2.계원필경(최치원) / 3.파한집(이인로) / 4.역옹패설(이제현) / 5.송강가사(정철) / 6.열하일기(박지원) / 7.다산시선(정약용) / 8.구운몽(김만중) / 9.홍길동전(허균) / 10.남원고사(춘향전) / 11.혈의누(이인직) / 12.무정(이광수) / 13.임꺽정전(홍명희) / 14.삼대(염상섭) / 15.천변풍경(박태원) / 16.고향(이기영) / 17.무영탑(현진건) / 18.상록수(심훈) / 19.탁류(채만식) / 20.인간문제(강경애) / 21.감자外(김동인) / 22.카인의 후예(황순원) / 23.님의 침묵(한용운) / 24.김소월 전집 / 25.정지용 전집 / 26.윤동주 전집

동양문학(19)

27.시경 / 28.산해경 / 29.도연명시선 / 30.이백시선 / 31.두보시선 / 32.삼국지연의(나관중) / 33.수호전(시내암) / 34.서유기(오승은) / 35.홍루몽(조설근) / 36.유림외사(오경재) / 37.노잔유기(유악) / 38.아Q정전(노신) / 39.자야(모순) / 40.상자(노사) / 41.가(家)(파금) / 42.원씨물어(무라사키시키부) / 43.도련님(니쓰메 소세키) / 44.기탄잘리(타고르) / 45.천일야화

서양문학(55)

46.변신(오비디우스) / 47.일리아드 오딧세이(호메로스) / 48.오레스테스삼부작(아이스킬로스) / 49.오이디푸스왕(소포클레스) / 50.메데아(에우리피데스) / 51.리시스트라타(아리스토파네스) / 52.아에네이스(베르길리우스) / 53.신곡(단테) / 54.데카메론(복카치오) / 55.햄릿, 맥배드, 리어왕, 오셀로(셰익스피어) / 56.걸리버 여행기(스위프트) / 57.오만과 편견(오스틴) / 58.막대한 유산(디킨스) / 59.폭풍의 언덕(브론테) / 60.테스(하디) / 61.젊은 예술가의 초상(조이스) / 62.사랑하는 여인들(로렌스) / 63.주홍글씨(호오손) / 64.여인의 초상(제임스) / 65.허클베리핀의 모험(트웨인) / 66.무기여 잘있거라(헤밍웨이) / 67.음향과 분노(포크너) / 68.가르강튀아와 팡파크 뤼엘(라블레) / 69.수상록(몽테뉴) / 70.타르튀프(몰리에르) / 71.페드르(라신느) / 72.고백록(루소) / 73.캉디드外 철학적 꽁트(볼테르) / 74.잃어버린 환상(발자크) / 75.적과 흑(스탕달) / 76.보바리부인(플로베르) / 77.악의 꽃(보들레르) / 78.잃어버린 시간을 찾아서(프루스트) / 79.구토(사르트르) / 80.페스트(카뮈) / 81.파우스트(제1부)(괴테) / 82.도적들(쉴러) / 83.하인리히 폰 오프더딩엔(노발리스) / 84.노래의 책(하이네) / 85.녹색옷을 입은 하인리히(켈러) / 86.마의 산(토마스만) / 87.말테의 수기(릴케) / 88.수레바퀴 아

래서(헤세) / 89.성(카프카) / 90.세 푼짜리 오페라(브레히트) / 91.양철북(그라스) / 92.돈키호테(세르반테스) / 93.백년 동안의 고독(마르께즈) / 94.인형의 집, 유령(입센) / 95.미스줄리, 아버지(스트린드 베리) / 96.카라마조프 형제들(도스도예프스키) / 97.안나카레리나(톨스토이) / 98.아버지와 아들(투르게네프) / 99.어머니(고리키) / 100.개를 데리고 다니는 여인(단편집)(체호프)

📋 사상편

동양철학(32)

1.대승기신론소(원효) / 2.원동성불론(지눌) / 3.매월당집(김시습) / 4.화담집(서경덕) / 5.성학십도(이황) / 6.서학집요(이이) / 7.선가귀감(휴정) / 8.성호사설(이익) / 9.일득록(정조) / 10.목민심서(정약용) / 11.북학의(박제가) / 12.의산문답(홍대용) / 13.기학(최한기) / 14.동경대전(최제우) / 15.주역 / 16.논어(공자) / 17.맹자(맹자) / 18.대학 / 19.도덕경(노자) / 20.장자(장자) / 21.순자(순자) / 22.한비자(한비자) / 23.바가바드기타 / 24.중론(용수) / 25.법구경 / 26.육조단경(혜능) / 27.근사록(주회) / 28.전습록(왕수인) / 29.명이대방록(황종희) / 30.대동서(강유위) / 31.삼민주의(손문) / 32.실천론(모택동)

서양철학(30)

33.국가(플라톤) / 34.정치학(아리스토텔레스) / 35.의무론(키케로) / 36.고백록(아우구스티누스) / 37.군주론(마키아벨리) / 38.유토피아(토마스모어) / 39.신논리학(베이컨) / 40.방법서설(데카르트) / 41.리바이어던(홉스) / 42.정부론(로크) / 43.법의 정신(몽테스키외) / 44.사회계약론(루소) / 45.형이상학서설(칸트) / 46.역사철학강의(헤겔) / 47.실증철학강의(꽁트) / 48.권리를 위한 투쟁(예링) / 49.자유론(밀) / 50.고대법(메인) / 51.짜라투스트라는 이렇게 말했다(니이체) / 52.창조적 신화(베르그송) / 53.생의 비극적 감정(우나무노) / 54.존재의 시간(하이데거) / 55.프로테스탄티즘의 윤리와 자본주의 정신(베버) / 56.지각의 현상학(메를로–퐁티) / 57.철학적 성찰(비트겐슈타인) / 58.진리와 방법(가다머) / 59.인식과 관심(하버마스) / 60.정의론(롤즈) / 61.성과 속(엘리아데) / 62.책임의 원리(요나스)

역사(10)

63.삼국유사(일연) / 64.징비록(유성룡) / 65.메천야록(황현) / 66.한국통사(박은식) / 67.조선상고사(신채호) / 68.사기열전(사마천) / 69.역사(헤로도투스) / 70.게르마니아(타키투스) / 71.신학문의 원리(비코) / 72.중세사회(블로크) /

사회과학(14)

73.택리지(이중환) / 74.국부론(스미스) / 75.미국의 자본주의(토끄빌) / 76.자본론(마르크스) / 77.꿈의 해석(프로이트) / 78.슬픈 열대(레비−스트로스) / 79.옥중수고(그람사) / 80.아동 지능의 근원(피아제) / 81.자본주의 사회주의 민주주의(슘페터) / 82.예종에의 길(하예크) / 83.심리학과 종교(융) / 84.영국노동계급의 형성(톰슨) / 85.자살론(뒤르껨) / 86.물질문명과 자본주의(브로델)

자연과학(6)

87.두 우주 구조에 대한 대화(갈릴레오) / 88.프린키피아(뉴톤) / 89.종의 기원(다윈) / 90.생명이란 무엇인가(슈뢰딩거) / 91.부분과 전체(하이젠베르크) / 92.과학혁명의 구조(쿤)

기타(6)

93.전쟁과 평화의 법(그로티우스) / 94.범죄와 형벌(베카리아) / 95.일반 언어학 강의(소쉬르) / 96.시각예술에서의 의미(파노프스키) / 97.지식의 고고학(푸코) / 98.순수법학(켈젠) / 99.인간현상(샤르뎅) / 100.개를 데리고 다니는 여인(단편집)(체호프)

KAIST 독서마일리지제 추천도서 100권

과학/예술 분야

자연과학 / 기술공학 / 의학 분야

1. 엘러건트 유니버스(브라이언 그린 저 / 박병철 역 | 승산 | 2002년 03월)

2. 인간 등정의 발자취(제이콥 브로노우스키 저 / 바다출판사 | 2004년 04월)

3. 빈 서판(스티븐 핑커 저 / 김한영 역 | 사이언스북스 | 2004년 02월)

4. 나는 고백한다, 현대의학을(아툴 가완디 저 / 김미화 역 | 소소 | 2003년 06월)

5. 교양 있는 엔지니어(새뮤얼 C. 플러먼 저 / 생각의 나무 | 2007년 05월)

6. 아내를 모자로 착각한 남자(올리버 색스 저 | 이마고 | 2006년 02월)

7. 통섭(에드워드 윌슨 저 | 사이언스북스 | 2005년 04월)

8. 링크(바라바시 저 / 강병남,김기훈 공역 | 동아시아 | 2002년 10월)

9. iCon 스티브 잡스(제프리 영,윌리엄 사이먼 저 / 민음사 | 2005년 08월)

10. 진실을 배반한 과학자들(윌리엄 브로드 외 1명 저 / 미래M&B|2007년 02월)

11. 인간은 기후를 지배할 수 있을까?(윌리엄 스티븐스 저|지성사|2005년 02월)

12. 생각의 탄생(로버트 루트번스타인 저| 에코의서재 | 2007년 05월)

13. 총, 균, 쇠(제레드 다이아몬드 저 / 김진준 역 | 문학사상사 | 2005년 12월)

14. 붉은 여왕(매트 리들리 저 / 김윤택 역 / 최재천 감수 | 김영사 | 2006년 11월)

15. 내 안의 유인원(프란스 드 발 저 / 이충호 역 | 김영사 | 2005년 12월)

문화예술 분야

1. 서양미술사(E.H.곰브리치 저 | 예경 | 2002년 01월)

2. 미학 오디세이 1,2,3(진중권 저 | 휴머니스트(humanist) | 2003년 11월)

3. 반 룬의 예술사 이야기 1,2,3(헨드릭 빌렘 반 룬 저| 들녘 | 2000년 12월)

4. jazz it up! 1,2(남무성 글,그림 | 고려원북스 | 2004년 12월)

5. 오주석의 한국의 미 특강(오주석 저 | 솔 | 2003년 01월)

6. 해석에 반대한다(수전 손택 저 / 이민아 역 | 이후 | 2002년 09월)

7. 박찬욱의 몽타주, 오마주 (박찬욱 저 | 마음산책 | 2005년 12월)

8. 앙리 카르티에 브레송(피에르 아술린 저| 을유문화사 | 2006년 07월)

9. 위대한 영화 1,2(로저 에버트 저| 을유문화사 | 2006년 12월)

10. 건축, 음악처럼 듣고 미술처럼 보다(서현 저 | 효형출판 | 2004년 10월)

인문/사회 분야

1. 삼국지 강의(이중텐 저 | 김영사 | 2007년)

2. 선비답게 산다는 것(안대회 저 | 푸른역사 | 2007년)

3. 실크로드 문명기행(정수일 저 | 한겨레출판 | 2006년)

4. 미쳐야 미친다(정민 저 | 푸른역사 | 2004년)

5. 몰입: 미치도록 행복한 나를 만난다(미하이 칙센트미하이 저 | 2004년)

6. 오래된 미래: 라다크로부터 배운다(헬레나 노르베리-호지 저 | 2001년)

7. 만들어진 신: 신은 과연 인간을 창조했는가?(리처드 도킨스저|김영사|2007년)

8. 5백년 내력의 명문가 이야기(조용헌 저 | 푸른역사 | 2002)

9. 핀볼 효과: 우연적 사건의 연쇄가 세상을 움직인다(제임스버크저|바다출판사| 2006년)

10. 발자크 평전(슈테판 츠바이크 저 | 푸른숲 | 1998년)

11. 소유의 종말(제레미 러프킨 저 | 민음사 | 2001년)

경제/경영 분야

5. 카론의 동전 한 닢(정갑영 (지은이) | 삼성경제연구소 | 2005년 8월)

6. 롱테일 경제학(크리스 앤더슨 저 | 랜덤하우스코리아 | 2006년 11월)

7. 죽은 경제학자의 살아있는 아이디어(토드 부크홀츠 저 / 김영사|2005년 06월)

8. 행동 경제학(도모노 노리오 저 | 지형 | 2007년 01월)

9. 지도 밖으로 행군하라(한비야 저 | 푸른숲 | 2005년 09월)

10. 부의 미래(앨빈 토플러 저 | 청림출판사 | 2006년)

📖 문학 분야

1. 우울과 몽상(에드가 앨런 포 저 | 하늘연못 | 2002년)

2. 나르치스와 골드문트(헤르만 헷세 저 | 민음사 | 2002년)

3. 농담(밀란 쿤데라 저 | 민음사 | 1999년)

4. 장미의 이름(움베르토 에코 저 | 열린책들 | 2002)년

5. 단순한 열정(아니 에르노 저 | 문학동네 | 2001년)

6. 내 이름은 빨강(오르한 파묵 저 | 민음사 | 2004년)

7. 해변의 카프카(무라카미 하루키 저 | 문학사상사 | 2003년)

8. 남쪽으로 튀어(오쿠다 히데오 저 | 은행나무 | 2006년)

9. 형제(위화 저 | 휴머니스트 | 2007년)

10. 나, 제왕의 생애(쑤퉁 저 | 아고라 | 2007년)

11. 달의 궁전(폴 오스터 저 | 열린책들 | 2000년)

12. 뉴로맨서(윌리엄 깁슨 저 | 황금가지 | 2005년)

13. 라마와의 랑데부(아서 클라크 저 | 옹기장이 | 2005년)

14. 반지의 제왕(J.R.R. 톨킨 저 | 씨앗을 뿌리는 사람들 | 200년)

15. 빼앗긴 자들(어슐러 K 르 귄 저 | 황금가지 | 2002년)

16. 픽션들(보르헤스 저 | 민음사 | 2001년)

17. 백 년 동안의 고독(마르케스 저 | 문학사상사 | 2005년)

18. 애완동물 공동묘지(스티븐 킹 저 | 황금가지 | 2003년)

19. 충만한 힘(네루다 저 | 문학동네 | 2007년)

20. 대중의 취향에 따귀를 때려라(마야코프스키 저 | 책세상 | 2005년)

21. 황제를 위하여(이문열 저 | 민음사 | 2006년)

22. 손님(황석영 저 | 창비 | 2001년)

23. 그 남자네 집(박완서 저 | 현대문학 | 2004년)

24. 강산무진(김훈 저 | 문학동네 | 2006년)

25. 새의 선물(은희경 저 | 문학동네 | 1996년)

26. 어머니와 할머니의 실루엣(신경림 저 | 창비 | 1998년)

27. 가만히 좋아하는(김사인 저 | 창비 | 2006년)

28. 세상의 모든 저녁(유하 저 | 민음사 | 2007년)

29. 아무도 울지 않는 밤은 없다(이면우 저 | 창비 | 2001년)

30. 일곱 개의 단어로 된 사전(진은영 저 | 문학과 지성사 | 2003년)

전남대학교 고교생을 위한 전공 연계 도서

고교생을 위한 2011년 전남대학교 모집단위별 추천도서 목록					
순번	대 학	학과(학부)	추천도서	저자	출판사
1	전남대학교	자율 전공학 (인문)	나의 문화유산 답사기	유홍준	창작과비평사
2			논어	공자(황종원 역)	홍익출판사
3			삼국유사	일연(이가원, 허경진 역)	한길사
4			동물농장	조지오웰(도정일 역)	민음사
5			제3의 물결	앨빈 토플러(원창엽 역)	홍신문화사
6		자율 전공학 (자연)	나의 문화유산 답사기	유홍준	창작과비평사
7			논어	공자(황종원 역)	홍익출판사
8			코스모스	칼세이건(홍승수 역)	사이언스북스
9			통섭: 지식의 대통합	에드워드 윌슨(최재천 역)	사이언스북스
10			동물농장	조지오웰(도정일 역)	민음사
11		자율 전공학 (인문자연)	나의 문화유산 답사기	유홍준	창작과비평사
12			논어	공자(김형찬 역)	홍익출판사
13			태백산맥	조정래	해냄출판사
14			동물농장	조지오웰(도정일 역)	민음사
15			제3의 물결	앨빈 토플러(원창엽 역)	홍신문화사
16		생명과학 기술학	조상 이야기–생명의 기원을 찾아서	리처드 도킨스(이한음 역)	까치
17			미래혁명이 시작된다	홍순기 외 47	범우사
18			과학자가 들려주는 과학이야기 015. 톰슨이 들려주는 줄기세포 이야기	황신영	자음과 모음㈜
19			과학자가 들려주는 과학이야기 083. 퀴네가 들려주는 효소 이야기	이흥우	자음과 모음㈜

순번	대 학	학과(학부)	추천도서	저자	출판사
20	간호대학	간호학	레이첼 카슨 평전	린다 리어(김홍옥 역)	샨티
21			왜 지구촌 곳곳을 돕는가?	소노 아야꼬(오근영 역)	리수
22			허그-한계를 껴안다	닉 부이치치(최종훈 역)	두란노
23			사랑의 돌봄은 기적을 만든다	김수지	비전과 리더쉽
24	경영대학	경영학	상도	최인호	여백
25			스무살에 알았더라면 좋았을 것들	티나 실리그(이수경 역)	엘도라도
26			미래 경영	피터 드러커(이재규 역)	청림출판
27			창조적 파괴	리처드 포스터(정성묵 역)	21세기 북스
28			The Goal	제프 콕스, 엘리 골드렛(김일운 외 역)	동양문고
29			원숭이도 이해하는 자본론	임승수	시대의 창
30			죽은 경제학자의 살아있는 아이디어	토드 부크홀츠(이승환 역)	김영사
31			세속의 철학자들	로버트 L. 하일브로너(장상환 역)	이마고
32			자본주의를 의심하는 이들을 위한 경제학	조지프 히스(노시내 역)	마티
33			경제학 패러독스	타일로 코웬(김정미 역)	랜덤하우스코리아
34	공과대학	건축학	나는 건축가다	한노 라우테르베르크(김현우 역)	현암사
35			건축 학교에서 배운 101가지	매튜 프레더릭(장택수 역)	동녘
36			건축가가 되는 길	Roger K. Lewis(김현중 역)	국제
37			건축 세상만사	원정수	상상
38			행복의 건축	알랭 드 보통(정영목 역)	이레
39			알기 쉬운 건축	장정제	시공문화사
40		기계 시스템 공학	이야기로 아주 쉽게 배우는 대수학	더글러스 다우닝(이정국 역)	이지북
41			사고 혁명	루디 러커(김량국 역)	열린책들
42			수학 없는 물리	Paul. G. Hewitt(엄정인 외 2명 역)	교보문고
43			생활 속 물리 이야기	한원열	청문각
44			같기도 하고 아니 같기도 하고	로얼드 호프만(이덕환 역)	까치

순번	대 학	학과(학부)	추천도서	저자	출판사
45	공과 대학	산업공학	생명의 그물	프리초프 카프라(김용정 역)	범양사
46			가슴 뛰는 삶을 살아라	다릴 앙카(류시화 역)	나무 심는 사람
47			스마트 스웜	피터 밀러(이한음 역)	김영사
48			생각의 지도	리처드 니스벳(최인철 역)	김영사
49		신소재 공학	부분과 전체	베르너 하이젠베르크(김용준 역)	지식산업사
50			춤추는 술고래의 수학 이야기	레오날드 믈로디노프(이덕환 역)	까치
51			파인만의 여섯 가지 물리 이야기	리처드 파인만(박병철 역)	승산
52			객관성의 칼날(과학 사상의 역사에 관한 에세이)	찰스 길리스피(이필렬 역)	새물결
53			엔트로피	제레미 리프킨(이창희 역)	세종연구원
54		고분자· 섬유시스템 공학	고분자화학 연구실에서 무슨 일이 일어나고 있을까?	진정일	양문
55			천재들의 과학 노트	캐서린쿨렌(최미화 역)	일출봉
56			역사를 바꾼 17가지 화학 이야기	페니르 쿠터, 제이 버레슨(곽주영 역)	사이언스북스
57			시크릿스페이스	서울과학교사모임	어바웃어북
58			평행우주	미치오카쿠(박병철 역)	김영사
59		응용 화학공학	일상에서 과학을 보다1,2	사토긴페이(김종호 역)	한토미디어
60			Creative 창의적 기업을 Company 만드는 7가지 원칙	모니크 R. 지겔(홍이정 역)	예문
61			Chemical Engineering Changes the World, 세상을 변화시키는 화학공학 2판	한국화학공학회편찬위원	케이티링크
62			역사를 바꾼 17가지 화학 이야기	페니르 쿠터, 제이 버레슨(곽주영 역)	사이언스북스
63			천재들의 과학 노트	캐서린쿨렌(최미화 역)	일출봉
64		전자 컴퓨터 공학	문명과 수학	리처드 만키에비츠(이상원 역)	경문사(박문규)
65			디지털 포트리스	댄 브라운(이창식 역)	북스캔
66			세상에서 가장 재미있는 물리학	래리 고닉(전영택 역)	궁리
67			지상 최대의 쇼	리처드 도킨스(김명남 역)	김영사
68		전기공학	전기 이야기: 열정과 야망의	김석환	대영사
69			니콜라 테슬라, 과학적 상상력의 비밀	신도 마사아키(김은진 역)	여름언덕
70			NEW 전기를 알고 싶다	김형술, 박영식, 전찰환, 정중호	골든벨
71			나는 왜 그 생각을 못했을까?	김영식	타임스퀘어
72			다산 선생 지식 경영법	정민	김영사

순번	대 학	학과(학부)	추천도서	저자	출판사
73	공과 대학	에너지 자원공학	자원전쟁	김태희	영림카디널
74			석유 욕망의 샘	김재명	프로네시스
75			검은 눈물 석유	김성호	미래아이
76			세상을 바꾼 다섯 개의 방정식	서윤호	경문사
77			거의 석유 없는 삶	제롬 보날디(성일권 역)	고즈윈
78		토목공학	이집트 구르나 마을 이야기	하싼 하티(정기용 역)	열화당
79			토목을 디자인하다	시노하라 오사무(강영조 역)	동녘
80			대한민국 건설(불가능은 가능이다)	박길숙	지성사
81			재미와 장난이 만든 꿈의 도시 꾸리찌바	박용남	녹색평론사
82			죽기 전에 꼭 봐야 할 세계 건출 1001	마크 어빙, 피터ST(박누리 외 2명 역)	마로니에북스
83			세계 건축의 이해	마르코 부살리(우영선 역)	마로니에북스
84		환경공학	침묵의 봄	레이첼 카슨(김은령 역)	에코리브르
85			땅 속 생태계	이본느 배스킨(최세민 역)	창조문화
86			미래의 에너지	에머리 로빈스(임성진 역)	생각의 나무
87			숲 그리고 희망	브라이언 켈리, 마크 런던(조윤경 역)	예지
88			환경호르몬의 공포	나카하라 히데오미(손동헌 역)	종문화사
89			가이아의 복수	제임스 러브록(이한음 역)	세종서적
90		농업 경제학	행운에 속지마라	나심 니콜라스 탈렙(이건 역)	중앙북스
91			괴짜 경제학	스티븐 레빗(안진환 역)	웅진지식하우스
92			슈퍼괴짜 경제학	스티븐 더브너, 스티븐 레빗(안진환 역)	웅진자식햐우스
93			그들이 말하지 않는 23가지	장하준	부키
94			런치타임 경제학	스티븐 랜즈버그(황해선)	바다출판사
95			경제는 착하지 않다	심상복	프린스미디어
96		동물 자원학	애완동물학	안제국	부민문화사
97			인간과 동물	최재천	궁리
98		식물 생명공학	생활 속 원예이야기	문원	에피스테메
99			Feeding the world	Anne Rooney	SmartAppleMedia
100			농업철학서설	J.D. 힐(이은웅 역)	향문사
101			식물의 정신세계	피터 톰킨스(황금용 역)	정신세계사

순번	대 학	학과(학부)	추천도서	저자	출판사
102		응용 생물공학	알고 보면 간단한 화학반응	요네야마 마사노부(우제열 역)	이지북
103			처음 읽는 미래 과학 교과서3	박태현	김영사
104			생명과학의 기초 DNA	일본 뉴턴프레스(강금희 역)	newton highlight
105			생명의 미학	박상철	생각의 나무
106			생물과 무생물 사이	후쿠오카 신이치(김소연 역)	은행나무
107			하버드 의대가 당신의 식탁을 책임진다	월터 C. 월렛(손수미 역)	동아일보사
108		지역 · 바이오 시스템 공학	거의 모든 것의 역사	빌 브라이슨(이덕환 역)	까치
109			E=MC2	데이비드 보더니스(김민희 역)	생각의 나무
110			천재들이 즐기는 수학 퍼즐 게임	한다 료스케(이정환 역)	일출봉
111			바이오테크 시대	제레미 리프킨(전영택 역)	민음사
112			경제학 콘서트 1. 2.	팀 하포드(이진원 역)	웅진닷컴
113		조경학	침묵의 봄	레이첼 카슨(김은령 역)	에코리브르
114			한국의 정원 선비가 거닐던 세계	허균	다른세상
115			녹색도시를 꿈꾸는 저탄소 사회전략	고재경 외	한울아카데미
116			조경생태학	안영희	태림문화사
117			원예식재와조경	노엘 킹스버리(이영병 역)	시그마프레스
118		바이오 에너지 공학	이중나선	제임스 왓슨(최돈찬 역)	궁리
119			이기적 유전자	리처드 도킨스(홍영남 외 1명 역)	을유문화사
120			세계 생명공학 리포트	언스트, 영(녹십자벤처투자 역)	김영사
121			생명이란 무엇인가	에르빈 슈뢰딩거(전대호 역)	궁리
122		산림 자원학	씨앗의 자연사	조나단 실버타운(진선미 역)	양문사
123			나무	이순원	문학 에디션 뿔
124			종이로 사라지는 숲 이야기	맨디 하기스(이경아 역)	상상의 숲
125		국어 교육학	열하일기(청소년들아 연암을 만나자)	박지원(리상홍 역)	산문
126			청소년을 위한 삼국유사	김봉주	두리미디어
127			신강훈민정음	서병국	학문사
128			우리말상상력	정호완	정신세계사
129			혼불	최명희	매안출판사
130			뼛속까지 내려가서 써라	나탈리 골드버그(권진욱 역)	한문화

순번	대 학	학과(학부)	추천도서	저자	출판사
131		영어 교육학	그리스 로마 신화	이윤기	웅진지식하우스
132			The last lecture	Pausch, Randy, Zaslow, Jeff	HyperionBooks
133			여행의 기술	알랭 드 보통(정영목 역)	이레
134			Emma	Jane Austen(김현숙 역)	경문사
135			Walden	Henry David Thoreau	Oxford U.K
136		교육학	에밀	J. J. Rousseau(정영하 역)	현암사
137			민주주의와 교육	J. Dewey(이홍우 역)	교육과학사
138			수레바퀴 아래서	헤르만헤세(김이섭 역)	민음사
139			페다고지	P. Freire(남경태 역)	그린비
140			섬머힐	A. S. Neil(백승관 역)	문음사
141		유아 교육학	인간의 교육	프리드리히 프뢰벨(이원영, 방인옥 역)	양서원
142			모리와 함께한 화요일	미치 앨봄(공경희 역)	살림
143			자아를 찾은 아이 딥스	V.M. 헥슬린(유아교육연구회 역)	시간과공간사
144			신데렐라 천년의 여행	주경철	산처럼
145			한아이	토리 헤이든(이희재 역)	아름드리
146		역사 교육학	교실 밖 국사여행	역사학연구소	사계절
147			한국사카페1,2.	장용준	북멘토
148			통세계사1,2.	김상훈	다산에듀
149			한국사 기행	조유전, 이기환	책문
150			미래를 여는 역사	한중일 3국 공동역사편찬위원회	한겨레신문사
151		지리 교육학	남기고 싶은 우리의 지리이야기	권혁재	산악문학
152			한국 지리 이야기	권동희	한울
153			지도와 권력	아서 제이 클링호퍼(이용주 역)	알마
154			지리교사들 남미와 만나다	지리 교육 연구회 지평	푸른길
155			세계화 시대의 세계지리 읽기	옥한석	한울아카데미
156		윤리 교육학	왜 도덕인가?	마이클 샌델(안진환, 이수경 역)	한국경제신문사
157			잠깐 멈춤	고도원	해냄
158			니코마코스 윤리학	아리스토텔레스(홍석영 역)	풀빛
159			우리가 정말 알아야 할 우리 선비	정옥자	현암사
160			도덕적인 인간과 비도덕적인 사회	라인홀드 니버(남정우 역)	대한기독교서회

순번	대 학	학과(학부)	추천도서	저자	출판사
161		수학 교육학	페르마의 마지막 정리	사이먼 싱(박병철 역)	영림카디널
162			푸앵카레의 추측	도널 오셔(전대호 역)	까치글방
163			학문의 즐거움	히로나카 헤이스케(방승양 역)	김영사
164			어느 수학자의 변명	G.H 하디(정희성 역)	세시
165			유추를 통한 수학 탐구	에르든예프(한인기 역)	승산
166		물리 교육학	현대 물리가 날 미치게 해	프랭클린 포터, 크리스토퍼 야르고즈키(김영태 역)	한승
167			달걀 삶는 기구의 패러독스	정병훈	성우
168			새로운 물리탐구의 세계	박종원 외	청문각
169			조지 가모보의 즐거운 물리학	조지 가모보(곽영직 역)	한승
170			파인만의 여섯 가지 물리 이야기	리처드 파인만(박병철 역)	승산
171		화학 교육학	교실 밖 화학 이야기	진정일	양문
172			나는 대한민국의 교사다	조벽	해냄
173			화학의 발자취	휴 W. 샐츠버그(고문주 역)	범양사
174			과학이란 무엇인가	A.F. 차머스	서광사
175			발견하는 즐거움	리처드 파인만(정무광 외 1명 역)	승산
176		생물 교육학	이것이 생물학이다	에른스트 마이어(최재천 역)	몸과마음
177			이기적 유전자	리처드 도킨스(홍영남 외 1명 역)	을유문화사
178			이타적 유전자	매트 리들리(신좌섭 역)	사이언스북스
179			DNA: 생명의 비밀	제임스 왓슨(이한음 역)	까치
180			거의 모든 것의 역사	빌 브라이슨(이덕환 역)	까치
181		지구과학 교육학	길들여지지 않는 날씨	존린치(이강웅 외 역)	한승
182			코스모스	칼세이건(홍승수 역)	사이언스북스
183			청소년을 위한 시간의 역사	스티븐호킹(전대호 역)	웅진지식하우스
184			한반도 30억년의 비밀 1부: 적도의 땅	유정아	푸른숲
185		가정 교육학	나는 대한민국의 교사다	조벽	해냄
186			샤넬 미술관에 가다	김홍기	미술문화
187			성공하는 사람들의 7가지 습관	스티븐 코비(김경섭 역)	김영사
188			음식문화의 수수께끼	마빈 헤리스(서진영 역)	한길사
189			엄마를 부탁해	신경숙	창작과 비평사
190		음악 교육학	Classics A to Z	민은기, 신혜승	음악세계
191			내가사랑하는클래식 1.	박종호	시공사
192			내가사랑하는클래식 2.	박종호	시공사
193			내가사랑하는클래식3.	박종호	시공사
194			열려라, 클래식	이헌석	돋을새김

순번	대 학	학과(학부)	추천도서	저자	출판사
195		체육 교육학	존 우든의 부드러운 것보다 강한 것은 없다	존 우든(최의창 역)	대한미디어
196			몸짓과 문화: 춤 이야기	신상미	대한미디어
197			골프가 주는 9가지 삶의 교훈	마이크 린더(최의창 역)	대한미디어
198			알까기 골프	윤선달	선암사
199			알고 달리자	체육과학연구원	대한미디어
200	사회 과학대학	정치 외교학	대한민국 사(1~4권)	한홍구	한겨레출판사
201			민주화 이후의 민주주의	최장집	후마니타스
202			거대한 체스판: 21세기 미국의 세계 전략과 유라시아	즈비그뉴 브레진스키(김명섭 역)	삼인
203			렉서스와 올리브 나무: 세계화는 덫인가, 기회인가	토머스 L. 프리드먼(신동욱 역)	창해
204			정치학으로의 산책	21세기 정치연구회	한울 아카데미
205		사회학	프로테스탄티즘의 윤리와 자본주의 정신	막스 베버(박성수 역)	문예출판사
206			몬 산토(죽음을 생산하는 기업)	마리 모니크 로뱅(이선혜 역)	이레
207			다르게 사는 사람들	김비 외 6인(윤수종 엮음)	이학사
208			우리시대의 소수자 운동	윤수종	이학사
209			극단의 시대-20세기의 역사(상)/(하)	에릭 홉스봄(이용우 역)	까치
210			난장이가 쏘아올린 작은 공	조세희	이성과 힘
211		심리학	죽음의 수용소에서	빅터 프랭클(이시형 역)	청아출판사
212			설득의 심리학	로버트 치알디니(이현우 역)	21세기북스
213			학습된 낙관주의	마틴 세리그만(최호영 역)	21세기북스
214			월든 투	스키너(이장호 역)	서울: 현대문화
215			인간이해	아들러(라영균 역)	서울: 일빛
216		문헌 정보학	히말라야 도서관	존 우드(이명혜 역)	세종서적
217			지상의 아름다운 도서관	최정태	한길사
218			도서관 그 소란스러운 역사	매투 배틀스(강미경 역)	넥서스북
219			위대한 도서관 사상사들	고인철 외	한울아카데미
220			독서의 기술	애들러 모티모 J.(민병덕 역)	범우사
221		신문 방송학	한국 언론 바로보기 100년	송건호 외	다섯수레
222			미디어의 이해: 인간의 확장	마샬 맥루언(김성기 외)	민음사
223			언론의 4이론	프레드 시버트(강대인 역)	나남출판
224			대중문화의 이해	김창남	한울아카데미
225			소비의 사회	장 보드리야르(이상률 역)	문예출판사

순번	대 학	학과(학부)	추천도서	저자	출판사
226	사회 과학대학	지리학	택리지	이중환(이익성 역)	을유문화사
227			지리사상사 강의노트	권정화	한울아카데미
228			인문지리학의 시선	정종환 외 3명	논형
229			공간의 힘	하름 데 블레이(황근하 역)	천지인
230		인류학	문화의 수수께끼	마빈 해리스(박종률 역)	한길사
231			총균쇠	제러드 다이아몬드(김진준 역)	문학사상
232			처음 만나는 문화 인류학	김광억	일조각
233			인류학의 거장들	제리 무어(김우영 역)	한길사
234			천 번의 붓질 한 번의 입맞춤	이건무	진인진
235		행정학	미디어의이해	마샬 맥루한(박정규 역)	커뮤니케이션북스
236			공리주의	존 스튜어트 밀(이을상 역)	지만지고전천줄
237			프로테스탄트즘의 윤리와 자본주의 정신(Max weber)	막스 베버(박성수 역)	문예출판사
238			Rawls's theory of justice' (John Rawls)	존롤즈(황경식 역)	이학사
239			On the Pragmatics of Social Interaction: Preliminary Studies in the Theory of Communicative Action	Havermas, Jurgen, Fultner, Barbara	MIT press
240	생활과학 대학	생활환경 복지학	모리와 함께한 화요일	마치 앨봄(공경희 역)	살림
241			긍정의 힘	조엘 오스틴(정성묵 역)	두란노
242			지선아 사랑해	이지선	이레
243			잘가요 언덕	차인표	살림
244			또다른 나라	메리 파이퍼(공경희 역)	모색
245		식품 영양학	노벨상이 만든 세상–화학	이종호	나무의 꿈
246			젊음의 과학	존 몰리, 셰리 콜버그(정주연 역)	미지북스
247			희망의 밥상	제인구달, 게리 메커보이, 케일 허드슨(김은영 역)	사이언스북스
248			오키나와 프로그램	브래들리 윌콕스(박정숙 역)	청림출판
249			몸의 이해	EBS 지식채널 건강	지식채널
250			존 로빈스의 100세 혁명	존 로빈스(박산호 역)	시공사
251		의류학	세상에 감성을 입히다	장광효	북하우스
252			무량수전 배흘림기둥에 기대서서	최순우	학고재
253			에펠탑에 옷을 입히며	이미경	경향신문사
254			세계 유명 패션디자이너 시리즈	박기완	노라노
255			패션을 보면 세계가 보인다	김현좌	내 인생의 책

순번	대 학	학과(학부)	추천도서	저자	출판사
256	수의과 대학	수의학	수의사가 말하는 수의사	김영찬	부키
257			애완동물사육	안제국	부민문화사
258			인간의 위대한 스승들	제인 구달(채수문 역)	바이북스
259			최재천의 인간과 동물	최재천	궁리
260			제인 구달의 생명사랑 십계명	제인 구달(최재천 역)	바다출판사
261	약학 대학	약학	신약 오딧세이	심재우	위아북스
262			생명과 약의 연결고리	김성훈	프로네시스
263			이야기 현대약 발견사	강건일	까치
264			마법의 탄환: 의학 역사를 새로 쓴 주황색 알약 글리벡 이야기	다니엘 바젤라, 로버트 슬레이터(이충호 역)	해나무
265			감정의 분자(Molecules of Emotion)	캔더스 B 퍼트(Candace B. Pert)(김미선 역)	시스테마
266	예술 대학	미술학	고뇌의 원근법	서경식(박소현 역)	돌베개
267			현대미술의 이해	임영방	서울대 출판부
268			오주석의 한국의 미 특강	오석주	솔 출판사
269			현대미술, 보이지 않는 것을 보여주다	프랑크 슐츠(황종민 역)	미술문화
270			한국의 미술과 문화	안휘준	시공사
271		음악학	소팽, 그 삶과 음악	제러미 니콜러스(임희근 역)	포토넷
272			모차르트, 그 삶과 음악	제러미 시프먼(임선근 역)	포토넷
273			베토벤, 그 삶과 음악	제러미 시프먼(김병화 역)	포토넷
274			말러, 그 삶과 음악	스티븐 존슨(임선근 역)	포토넷
275			말이 먼저, 음악이 먼저	정준호	삼우반
276		국악	국악통론	장사훈	세광
277			한국 전통 음악의 선율 구조	백대웅	어울림
278			논어강설	이기동	성균관대학교출판부
279			한 권으로 읽는 조선왕조실록	박영규	웅진지식하우스
280	의과 대학	의학	내 몸 안의 과학	예일병	효형 출판
281			이기적 유전자	리처드 도킨스(홍영남 외 1명 역)	을유문화사
282			의학의 역사	재컬린 더핀(신좌섭 역)	사이언스북스
283			나는 고백한다 현대의학을	아툴 가완디	동녘사이언스
284			불량의학	크리스토퍼 완제크(박은영 역)	열대림

순번	대 학	학과(학부)	추천도서	저자	출판사
285	인문 대학	국어 국문학	훈민정음	박창원	신구문화사
286			인문학 콘서트	김경동 외	이숲
287			2011년 제35회 이상문학상 작품집	이상문학상 심사위원회	문학사상
288			춘향전	송성욱	민음사
289			광장	최인욱	문학과 지성사
290		영어 영문학	오이디푸스왕	소포클레스(황문수 역)	범우사
291			허클베리핀의 모험	마크 트웨인(김욱동 역)	민음사
292			젊은 예술가의 초상	제임스 조이스(이상옥 역)	민음사
293			폭풍의 언덕	에밀리 브론테(김종길 역)	민음사
294			언어: 이론과 그 응용	김진우	탑출판사
295		독일언어 문학	젊은 베르테르의 슬픔	괴테(박찬기 역)	민음사
296			데미안	헤르만 헤세(전영애 역)	민음사
297			변신	카프카(이재황 역)	문학동네
298			향수	쥐스킨트(강명순 역)	열린책들
299			먼 나라 이웃나라(독일편)	이원복	김영사
300		불어 불문학	어린왕자	앙투완 생텍쥐페리(김화영 역)	문학동네
301			사진과 그림으로 보는 케임브리지 프랑스사	콜린 존스(방문숙 역)	시공사
302			파리의 노트르담	빅토르 위고(정기수 역)	민음사
303			새로운 프랑스 문학사	김붕구	일조각
304			먼 나라 이웃나라(프랑스편)	이원복	김영사
305		중어 중문학	중국의 신화	장기근	범우사
306			한자의 역사	아츠지 데츠지(김언종, 박재양 역)	학민사
307			중국문화풍경	주성화	한림대학교출판부
308			삼국지	황병국	범우사
309			아Q정전, 광인일기	노신(우인호 역)	신원출판사
310			겐지 이야기	무라사키 시키부(김난주 역)	한길사
311			조선 선비의 일본견문록	신유한(강혜선 역)	이마고
312			유시민과 함께 읽는 일본 문화 이야기	유시민	푸른나무
313		사학	사기열전 1, 2	사마천(김원중 역)	민음사
314			삼국사기 1, 2	김부식(이강래 역)	한길사
315			역사란 무엇인가	에드워드 카(이화승 역)	베이직북스
316			역사	헤로도토스(천병희 역)	숲
317			한국현대사	한국현대사	웅진지식하우스

순번	대 학	학과(학부)	추천도서	저자	출판사
318	인문대학	철학	논어	공자(황종원 역)	서책
319			국가	플라톤(박종현 역)	서광사
320			소피의 세계	요슈타인 가아더(장영은 역)	현암사
321			정의란 무엇인가	마이클 센들(이창신 역)	김영사
322			미학 오딧세이	진중권	휴머니스트
323	자연과학대학	수학	학문의 즐거움	히로나카 헤이스케(방승양 역)	김영사
324			춤추는 술고래의 수학 이야기	레오날드 믈로디노프(이덕환 역)	까치글방
325			수학 문명을 지배하다	모리스 클라인(박영훈 역)	경문사
326			아름다움은 왜 진리인가	이언 스튜어트(안기연, 안재권 역)	승산
327		통계학	재미있는 통계 이야기	더렐 허프(김정흠 역)	청아출판사
328			생활 속의 통계	박병구, 이경은, 송중권 외 2명	자유아카데미
329			괴짜가 사랑한 통계학	그레이엄 테터솔(한창호 역)	한겨레
330			세상에서 가장 재미있는 통계학	래리 고닉(전영택 역)	궁리
331			통계의 미학	최제호	동아시아
332		물리학	최무영 교수의 물리학 강의	최무영	책갈피
333			발견하는 즐거움	리처드 파인만(승영조 역)	승산
334			공부도둑	장회익	생각의 나무
335			밤의 물리학	다케우치 가오루(꿈꾸는 과학 역)	사이언스북스
336			신의 입자를 찾아서	이종필	마티
337			대통령을 위한 과학 에세이	이종필	글항아리
338		화학	살아있는 112가지 원소에 얽힌 '재미있는 화학 상식'	오미야 노부미쓰(오근영 역)	막은창
339			재미있는 화학이야기	사키가와 노리유키(문성원 역)	예문당
340			재미있는 100가지 화학 이야기	오오미야 노부미츠(장연숙 역)	열린과학
341			역사를 바꾼 17가지 화학 이야기	페니 르 쿠터, 제이 버레슨(곽주영 역)	사이언스북스
342			그림으로 배우는 양자역학	쓰즈키 타쿠지(강석태 역)	한승
343			화학으로 이루어진 세상	크리스틴 메데퍼셀헤르만, F. 하마어(권세훈 역)	에코리브르
344			화학의 변명 1. 2. 3.	존 엠슬리(허훈 역)	사이언스북스
345			화학의 프로메테우스	섀런 버트시 맥그레인(이충호 역)	가람기획

순번	대 학	학과(학부)	추천도서	저자	출판사
346	자연과학 대학	화학	즐거운 화학 콘서트(일상 속에 숨어 있는 놀라운 과학이야기)	캐시코브,몬티L페테롤프(김지수 역)	이지북
347			따따따 화학닷컴 (놀라운 생활 속 화학 이야기)	손동식	맑은창
348			상위 5%로 가는 화학 교실	이복영	스콜라
349			화학에서 인생을 배우다	황영애	더숲
350			보일의 화학 노트	김기정	녹색지팡이
351			자연과학의 세계	김희준	궁리
352			과학공화국 화학 법정	정완상	자음
353			고교생이 알아야 할 화학 스페셜	서인호	신원문화사
354			MT 화학	이익모	장서가
355			화학이 화끈화끈	닉 아놀드(이충호 역)	김영사
356			원소의 왕국	피터 앳킨스(김동광 역)	사이언스북스
357			과학 콘서트	정재승	동아시아
358		생물학	판스워스 교수의 생물학 강의	프랭크 H. 헤프너(윤소영 역)	도솔
359			산책로에서 만난 즐거운 생물학	위르겐 브라터(안미라 역)	살림출판사
360			하라하라의 생물학 카페	이은희	궁리
361			내 몸 안의 작은 우주 분자생물학	하기와라 기요후미(황소연 역)	전나무숲
362			이기적 유전자	리처드 도킨스(홍영남, 이상임 역)	을유문화사
363			털없는 원숭이	데즈먼드 모리스(김석희 역)	문예춘추
364			북극곰은 걷고 싶다–북극에서 남극까지 나의 지구온난화 여행	남종영	한겨레출판사
365		지구환경 과학	정재승의 과학콘서트	정재승	동아시아
366			야누스의 과학	김명진	사계절
367			기후의 역습	모집 라티프(이혜경 역)	현암사
368			땅 속에서 과학이 숨쉰다	장순근	가람기획
369			천재들의 과학노트–과학사 밖으로 뛰쳐 나온 해양학자들	캐서린 클렌(양재삼 역)	일출봉
370			직업으로 꿈꾸는 바다	신영태	넥서스

순번	대 학	학과(학부)	추천도서	저자	출판사
371	공학대학 (여수)	전기 · 전자통신 · 컴퓨터공학	커넥션	제임스 버크(구자현 역)	살림
372			일렉트릭 유니버스	데이비드 보더니스(김명남 역)	생각의 나무
373			과학 도시락(맛있고 간편한)	김정훈	은행나무
374			수학 천재를 만드는 두뇌 트레이닝	알폰스 봐이넴(임유영 역)	작은책방
375		기계 · 자동차 공학	한국의 이공계는 글쓰기가 두렵다	임재춘	북코리아
376			뉴턴과 아이슈타인 우리가 몰랐던 천재들의 창조성	홍성욱	창비
377			지식의 지배	레스터C. 서로우(한기찬 역)	생각의 나무
378			수학, 문명을 지배하다	모리스 클라인(박영훈 역)	경문사
379			생산력과 문화로서의 과학 기술	홍성욱	문학과지성사
380		냉동공조 공학	문명의 충돌	새뮤얼 헌팅턴(이희재 역)	김영사
381			Barack Obama's 31 Great Speechs	YBM Si—sa	YBM—Sisa
382			엔트로피	제레미 리프킨(이창희 역)	세종연구원
383			북극곰은 걷고 싶다-북극에서 남극까지 나의 지구온난화 여행	남종영	한겨레출판사
384			줄이 들려주는 일과 에너지	정완상	자음과모음
385		건설환경 공학	통계의 미학(통계는 세상을 움직이는 과학이다)	최제호	동아시아
386			과학으로 세상 보기	이창영	한승
387			과학으로 수학보기, 수학으로 과학보기	김희준	궁리
388			대한민국 건설: 불가능은 가능이다	박길숙	지성사
389			불편한 진실	앨 고어(김명남 역)	주니어중앙
390		생명화학 공학	노 임팩트 맨	콜린 베번(이은선 역)	북하우스
391			기후의 역습-2009 지구 환경 보고서	월드워치연구소 (생태사회연구소 역)	도요새
392			괴짜 생태학	브라이언 클레그(김승욱 역)	웅진지식하우스
393			물의 자연사	앨리스 아웃워터(이충호 역)	예지
394			새롭고 적극적인 지구를 살리는 방법 50	존 자브나, 소피 자브나 외 1명(황성돈 역)	물병자리

순번	대 학	학과(학부)	추천도서	저자	출판사
395	공학대학 (여수)	건축학	시대를 담는 그릇	김봉렬	이상건축
396			(여수)	크리스티나 하베를리크(안인희 역)	해냄출판사
397			발칙한 건축학	왕리(송철규 역)	예문
398			구조의 구조	함인선	발언
399			건축, 음악처럼 듣고 미술처럼 보다	서현	효형출판
400			행복의 건축	알랭 드 보통(정영목 역)	정영목
401		응용수학	소설처럼 아름다운 수학이야기	김정희	동아일보사
402			페르마의 마지막 정리	사이먼 싱(박병철 역)	영림 카디널
403			살인을 부르는 수학공식	데프크로스 미카엘리데스(전행선 역)	살림FRIENDS
404			사인 코사인의 즐거움	엘리 마오(조윤정 역)	피스칼 북스
405			수학으로 이루어진 세상	키스 데블린(석기용 역)	에코리브르
406			박사가 사랑한 수식	오가와 요코(김난주 역)	이레
407	문화사회 과학대학 (여수)	국제학	2020 대한민국 다음 십년을 상상하라	조셉 나이(이은주 역)	랜덤하우스코리아
408			일본 입문	박순애	시사일본어사
409			한국을 소비하는 일본	히라타 유키에	책세상
410			한권으로 읽는 중국문화	공봉진, 이강인, 조윤경	산지니
411			중국에는 왜 갔어	김대오	사군자
412		경상학	잭웰치 · 위대한 승리:WINNING	잭 웰치(김주연 역)	청림출판
413			글로벌 기업의 조건	아르누 드 마이어(신문영 역)	교보문고
414			THE GOAL	엘리 골드렛, 제프 콕스(김일운 역)	동양문고
415			교통으로 여는 녹색 미래	한국교통연구원	한국교통연구원
416		문화 콘텐츠학	미디어 아트	진중권	휴머니스트
417			권력이동	엘빈 토플러(이규행 역)	한국경제신문사
418			부의 탄생	윌리엄 번스타인(김현구 역)	시아출판사
419			모바일 혁명이 만드는 비즈니스 미래지도	김중태	한스미디어
420			문화콘텐츠 스토리텔링	정창권	북코리아

순번	대 학	학과(학부)	추천도서	저자	출판사
421	문화사회 과학대학 (여수)	시각정보 디자인학	디자인과 시각 커뮤니케이션	브루노 무나리(노성두 역)	두성북스
422			디자인이 브랜드를 만나다	유정미	시공사
423			디자인의 디자인	하라켄야(민병걸 역)	안그라픽스
424			인스퍼러빌러티: 최고의 크리에이터 40명이 말하는 나에게 영감을 주는 것들	맷 패시코우(PLS AGENCY 역)	시드페이퍼
425			카피 없는 광고	손별	커뮤니케이션북스
426	사범대학 (여수)	특수 교육학	기적은 당신 안에 있습니다	이승복	황금나침반
427			나는 멋지고 아름답다	이상묵, 이승복, 김세진	부키
428			리틀 몬스터	Robert Jerjen(조아라 역)	학지사
429			괜찮아 3반	오토다케 히로타다(전경빈 역)	창해
430			당신은 장애를 아는가	김도현	메이데이
431	수산해양 대학	해양 기술학	Ship 배 이야기	헨드릭빌렘반룬(이덕열 역)	아이필드
432			해파리의 경고: 아름답고 불가사의한 생물	야스다토루(윤양호 역)	전파과학사
433			기상의 구조	추효상	전남대학교출판부
434			북극곰은 걷고 싶다-북극에서 남극까지 나의 지구온난화 여행	남종영	한겨레출판사
435			세계의 바다와 해양생물	김기태	채륜
436		식품공학 · 영양학	인간이 만든 위대한 속임수 식품첨가물	아베쓰카사(안병수 역)	국일
437			식탁위의 생명공학	최양도	푸른길
438			교식 밖 화학 이야기	진정일	양문
439			내 몸 안의 지식 여행 인체생리	다나카 에츠로(황소연)	전나무숲
440			세계사를 바꾼 전염병들	브린바너드(김율희 역)	다른
441		수산 생명의학	뭐라고, 이게 다 유전자 때문이라고	리사 시크라이스트 치우(김소정 역)	한얼미디어
442			보이지 않는 지구의 주인 미생물	오태광	양문
443			환경호르몬으로부터 가족을 지키는 50가지 방법	미야니시 나오코 (한국농어촌사회연구소 역)	삼신각
444			내 몸 안의 주치의 면역	히기와라 기요후미(황소연 역)	전나무숲
445			고마운 미생물 얄미운 미생물	천동식	솔
446		해양 경찰학	도구와 기계의 원리	데이비드 맥컬레이(박영재 역)	서울문화사
447			우리를 둘러싼 바다	레이첼 카슨(이충호 역)	양철북
448			바다의 도시이야기1.2.	시오노 나나미(정도영 역)	한길사

2009개정교육과정에 따른 학교생활기록부

학교생활세부사항기록부(학교생활기록부 Ⅱ)

〈고등학교〉

졸업 대장 번호						사 진 3.5 × 4.5cm
학년 \ 구분	학과	반	번호	담임성명		
1						
2						
3						

학년 \ 전공 · 과정	1학기	2학기	비고
1			
2			
3			

1. 인적사항

학 생	성명 :　　　성별 :　　주민등록번호 : 주소 :		
가족 상황	부	성명 :　　　생년월일 :	
	모	성명 :　　　생년월일 :	
특기사항			

2. 학적사항

년　월　일　○○ 중학교 졸업 년　월　일　□□ 고등학교　　제1학년 입학 (　년 월 일 전출) 년　월　일　△△ 고등학교　　제 학년 전입
특기사항

3. 출결상황

학년	수업 일수	결석일수			지 각			조 퇴			결 과			특기 사항
		질병	무단	기타	질병	무단	기타	질병	무단	기타	질병	무단	기타	
1														
2														
3														

4. 수상경력

구분	수 상 명	등 급(위)	수상연월일	수여기관	참가대상
교내상					

5. 자격증 및 인증 취득상황

구 분	명칭 또는 종류	번호 또는 내용	취득연월일	발급기관
자 격 증				

6. 진로 희망사항

학년	특기 또는 흥미	진 로 희 망	
		학 생	학부모
1			
2			
3			

7. 창의적 체험활동상황

학년	창의적 체험활동상황		
	영역	시간	특기사항
1	자율활동		
	동아리활동		
	봉사활동		
	진로활동		
2	자율활동		
	동아리활동		
	봉사활동		
	진로활동		
3	자율활동		
	동아리활동		
	봉사활동		
	진로활동		

학년	봉 사 활 동 실 적				
	일자 또는 기간	장소 또는 주관기관명	활동내용	시간	누계시간
1					
2					
3					

8. 교과학습발달상황

[1학년]

교과	과목	1학기			2학기			비 고
		단위수	원점수/과목평균 (표준편차)	석차등급 (수강자수)	단위수	원점수/과목평균 (표준편차)	석차등급 (수강자수)	
이수단위 합계								

※'석차등급'란의 'A, B, C, D, E'는 성취도를 나타냄.

과 목	세부능력 및 특기사항

〈체육 · 예술(음악/미술)〉

교과	과목	1학기		2학기		비고
		단위수	성취도	단위수	성취도	
이수단위 합계						

과 목	특기사항

[2학년]

교과	과목	1학기			2학기			비 고
		단위수	원점수/과목평균 (표준편차)	석차등급 (수강자수)	단위수	원점수/과목평균 (표준편차)	석차등급 (수강자수)	
이수단위 합계								

※'석차등급'란의 'A, B, C, D, E'는 성취도를 나타냄.

과 목	세부능력 및 특기사항

〈체육 · 예술(음악/미술)〉

교과	과목	1학기		2학기		비고
		단위수	성취도	단위수	성취도	
이수단위 합계						

과 목	특기사항

교과	과목	1학기			2학기			비 고
		단위수	원점수/과목평균 (표준편차)	석차등급 (수강자수)	단위수	원점수/과목평균 (표준편차)	석차등급 (수강자수)	
이수단위 합계								

※'석차등급'란의 'A, B, C, D, E'는 성취도를 나타냄.

과 목	세부능력 및 특기사항

〈체육 · 예술(음악/미술)〉

교과	과목	1학기		2학기		비고
		단위수	성취도	단위수	성취도	
이수단위 합계						

과 목	특기사항

9. 독서활동상황

학년	과목 또는 영역	독서 활동 상황
1		
2		
3		

10. 행동특성 및 종합의견

학년	행동특성 및 종합의견
1	
2	
3	

대학별 학교생활기록부 평가지 루브릭 예시

평가자 번호	
평가자 성명	

수험번호		지원학과	

성실성	A	B	C	D	E	F

1) 무단결석, 지각, 조퇴, 결과가 있는가?
2) 하나의 계발활동부서 또는 동아리에서 오래 활동했는가?
3) 전 학년에 걸쳐 모든 교과의 성적이 우수한가?

잠재력	A	B	C	D	E	F

*출결상황, 특별활동상황, 교과학습발달상황

1) 성적이 지속적으로 향상되었는가?
2) 한 분야의 대회에서 수상 실적이 지속적으로 향상되었는가?

전문성	A	B	C	D	E	F

*교과학습발달상황, 수상경력, 자격증 및 인증취득상황

1) 특정교과에서 일관되게 우수한 성적을 거두고 있는가?　　2) 전공유관 우수 수상 실적이 있는가?
3) 특정 분야 자격증이 있는가? (전문계고)　　4) 특정기술을 가지고 있는가? (전문계고)

적성 · 소질 계발 노력	A	B	C	D	E	F

*교과학습발달상황, 수상경력

1) 자신의 특기, 진로 희망, 활동내역, 교과 성적, 수상실적이 일치하는가?

동아리활동	A	B	C	D	E	F

*수상경력, 진로지도상황, 특별활동상황, 교외체험활동상황, 교과학습발달상황, 행동특성 및 종합의견

1) 의미 있는 동아리 활동인가?　　2) 교수학습활동 등 대외적으로 기여한 부분이 있는가?

봉사활동	A	B	C	D	E	F

*특별활동상황

1) 얼마나 어렵고 힘든 봉사활동인가?　　2) 어떤 계기로 시작하게 되었는가?
3) 하나의 봉사활동을 오랫동안 꾸준히 하였는가?
4) 규모와 상관없이 남들이 쉽게 하지 못하는 일을 해왔는지?
5) 봉사활동에 대한 나름의 이유와 철학이 있는가?　　6) 정부나 시도의 공식적인 선발과정이 있는가?

영어능력	A	B	C	D	E	F

*특별활동상황, 봉사활동상황

1) 영어 관련 교과목 성적이나 공인영어시험성적이 우수한가?
2) 지원자의 가정환경은 어떠한가?　　3) 어떻게 공인영어성적을 성취하였는가?
4) 영어를 활용한 다양한 활동을 하여 실제로 사회에 기여하였는가?

*교과학습발달상황, 수상경력, 자격증 및 인증취득상황

〈 출 처 : 2013 대학입시 정보설명회 핵심자료집 (Part Ⅱ. 입학사정관제의 실제와 대비 p.145)〉

입학사정관제 전형 지원을 위한 자가진단표(지원가능 : 75점 이상)

영역	평가요소	자기 평가 진단	평 가			확인
			우수 5점	보통 3점	미흡 1점	
교과 관련 활동 25점	전체 교과 성적	− 8∼9등급 과목은 몇 개나 있는가? 　*우수:1과목 이하　*보통:2∼3과목　*미흡:4과목 이상				
	학년별 교과 성적 추이	− 3개년 동안 전 과목 평균 등급이 향상되었는가? 　*우수: 5개 학기 평균 1∼2등급 유지, 또는 전학년 대비 　　등급이 2단계 이상 향상 　*보통: 5개 학기 평균 등급이 비슷 　*미흡: 전 학년 대비 평균 등급이 하락				
	학업 관련 탐구 활동	− 전공 관련 과목의 평균 등급 성적은 우수한가? 　*우수: 1∼2등급　*보통:3∼4등급　*미흡: 5등급 이하				
	전공 관련 교내 수상	− 전공 관련 과목의 교내 경시대회 실적이 있는가? 　*우수: 전공 관련 교내 경시대회 및 각종 수상 있음 　*보통: 전공과 무관한 경시대회 및 각종 수상 있음 　*미흡: 교내 경시 대회 등 교내 수상 없음				
	방과후 학교 활동과 자기 주도 학습	− 방과 후 학교 참여 등 자기주도학습을 하였는가? 　*우수: 결석없이 적극적으로 참여하여 학생부 교과세부 　　능력특기란에 전공 관련 과목이 모두 기록되어 있고, 보 　　고서 등 작성 실적이 있음 　*보통: 학생부 교과세부능력특기란에 몇 개 기록 　*미흡: 학생부 교과세부능력특기란에 기록 없음				
창의적 체험 활동 25점	독서 활동	− 독서량이 풍부하고, 태도의 변화를 가져왔는가? 　*우수: 고교 시절에만 50권 이상 읽고, 태도 변화 있음 　*보통: 30권 이상 읽었으나, 태도 변화는 없음 　*미흡: 책읽기에 별로 흥미를 느끼지 못 함				
	자격증 인증	− 전공 관련 자격증 및 인증을 취득하였는가? 　*우수: 2개 이상 있음　*보통: 1개 있음　*미흡: 없음				
	동아리 활동	− 전공 관련 동아리 활동을 지속적이고 주도적으로 하였 는가? 　*우수: 동아리를 결성하여 회장을 맡아, 5개 학기 동안 　　주도적으로 하면서 어떤 실적을 제시할 수 있음 　*보통: 교내 동아리에서 단순히 회장 역할만 맡았음 　*미흡: 별다른 실적없이 교내 동아리 부원으로 활동				

영역	평가요소	자기 평가 진단	평 가			확인
			우수 5점	보통 3점	미흡 1점	
창의적 체험 활동 25점	봉사 활동	－ 진정성을 가지고 지속적으로 봉사활동을 하여, 태도의 변화가 있었는가? *우수: 일관성있는 봉사를 지속적으로 하며, 태도변화 있음 *보통: 봉사시간은 100시간 이상이나, 태도 변화는 없음 *미흡: 봉사 시간이 30시간 미만이고, 태도 변화가 없음				
	진로 탐색·체험 활동	－ 진로 목표가 뚜렷하고, 진로탐색 활동을 하였는가? *우수: 진로를 고민하며, 전공체험 활동 프로그램 참여, 지원 대학 전공학과 홈페이지 방문 등을 수시로 함. *보통: 진로에 대한 고민을 하면서, 학교에서 안내해주는 진로 탐색 활동만 함 *미흡: 진로 고민을 별로 하지 않는 편 임				
학교 생활 충실도 및 인·적성 25점	공동체 의식과 협동심	－ 학교행사 / 학급행사 등에서 활동을 적극적으로 하였는가? *우수: 학교·학급행사 활동은 물론 지역 및 사회단체에서 적극적 활동 *보통: 주어진 학교·학급행사만 주로 참여 *미흡: 학교· 학급행사 활동에 관심 없음				
	리더십	－ 학교/학급/사회단체 등에서 임원을 맡아 실적을 남겼는가? *우수: 임원직을 맡아 어떤 실적을 남겨 제시할 수 있음 *보통: 임원직만을 맡았음 *미흡: 리더십을 발휘해본 경험이 없음				
	학업 의지	－ 5개 학기동안 개근하면서 계획한 학습 목표를 달성하였는가? *우수: 개근을 하였고, 학습 계획 노트를 제시하여 목표 달성을 보일 수 있음. *보통: 5개 학기 동안 5회 이하의 결석을 함 *미흡: 사고 결석 등이 10회 이상 임				
	교우 관계 및의사 소통 능력	－ 학생부 행동특성 및 종합의견 란에 교우관계 / 의사소통 능력/ 협동심이 에 대한 교사의 의견이 좋게 기술되어 있는가? *우수: 교우관계 및 의사소통에 대한 언급이 긍정적으로 상세히 기술되었음 *보통: 별 다른 언급이 없음 *미흡: 교우관계 및 의사소통에 대한 언급이 부정적으로 기술되었음				
	인성 평가	－ 학교 생활 중 학교 폭력 문제 해결을 위해 배려, 나눔, 협력, 갈등 관리, 규칙 준수, 타인 존중, 관계 지향성 등을 실천한 사례가 있는가? *우수: 자발적으로 지속적인 실천 사례가 있음 *보통: 1～2회의 실천 사례가 있음 *미흡: 실천 사례를 제시할 수 없음				

영역	평가요소	자기 평가 진단	평 가			확인
			우수 5점	보통 3점	미흡 1점	
교육적 환경 15점	지역/ 학교/ 가정 환경	– 어려운 교육적 환경에도 불구하고 학업 수행의 장애를 극복하려는 의지가 있는가? *우수: 극복사례를 제시할 수 있음 *보통: 평범함 *미흡: 없음				
	자기 극복 의지	– 지적 호기심과 도전 정신을 가지고 공부한 것이 있는가? *우수: 학교에 개설되지 않는 과목 또는 기피과목을 공부한 것이 있음. *보통: 학교에서 개설된 과목을 열심히 공부하였음 *미흡: 불리하다고 생각한 학교 개설 과목을 피함				
	자신의 평가	– 자기소개서를 작성할 때 나만의 이야기를 쓸거리가 풍부한가? *우수: 풍부함 *보통: 약간 있음 *미흡: 별로 없음				
입학사정관 종합평가 (담임교사 평가) 10 점		– 자신의 특기, 진로 희망, 활동 내역, 전공관련 교과 성적, 수상 실적 등이 종합적으로 일치하는가? *우수: 뚜렷하게 일치함 *보통: 약간 일치함 *미흡: 일치하는 것이 없음				
		– 대학의 인재상과 부합하는가? *우수: 뚜렷하게 일치함 *보통: 약간 일치함 *미흡: 일치하는 것이 없음				

〈 출 처 : 2013대입 방향 준비하기 (대학교육협의회) 〉

학교생활기록부 영역별 입력 가능 최대 글자 수

(교육정보시스템, 2012. 02. 현재)

영역	세부항목	최대 글자 수 (한글 기준)	비고
1. 인적사항	학생 성명	20자	
	학무모 설넝	15자	
	주소	300자	
	특기사항	500자	
2. 학적사항	특기사항	500자	
3. 출결사항	특기사항	500자	
4. 수상경력	수상명	100자	
5. 자격증 및 인증취득상황	명칭 또는 종류	100자	2010학년도 이후는 고등학교만 해당
6. 진로지도상황	특기사항	500자	
7. 창의적 재량활동	특기사항	1,500자	
8. 특별활동상황	자치 · 적응 · 행사활동 특기사항	2,000자	통합 입력
	계발활동 특기사항	2,000자	
	봉사활동 특기사항	2,000자	
	봉사활동실적 활동내용	250자	
9. 교외체험학습상황	내용	250자	
10. 교과학습발달상황	일반과목 세부능력 및 특기사항+ 개인별 세무능력 밑 특기사항	5,000자	중학교(2,500자)
	예체능과목 특기사항 + 개인별 특기사항	5,000자	중학교(2,500자)
11. 독서활동상황	독서활동상황	2,500자	
12. 행동특성 및 종합의견	행동특성 및 종합의견	2,600자	
13. 학년이력	전공, 과정 비교	250자	고등학교
14. 창의적 체험활동상황	자율활동 특기사항		
	동아리활동 특기사항		
	봉사활동 특기사항		
	진로활동 특기사항		
	봉사활동실적 활동내용		

참고문헌

1. 입학사정관 길라잡이(편찬: 서울특별시 교육청 2009년 10월)

2. 입학사정관제 운영 공통 기준(편찬: 한국교육대학협의회 2010년 4월)

3. 학교생활기록부 기재길라잡이(편찬: 교육과학기술부, 한국교육학술정보원 2010년 3월)

4. 학교생활기록부 기재길라잡이(편찬: 교육과학기술부 2011년 4월)

5. 학교생활기록부 기재요령(편찬: 교육과학기술부 2012년 3월)

6. Edupot 길라잡이 고등학생용 '너 에듀팟 하니?'(편찬: 교육과학기술부 2011년 3월)

7. 2013대입 방향 준비하기(편찬: 한국대학교육협의회, EBS 2013년 4월)

8. 2013대학입시 정보설명회 핵심자료집(편찬: tbs. 한국경제. 한국교육컨설턴트협의회 2013년 6월)

9. 서울대학교, KAIST, 전남대학교, 김영일 교육컨설팅 입학사정관 홍보 자료